MISAL 2008

para todos los domingos y fiestas del año

Carlos Vigil Ávalos, S.I.
Miguel Romero Pérez, S.J.
Rafael Moya García

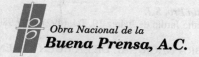

Obra Nacional de la
Buena Prensa, A.C.

Obra de los jesuitas de México
al servicio de la misión de la Iglesia

Misal 2008 para todos los domingos y fiestas del año

Portada: San Mateo, evangelista.
Diseño: Fray Gabriel Chávez de la Mora, O.S.B.
Realizado por el Arq. Jaime Domínguez.
De la colección Arte Religioso Contemporáneo.
Dibujos en la apertura de cada Misa y dibujos de los comentarios al Evangelio:
P. Antonio Serrano Pérez, S.J.

Imprimatur:
✝ Jonás Guerrero Corona,
Obispo auxiliar de la Arquidiócesis de México
Presidente de la Comisión Episcopal para la Pastoral Litúrgica

Certificados de Licitud de Título y Contenido, Nos. 6283 y 4953 respectivamente, otorgados por la Comisión Calificadora de Publicaciones y Revistas Ilustradas. Certificado de Reserva de Derechos de Autor No. 04-2002-060516105700-102.

 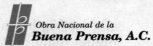
Orozco y Berra 180, Col. Sta. María la Ribera, 06400 México, D.F.
Apartado M-2181, 06000 México, D.F.
ventas@buenaprensa.com • www.buenaprensa.com

Librerías
México, D.F.: • Ribera de San Cosme 5, Col. Santa María la Ribera. Tels. 5592 6928 y 5592 6948
• *Miguel Agustín Pro, S.J.,* Orizaba 39 bis, Col. Roma. Tels. 5207 7407 y 5207 8062

Librerías San Ignacio
México, D.F.: • Congreso 8, Tlalpan. Tels. 5513 6387 y 5513 6388 • Donceles 105-D, Centro. Tels. 5702 1818 y 5702 1648
Guadalajara, Jal.: • Madero y Pavo, Sector Juárez. Tels. (33) 3658 1170 y 3658 0936
Monterrey, N.L.: • Washington 812 Pte., esq. Villagómez, Centro. Tels. (81) 8343 1112 y 8343 1121 • Belisario Domínguez 2145 Pte., Col. Obispado. Tels. (81) 8123 3563
Torreón, Coah.: • Calz. Cuauhtémoc 750 Nte., Centro. Tels. (871) 793 1451 y 793 1452
Chihuahua, Chih.: • Boulevard Díaz Ordaz 1209-C, Col. Santa Rita. Tel. (614) 415 0092

Librería Miguel Agustín Pro, S.J.
Guadalupe, Zac.: • Calle Jardín de Juárez 10. Tel. (492) 8997 980

Edita y distribuye OBRA NACIONAL DE LA BUENA PRENSA, A.C.
Orozco y Berra 180, Col. Sta. María la Ribera, 06400 México, D.F.

Se terminó de imprimir el 31 de julio de 2007, festividad de san Ignacio de Loyola, en los talleres de Offset Multicolor, S.A. de C.V., Calz. de la Viga 1332, Col. El Triunfo, 09430 México, D.F. Tel. 5633 1182.

ÍNDICE

ORDINARIO DE LA MISA

RITOS INICIALES

Ante la asamblea reunida, al terminar el canto de entrada, el sacerdote dice:

En el nombre del Padre, y del Hijo, y del Espíritu Santo.

El pueblo responde:

Amén.

SALUDO

SALUDO

El sacerdote saluda al pueblo con una de las fórmulas siguientes:

El Señor esté con ustedes.

O bien:

**La gracia de nuestro Señor Jesucristo,
el amor del Padre
y la comunión del Espíritu Santo
estén con todos ustedes.**

O bien:

**La gracia y la paz de parte de Dios, nuestro Padre,
y de Jesucristo, el Señor,
estén con todos ustedes.**

El sacerdote puede emplear otro saludo de los que se encuentran en el misal de altar.

RESPUESTA

El pueblo responde:

Y con tu espíritu.

ACTO PENITENCIAL

El sacerdote invita a los fieles al arrepentimiento:

**Hermanos:
Para celebrar dignamente estos sagrados misterios,
reconozcamos nuestros pecados.**

El sacerdote puede emplear otra invitación de las que se encuentran en el misal de altar.

Se hace una breve pausa en silencio.

Después, hacen todos en común la confesión de sus pecados:

**Yo confieso ante Dios todopoderoso
y ante ustedes, hermanos,
que he pecado mucho
de pensamiento, palabra, obra y omisión.**

Golpeándose el pecho, dicen:

Por mi culpa, por mi culpa, por mi gran culpa.

Luego prosiguen:

**Por eso ruego a santa María, siempre Virgen,
a los ángeles, a los santos
y a ustedes, hermanos,
que intercedan por mí ante Dios, nuestro Señor.**

El sacerdote concluye con la siguiente plegaria:

**Dios todopoderoso
tenga misericordia de nosotros,
perdone nuestros pecados
y nos lleve a la vida eterna.**

El pueblo responde:

Amén.

El sacerdote puede emplear otra fórmula de arrepentimiento, de las que se encuentran en el misal de altar. También puede usarse el Rito para la bendición y aspersión del agua.

Siguen las invocaciones **Señor, ten piedad,** a no ser que ya se hayan utilizado en alguna de la fórmulas del acto penitencial.

℣. Señor, ten piedad.   ℟. **Señor, ten piedad.**
℣. Cristo, ten piedad.   ℟. **Cristo, ten piedad.**
℣. Señor, ten piedad.   ℟. **Señor, ten piedad.**

GLORIA

A continuación, si la Liturgia del día lo prescribe, se canta o se dice el himno:

**Gloria a Dios en el cielo,
y en la tierra paz a los hombres
que ama el Señor.
Por tu inmensa gloria
te alabamos,
te bendecimos,**

te adoramos,
te glorificamos,
te damos gracias,
Señor Dios, Rey celestial,
Dios Padre todopoderoso.
Señor, Hijo único, Jesucristo.
Señor Dios, Cordero de Dios,
Hijo del Padre;
tú que quitas el pecado del mundo,
ten piedad de nosotros;
tú que quitas el pecado del mundo,
atiende nuestra súplica;
tú que estás sentado a la derecha del Padre,
ten piedad de nosotros;
porque sólo tú eres Santo,
sólo tú, Señor,
sólo tú, Altísimo Jesucristo,
con el Espíritu Santo
en la gloria de Dios Padre.
Amén.

ORACIÓN COLECTA

Acabado el himno, el sacerdote, con las manos juntas, dice:

Oremos.

Y todos, junto con el sacerdote, oran en silencio durante unos momentos.

Después el sacerdote, con las manos extendidas, dice la oración colecta.

La colecta termina con la conclusión:

… por los siglos de los siglos.

El pueblo aclama:

Amén.

LITURGIA DE LA PALABRA

PRIMERA LECTURA

El lector va al ambón y lee la primera lectura, que todos escuchan sentados.

Para indicar el fin de la lectura, el lector dice:

Palabra de Dios.

Todos aclaman:

Te alabamos, Señor.

SALMO

El salmista o el cantor proclama el salmo, y el pueblo intercala la respuesta, a no ser que el salmo se diga seguido sin estribillo del pueblo.

SEGUNDA LECTURA

La segunda lectura, como la primera, se lee en el ambón.

Para indicar el fin de la lectura, el lector dice:

Palabra de Dios.

Todos aclaman:

Te alabamos, Señor.

ACLAMACIÓN ANTES DEL EVANGELIO

Sigue el **Aleluya** o, en Tiempo de Cuaresma, el **Honor y gloria a ti.**

EVANGELIO

Después el diácono (o el sacerdote) va al ambón, y dice:

El Señor esté con ustedes.

El pueblo responde:

Y con tu espíritu.

El diácono (o el sacerdote):

Del santo Evangelio según san N.

El pueblo aclama:

Gloria a ti, Señor.

Luego el diácono (o el sacerdote) proclama el evangelio.

Acabado el evangelio, el diácono (o el sacerdote) dice:

Palabra del Señor.

Todos aclaman:

Gloria a ti, Señor Jesús.

HOMILÍA

Luego tiene lugar la homilía.

CREDO

Acabada la homilía, se hace la profesión de fe.

Creo en un solo Dios,
Padre todopoderoso,
Creador del cielo y de la tierra,
de todo lo visible y lo invisible.

Creo en un solo Señor, Jesucristo, Hijo único de Dios,
nacido del Padre antes de todos los siglos:
Dios de Dios, Luz de Luz,
Dios verdadero de Dios verdadero,
engendrado, no creado,
de la misma naturaleza del Padre,
por quien todo fue hecho;
que por nosotros, los hombres,
y por nuestra salvación bajó del cielo,

En las palabras que siguen, hasta **se hizo hombre,** todos se inclinan:

y por obra del Espíritu Santo
se encarnó de María, la Virgen, y se hizo hombre;
y por nuestra causa fue crucificado
en tiempos de Poncio Pilato,
padeció y fue sepultado,
y resucitó al tercer día, según las Escrituras,
y subió al cielo, y está sentado a la derecha del Padre;
y de nuevo vendrá con gloria
para juzgar a vivos y muertos,
y su reino no tendrá fin.
Creo en el Espíritu Santo, Señor y dador de vida,
que procede del Padre y del Hijo,
que con el Padre y el Hijo
recibe una misma adoración y gloria,
y que habló por los profetas.
Creo en la Iglesia,
que es una, santa, católica y apostólica.
Confieso que hay un solo bautismo
para el perdón de los pecados.
Espero la resurrección de los muertos
y la vida del mundo futuro.
Amén.

Para utilidad de los fieles, en lugar del símbolo niceno-constantinopolitano, la profesión de fe se puede hacer, especialmente en el Tiempo de Cuaresma y en la Cincuentena pascual, con el siguiente símbolo, llamado "de los apóstoles":

**Creo en Dios, Padre todopoderoso,
Creador del cielo y de la tierra.
Creo en Jesucristo, su único Hijo, nuestro Señor,**

En las palabras que siguen, hasta **María Virgen**, todos se inclinan:

**que fue concebido por obra y gracia del Espíritu Santo,
nació de santa María Virgen,
padeció bajo el poder de Poncio Pilato,
fue crucificado, muerto y sepultado,
descendió a los infiernos,
al tercer día resucitó de entre los muertos,
subió a los cielos
y está sentado a la derecha de Dios, Padre todopoderoso.
Desde allí ha de venir a juzgar a vivos y muertos.**

**Creo en el Espíritu Santo,
la santa Iglesia católica,
la comunión de los santos,
el perdón de los pecados,
la resurrección de la carne
y la vida eterna.
Amén.**

PLEGARIA UNIVERSAL

Invitatorio
El sacerdote invita a los fieles a orar, por medio de una breve monición.

Intenciones
Las intenciones son propuestas por un diácono o, en su defecto, por un lector o por otra persona idónea.
El pueblo manifiesta su participación con una invocación u orando en silencio.

Conclusión
El sacerdote termina la plegaria común con una oración conclusiva.

LITURGIA EUCARÍSTICA

PRESENTACIÓN DE LAS OFRENDAS

Durante la presentación puede ejecutarse un canto adecuado.

Conviene que los fieles expresen su participación en la ofrenda, bien sea llevando el pan y el vino para la celebración de la Eucaristía, bien aportando otros dones para las necesidades de la Iglesia o de los pobres.

PRESENTACIÓN DEL PAN Y DEL VINO

El sacerdote se acerca al altar, toma la patena con el pan y, manteniéndola un poco elevada sobre el altar, dice en secreto:

Bendito seas, Señor, Dios del universo,
por este pan, fruto de la tierra y del trabajo del hombre,
que recibimos de tu generosidad y ahora te presentamos;
él será para nosotros pan de vida.

Si no se canta durante la presentación de las ofrendas, el sacerdote puede decir en voz alta estas palabras; al final el pueblo puede aclamar:

Bendito seas por siempre, Señor.

Después el sacerdote toma el cáliz y, manteniéndolo un poco elevado sobre el altar, dice en secreto:

Bendito seas, Señor, Dios del universo,
por este vino, fruto de la vid y del trabajo del hombre,
que recibimos de tu generosidad y ahora te presentamos;
él será para nosotros bebida de salvación.

Si no se canta durante la presentación de las ofrendas, el sacerdote puede decir en voz alta estas palabras; al final el pueblo puede aclamar:

Bendito seas por siempre, Señor.

LAVABO

Luego el sacerdote, de pie a un lado del altar, se lava las manos.

ORACIÓN SOBRE LAS OFRENDAS

Invitación

El sacerdote, de pie en el centro del altar, dice:

Oren, hermanos,
para que este sacrificio, mío y de ustedes,
sea agradable a Dios, Padre todopoderoso.

El sacerdote puede emplear alguna otra de las fórmulas que se encuentran en el misal de altar.

El pueblo responde:

**El Señor reciba de tus manos este sacrificio,
para alabanza y gloria de su nombre,
para nuestro bien
y el de toda su santa Iglesia.**

Oración

Luego el sacerdote dice la oración sobre las ofrendas.

La oración sobre las ofrendas termina siempre con la conclusión breve.

Por Jesucristo, nuestro Señor.

O bien:

… por los siglos de los siglos.

El pueblo aclama:

Amén.

PLEGARIA EUCARÍSTICA

DIÁLOGO INTRODUCTORIO AL PREFACIO

El sacerdote comienza la plegaria eucarística con el prefacio. Dice:

El Señor esté con ustedes.

El pueblo responde:

Y con tu espíritu.

El sacerdote prosigue:

Levantemos el corazón.

El pueblo responde:

Lo tenemos levantado hacia el Señor.

El sacerdote añade:

Demos gracias al Señor, nuestro Dios.

El pueblo responde:

Es justo y necesario.

El sacerdote prosigue el prefacio.

PREFACIO DE ADVIENTO II

En verdad es justo y necesario, es nuestro deber y salvación darte gracias siempre y en todo lugar, Señor, Padre santo, Dios todopoderoso y eterno, por Cristo, Señor nuestro.

A quien todos los profetas anunciaron y la Virgen esperó con inefable amor de madre; Juan lo proclamó ya próximo y lo señaló después entre los hombres.

Él es quien nos concede ahora prepararnos con alegría al misterio de su nacimiento, para encontrarnos así cuando llegue, velando en oración y cantando su alabanza.

Por eso, con los ángeles y los arcángeles y con todos los coros celestiales, cantamos sin cesar el himno de tu gloria: **Santo, Santo, Santo...**

PREFACIO DE NAVIDAD II

En verdad es justo y necesario, es nuestro deber y salvación darte gracias siempre y en todo lugar, Señor, Padre santo, Dios todopoderoso y eterno, por Cristo, Señor nuestro.

El cual, en el misterio santo que hoy celebramos, se hizo presente entre nosotros sin dejar la gloria del Padre; siendo invisible en su naturaleza divina, se hizo visible al asumir la nuestra y, engendrado antes de todo tiempo, comenzó a existir en el tiempo para reintegrar en la unidad a la creación entera, reconstruyendo en su persona cuanto en el mundo yacía derrumbado y para llamar de nuevo al hombre caído al Reino de los cielos.

Por eso, unidos a los coros angélicos, te aclamamos, llenos de alegría: **Santo, Santo, Santo...**

PREFACIO DE CUARESMA V

En verdad es justo bendecir tu nombre, Padre rico en misericordia, ahora que, en nuestro itinerario hacia la luz pascual, seguimos los pasos de Cristo, maestro y modelo de la humanidad reconciliada en el amor.

Tú abres a la Iglesia el camino de un nuevo éxodo a través del desierto cuaresmal, para que, llegados a la montaña santa, con el corazón contrito y humillado, reavivemos nuestra vocación de pueblo de la alianza, convocado para bendecir tu nombre, escuchar tu palabra, y experimentar con gozo tus maravillas.

Por estos signos de salvación, unidos a los ángeles, ministros de tu gloria, proclamamos el canto de tu alabanza: **Santo, Santo, Santo...**

PREFACIO DE PASCUA I

En verdad es justo y necesario, es nuestro deber y salvación glorificarte siempre, Señor, pero más que nunca (en esta noche) (en este día) (en este tiempo), en que Cristo, nuestra Pascua, fue inmolado.

Porque Él es el Cordero de Dios que quitó el pecado del mundo: muriendo, destruyó nuestra muerte, y resucitando, restauró la vida.

Por eso, con esta efusión de gozo pascual, el mundo entero se desborda de alegría y también los coros celestiales, los ángeles y los arcángeles, cantan sin cesar el himno de tu gloria: **Santo, Santo, Santo...**

PREFACIO DOMINICAL I
El misterio pascual y el pueblo de Dios

En verdad es justo y necesario, es nuestro deber y salvación darte gracias siempre y en todo lugar, Señor, Padre santo, Dios todopoderoso y eterno, por Cristo, Señor nuestro.

Quien, por su misterio pascual, realizó la obra maravillosa de llamarnos del pecado y de la muerte al honor de ser estirpe elegida, sacerdocio real, nación consagrada, pueblo de su propiedad, para que, trasladados de las tinieblas a tu luz admirable, proclamemos ante el mundo tus maravillas.

Por eso, con los ángeles y los arcángeles y con todos los coros celestiales, cantamos sin cesar el himno de tu gloria: **Santo, Santo, Santo...**

PREFACIO DOMINICAL VII
La salvación por la obediencia de Cristo

En verdad es justo y necesario, es nuestro deber y salvación darte gracias siempre y en todo lugar, Señor, Padre santo, Dios todopoderoso y eterno.

Porque tu amor al mundo fue tan misericordioso, que no sólo nos enviaste como redentor a tu propio Hijo, sino que lo quisiste en todo semejante a nosotros, menos en el pecado, para poder así amar en nosotros lo que en él amabas.

Y con su obediencia nos devolviste aquellos dones que por nuestra desobediencia habíamos perdido.

Por eso, ahora nosotros, llenos de alegría, te aclamamos con los ángeles y los santos, diciendo: **Santo, Santo, Santo...**

SANTO
En unión con el pueblo, concluye el prefacio, cantando o diciendo en voz alta:

Santo, Santo, Santo es el Señor,
Dios del Universo.
Llenos están el cielo y la tierra de tu gloria.
Hosanna en el cielo.
Bendito el que viene en nombre del Señor.
Hosanna en el cielo.

PLEGARIA EUCARÍSTICA II

℣. El Señor esté con ustedes.
℟. **Y con tu espíritu.**
℣. Levantemos el corazón.
℟. **Lo tenemos levantado hacia el Señor.**
℣. Demos gracias al Señor, nuestro Dios.
℟. **Es justo y necesario.**

En verdad es justo y necesario,
es nuestro deber y salvación
darte gracias, Padre santo,
siempre y en todo lugar,
por Jesucristo, tu Hijo amado.

Por él, que es tu Palabra, hiciste todas las cosas;
tú nos lo enviaste
para que, hecho hombre por obra del Espíritu Santo
y nacido de María, la Virgen,
fuera nuestro Salvador y Redentor.
Él, en cumplimiento de tu voluntad,
para destruir la muerte
y manifestar la resurrección,
extendió sus brazos en la cruz,
y así adquirió para ti un pueblo santo.

Por eso,
con los ángeles y los santos,
proclamamos tu gloria, diciendo:
Santo, Santo, Santo...

II

El sacerdote dice:

Santo eres en verdad,
Señor, fuente de toda santidad;
por eso te pedimos que santifiques estos dones
con la efusión de tu Espíritu,
de manera que sean para nosotros
Cuerpo y + Sangre
de Jesucristo, nuestro Señor.

El cual,
cuando iba a ser entregado a su Pasión,
voluntariamente aceptada,
tomó pan, dándote gracias, lo partió
y lo dio a sus discípulos, diciendo:

**Tomad y comed todos de él,
porque esto es mi Cuerpo,
que será entregado por vosotros.**

Hace genuflexión y prosigue:

Del mismo modo, acabada la cena,
tomó el cáliz,
y, dándote gracias de nuevo,
lo pasó a sus discípulos, diciendo:

**Tomad y bebed todos de él,
porque éste es el cáliz de mi Sangre,
Sangre de la alianza nueva y eterna,
que será derramada por vosotros
y por todos los hombres
para el perdón de los pecados.
Haced esto en conmemoración mía.**

Hace genuflexión. Luego dice una de las siguientes fórmulas:

1

Éste es el Sacramento de nuestra fe.

O bien:

Éste es el Misterio de la fe.

Y el pueblo prosigue, aclamando:

Anunciamos tu muerte,
proclamamos tu resurrección.
¡Ven, Señor Jesús!

2

Aclamen el Misterio de la redención.

Y el pueblo prosigue, aclamando:

Cada vez que comemos de este pan
y bebemos de este cáliz,
anunciamos tu muerte, Señor,
hasta que vuelvas.

3

Cristo se entregó por nosotros.

y el pueblo prosigue, aclamando:

Por tu cruz y resurrección
nos has salvado, Señor.

Después, el sacerdote, con las manos extendidas, dice:

Así, pues, Padre,
al celebrar ahora el memorial
de la muerte y resurrección de tu Hijo,
te ofrecemos
el pan de vida y el cáliz de salvación,
y te damos gracias
porque nos haces dignos de servirte en tu presencia.
Te pedimos humildemente
que el Espíritu Santo congregue en la unidad
a cuantos participamos
del Cuerpo y Sangre de Cristo.

Acuérdate, Señor,
de tu Iglesia extendida por toda la tierra;

En los domingos, cuando no hay otra conmemoración más propia, puede decirse:

Acuérdate, Señor,
de tu Iglesia extendida por toda la tierra
y reunida aquí en el domingo,
día en que Cristo ha vencido a la muerte
y nos ha hecho partícipes de su vida inmortal;

y con el Papa N.,
con nuestro Obispo N.,
y todos los pastores que cuidan de tu pueblo,
llévala a su perfección por la caridad.

II Acuérdate también de nuestros hermanos
que se durmieron en la esperanza
de la resurrección,
y de todos los que han muerto en tu misericordia;
admítelos a contemplar la luz de tu rostro.
Ten misericordia de todos nosotros,
y así, con María, la Virgen Madre de Dios,
los apóstoles
y cuantos vivieron en tu amistad
a través de los tiempos,
merezcamos, por tu Hijo Jesucristo,
compartir la vida eterna
y cantar tus alabanzas.

Toma la patena con el pan consagrado y el cáliz y, sosteniéndolos elevados, dice:

Por Cristo, con él y en él,
a ti, Dios Padre omnipotente,
en la unidad del Espíritu Santo,
todo honor y toda gloria
por los siglos de los siglos.

El pueblo aclama:

Amén.

Después sigue el rito de la comunión, pág. 23

PLEGARIA EUCARÍSTICA III

Después del prefacio el sacerdote dice:

Santo eres en verdad, Padre,
y con razón te alaban todas tus criaturas,
ya que por Jesucristo, tu Hijo, Señor nuestro,
con la fuerza del Espíritu Santo,
das vida y santificas todo,
y congregas a tu pueblo sin cesar,
para que ofrezca en tu honor
un sacrificio sin mancha
desde donde sale el sol hasta el ocaso.

Por eso, Padre, te suplicamos
que santifiques por el mismo Espíritu
estos dones que hemos separado para ti,
de manera que sean
Cuerpo y + Sangre de Jesucristo,
Hijo tuyo y Señor nuestro,
que nos mandó celebrar estos misterios.

Porque él mismo,
la noche en que iba a ser entregado,
tomó pan,
y dando gracias te bendijo,
lo partió
y lo dio a sus discípulos, diciendo:

**Tomad y comed todos de él,
porque esto es mi Cuerpo,
que será entregado por vosotros.**

Después prosigue.

Del mismo modo, acabada la cena,
tomó el cáliz,
dando gracias te bendijo,
y lo pasó a sus discípulos, diciendo:

III

**Tomad y bebed todos de él,
porque éste es el cáliz de mi Sangre,
Sangre de la alianza nueva y eterna,
que será derramada por vosotros
y por todos los hombres
para el perdón de los pecados.
Haced esto en conmemoración mía.**

Hace genuflexión. Luego dice una de las siguientes fórmulas:

1   Éste es el Sacramento de nuestra fe.

O bien:

Éste es el Misterio de la fe.

Y el pueblo prosigue, aclamando:

**Anunciamos tu muerte,
proclamamos tu resurrección.
¡Ven, Señor Jesús!**

III   2   Aclamen el Misterio de la redención.

Y el pueblo prosigue, aclamando:

**Cada vez que comemos de este pan
y bebemos de este cáliz,
anunciamos tu muerte, Señor,
hasta que vuelvas.**

3   Cristo se entregó por nosotros.

Y el pueblo prosigue, aclamando:

**Por tu cruz y resurrección
nos has salvado, Señor.**

Después el sacerdote dice:

Así, pues, Padre,
al celebrar ahora el memorial
de la pasión salvadora de tu Hijo,
de su admirable resurrección y ascensión al cielo,
mientras esperamos su venida gloriosa,
te ofrecemos, en esta acción de gracias,
el sacrificio vivo y santo.

Dirige tu mirada sobre la ofrenda de tu Iglesia,
y reconoce en ella la Víctima
por cuya inmolación quisiste devolvernos tu amistad,
para que, fortalecidos con el Cuerpo y la Sangre de tu Hijo
y llenos de su Espíritu Santo,
formemos en Cristo un solo cuerpo y un solo espíritu.

Que él nos transforme en ofrenda permanente,
para que gocemos de tu heredad
junto con tus elegidos:
con María, la Virgen Madre de Dios,
los apóstoles y los mártires,
        [san N.: Santo del día o patrono]
y todos los santos,
por cuya intercesión
confiamos obtener siempre tu ayuda.

Te pedimos, Padre, que esta Víctima de reconciliación
traiga la paz y la salvación al mundo entero.

III

Confirma en la fe y en la caridad
a tu Iglesia, peregrina en la tierra:
a tu servidor, el Papa N., a nuestro Obispo N.,
al orden episcopal, a los presbíteros y diáconos,
y a todo el pueblo redimido por ti.

Atiende los deseos y súplicas de esta familia
que has congregado en tu presencia.

En los domingos, cuando no hay otro recuerdo más propio, puede
decirse:

Atiende los deseos y súplicas de esta familia
que has congregado en tu presencia,
en el domingo, día en que Cristo
ha vencido a la muerte
y nos ha hecho partícipes de su vida inmortal.

Reúne en torno a ti, Padre misericordioso,
a todos tus hijos dispersos por el mundo.

+ A nuestros hermanos difuntos
y a cuantos murieron en tu amistad
recíbelos en tu reino,
donde esperamos gozar todos juntos
de la plenitud eterna de tu gloria,
por Cristo, Señor nuestro,
por quien concedes al mundo todos los bienes.

Cuando esta Plegaria se utiliza en las misas de difuntos, puede decirse:

+ Recuerda a tu hijo (hija) N.,
a quien llamaste (hoy)
de este mundo a tu presencia:
concédele que, así como ha compartido ya
la muerte de Jesucristo,
comparta también con él
la gloria de la resurrección,
cuando Cristo haga resurgir de la tierra a los muertos,
y transforme nuestro cuerpo frágil
en cuerpo glorioso como el suyo.
Y a todos nuestros hermanos difuntos
y a cuantos murieron en tu amistad
recíbelos en tu reino,
donde esperamos gozar todos juntos
de la plenitud eterna de tu gloria;
allí enjugarás las lágrimas de nuestros ojos,
porque, al contemplarte como tú eres, Dios nuestro,
seremos para siempre semejantes a ti
y cantaremos eternamente tus alabanzas.
Por Cristo, Señor nuestro,
por quien concedes al mundo todos los bienes.

Por Cristo, con él y en él,
a ti, Dios Padre omnipotente,
en la unidad del Espíritu Santo,
todo honor y toda gloria
por los siglos de los siglos.

El pueblo aclama:

Amén.

RITO DE LA COMUNIÓN

Una vez que ha dejado el cáliz y la patena, el sacerdote, con las manos juntas, dice:

Fieles a la recomendación del Salvador
y siguiendo su divina enseñanza,
nos atrevemos a decir:

O bien:

Llenos de alegría por ser hijos de Dios,
digamos confiadamente
la oración que Cristo nos enseñó:

O bien:

El amor de Dios ha sido derramado en nuestros corazones
con el Espíritu Santo que se nos ha dado;
digamos con fe y esperanza:

O bien:

Antes de participar en el banquete de la Eucaristía,
signo de reconciliación
y vínculo de unión fraterna,
oremos juntos como el Señor nos ha enseñado:

Junto con el pueblo, continúa:

Padre nuestro, que estás en el cielo,
santificado sea tu nombre;
venga a nosotros tu reino;
hágase tu voluntad en la tierra como en el cielo.
Danos hoy nuestro pan de cada día;
perdona nuestras ofensas,
como también nosotros perdonamos
a los que nos ofenden;
no nos dejes caer en la tentación,
y líbranos del mal.

El sacerdote prosigue él solo:

**Líbranos de todos los males, Señor,
y concédenos la paz en nuestros días,
para que, ayudados por tu misericordia,
vivamos siempre libres de pecado
y protegidos de toda perturbación,
mientras esperamos la gloriosa venida
de nuestro Salvador Jesucristo.**

El pueblo concluye la oración, aclamando:

**Tuyo es el reino,
tuyo el poder y la gloria, por siempre, Señor.**

Después el sacerdote dice en voz alta:

**Señor Jesucristo, que dijiste a tus apóstoles:
"La paz les dejo, mi paz les doy",
no tengas en cuenta nuestros pecados, sino la fe de tu Iglesia
y, conforme a tu palabra, concédele la paz y la unidad.
Tú que vives y reinas por los siglos de los siglos.**

El pueblo responde:

Amén.

El sacerdote añade:

La paz del Señor esté siempre con ustedes.

El pueblo responde:

Y con tu espíritu.

Luego el diácono o el sacerdote añade:

Dense fraternalmente la paz.

O bien:

**Como hijos de Dios, intercambien ahora
un signo de comunión fraterna.**

O bien:

**En Cristo, que nos ha hecho hermanos con su cruz,
dense la paz como signo de reconciliación.**

O bien:

**En el Espíritu de Cristo resucitado,
dense fraternalmente la paz.**

Y todos, según la costumbre del lugar, se dan la paz.

Se canta o se dice:

Cordero de Dios, que quitas el pecado del mundo, ten piedad de nosotros.
Cordero de Dios, que quitas el pecado del mundo, ten piedad de nosotros.
Cordero de Dios, que quitas el pecado del mundo, danos la paz.

El sacerdote hace genuflexión, toma el pan consagrado y, sosteniéndolo un poco elevado sobre la patena, lo muestra al pueblo, diciendo:

Éste es el Cordero de Dios, que quita el pecado del mundo.
Dichosos los invitados a la cena del Señor.

Y, juntamente con el pueblo, añade:

Señor, no soy digno de que entres en mi casa, pero una palabra tuya bastará para sanarme.

Después de comulgar, el sacerdote se acerca a los que quieren comulgar y les presenta el pan consagrado, diciendo a cada uno de ellos:

El Cuerpo de Cristo.

El que va a comulgar responde:

Amén.

Y comulga.

Si se comulga bajo las dos especies, se observa el rito descrito en el misal de altar.

Cuando el sacerdote comulga el Cuerpo de Cristo, comienza el canto de comunión.

Después, el sacerdote puede ir a la sede. Si se juzga oportuno, se pueden guardar unos momentos de silencio o cantar un salmo o cántico de alabanza.

Luego, de pie en la sede o en el altar, el sacerdote dice:

Oremos.

Y todos, junto con el sacerdote, oran en silencio durante unos momentos, a no ser que este silencio ya se haya hecho antes.

Después el sacerdote, con las manos extendidas, dice la oración después de la comunión.

La oración después de la comunión termina con la conclusión breve.

Si la oración se dirige al Padre:

Por Jesucristo, nuestro Señor.

O bien:

... por los siglos de los siglos.

El pueblo aclama:

Amén.

RITO DE CONCLUSIÓN

En este momento se hacen, si es necesario y con brevedad, los oportunos anuncios o advertencias al pueblo.

BENDICIÓN FINAL

Después tiene lugar la despedida. El sacerdote extiende las manos hacia el pueblo y dice:

El Señor esté con ustedes.

El pueblo responde:

Y con tu espíritu.

El sacerdote bendice al pueblo, diciendo:

La bendición de Dios todopoderoso, Padre, Hijo + y Espíritu Santo, descienda sobre ustedes.

El pueblo responde:

Amén.

En algunas ocasiones y en determinadas misas rituales puede usarse una de las bendiciones solemnes o de las oraciones sobre el pueblo.

Luego el diácono, o el sacerdote, despide al pueblo con una de las fórmulas siguientes:

Pueden ir en paz.

O bien:

La alegría del Señor sea nuestra fuerza. Pueden ir en paz.

O bien:

Glorifiquen al Señor con su vida. Pueden ir en paz.

O bien:

En el nombre del Señor, pueden ir en paz.

O bien, especialmente en los domingos de Pascua:

Anuncien a todos la alegría del Señor resucitado. Pueden ir en paz.

El pueblo responde:

Demos gracias a Dios.

Después el sacerdote se retira a la sacristía.

Misas dominicales
y festivas de 2008

1º de enero
Martes

Santa María, Madre de Dios

(Blanco)

ANTÍFONA DE ENTRADA Sedulio

Te aclamamos, santa Madre de Dios, porque has dado a luz al Rey que gobierna cielo y tierra por los siglos de los siglos.

ORACIÓN COLECTA

Señor Dios, que por la fecunda virginidad de María diste al género humano el don de la salvación eterna, concédenos sentir la intercesión de aquella por quien recibimos al autor de la vida, Jesucristo, Señor nuestro, que vive y reina…

Ocho días después de su nacimiento (EVANGELIO), Jesús fue circuncidado de acuerdo con la ley de Moisés y recibió el nombre de Jesús. Eso es lo que nos relata san Lucas; pero antes, hace alusión a la visita de los pastores al establo de Belén y, al mismo tiempo, hace una evocación de María, la Madre de Dios, completamente recogida en oración. También san Pablo la evoca (SEGUNDA LECTURA), cuando dice que Dios envió a su Hijo "nacido de una mujer", como si quisiera subrayar el papel que desempeñó María en el desarrollo del misterio de la salvación. El pasaje del Antiguo Testamento, por su parte (PRIMERA LECTURA), invoca el nombre del Señor sobre el nuevo año y le pide la paz.

PRIMERA LECTURA
Invocarán mi nombre y yo los bendeciré.

Del libro de los Números
6, 22-27

En aquel tiempo, el Señor habló a Moisés y le dijo:
"Di a Aarón y a sus hijos:
'De esta manera bendecirán a los israelitas:
El Señor te bendiga y te proteja,
haga resplandecer su rostro sobre ti y te conceda su favor.
Que el Señor te mire con benevolencia
y te conceda la paz'.
    Así invocarán mi nombre sobre los israelitas
y yo los bendeciré".

Palabra de Dios.   ℟. **Te alabamos, Señor.**

SALMO RESPONSORIAL
Del salmo 66

D. Rojas B.P. 1512

Ten pie-dad de no-so-tros, Se-ñor, y ben-
dí-ce-nos, y be-dí-ce-nos.

℟.   Ten piedad de nosotros, Señor, y bendícenos.

Ten piedad de nosotros y bendícenos;
vuelve, Señor, tus ojos a nosotros.
Que conozca la tierra tu bondad
y los pueblos tu obra salvadora. ℟.

    Las naciones con júbilo te canten,
porque juzgas al mundo con justicia;
con equidad tú juzgas a los pueblos
y riges en la tierra a las naciones. ℟.

    Que te alaben, Señor, todos los pueblos,
que los pueblos te aclamen todos juntos.
Que nos bendiga Dios
y que le rinda honor el mundo entero. ℟.

SEGUNDA LECTURA
Dios envió a su Hijo, nacido de una mujer.

De la carta del apóstol san Pablo a los gálatas
4, 4-7

Hermanos: Al llegar la plenitud de los tiempos, envió Dios a su Hijo, nacido de una mujer, nacido bajo la ley, para rescatar a los que estábamos bajo la ley, a fin de hacernos hijos suyos.

Puesto que ya son ustedes hijos, Dios envió a sus corazones el Espíritu de su Hijo, que clama "¡Abbá!", es decir, ¡Padre! Así que ya no eres siervo, sino hijo; y siendo hijo, eres también heredero por voluntad de Dios.

Palabra de Dios.   ℟. **Te alabamos, Señor.**

ACLAMACIÓN ANTES DEL EVANGELIO
Heb 1, 1-2

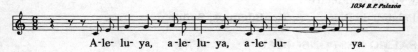

A-le- lu- ya,   a -le- lu- ya,   a -le- lu-   ya.

℟. Aleluya, aleluya.
En distintas ocasiones y de muchas maneras
habló Dios en el pasado a nuestros padres, por boca de los profetas.
Ahora, en estos tiempos, nos ha hablado por medio de su Hijo.
℟. Aleluya, aleluya.

EVANGELIO
Encontraron a María, a José y al niño. Al cumplirse los ocho días, le pusieron por nombre Jesús.

✠ Del santo Evangelio según san Lucas
2, 16-21

En aquel tiempo, los pastores fueron a toda prisa hacia Belén y encontraron a María, a José y al niño, recostado en el pesebre. Después de verlo, contaron lo que se les había dicho de aquel niño y cuantos los oían, quedaban maravillados. María, por su parte, guardaba todas estas cosas y las meditaba en su corazón.

Los pastores se volvieron a sus campos, alabando y glorificando a Dios por todo cuanto habían visto y oído, según lo que se les había anunciado.

Cumplidos los ocho días, circuncidaron al niño y le pusieron el nombre de Jesús, aquel mismo que había dicho el ángel, antes de que el niño fuera concebido.

Palabra del Señor.   ℟. **Gloria a ti, Señor Jesús.**

ORACIÓN SOBRE LAS OFRENDAS

Señor, tú que eres el origen de todos los bienes y quien los lleva a su pleno desarrollo, concede a quienes celebramos en la Virgen María, Madre de Dios, las primicias de nuestra redención, alcanzar la plenitud de sus frutos. Por Jesucristo, nuestro Señor.

Prefacio de la Santísima Virgen I

ANTÍFONA DE LA COMUNIÓN
Heb 13, 8

Jesucristo es el mismo ayer, hoy y por todos los siglos.

ORACIÓN DESPUÉS DE LA COMUNIÓN

Señor, que estos sacramentos celestiales que hemos recibido con alegría, sean fuente de vida eterna para nosotros, que nos gloriamos de proclamar a la siempre Virgen María como Madre de tu Hijo y Madre de la Iglesia. Por Jesucristo, nuestro Señor.

MARÍA GUARDABA TODAS ESTAS COSAS EN SU CORAZÓN

○ …lo de que Dios la había elegido para que fuera la madre de su Hijo

○ …lo de que el Hijo de Dios se había hecho hombre para redimirnos a todos

○ …lo de que por todo eso que ocurrió en aquella primera Navidad, todos los seres humanos nos convertimos en hermanos de Jesucristo y en hermanos los unos de los otros

○ …lo de que a los primeros que quiso manifestarse Jesucristo fue a los pastores, es decir a los sencillos y a los que no valían nada a los ojos del mundo.

Que María, Madre de Dios y Madre nuestra, nos ayude a nosotros a no olvidar todo esto para que no vayamos a empezar este año como, quizá, hemos comenzado tantos otros:

○ …olvidándonos poco a poco de que Cristo vino a salvarnos y a darnos ejemplo de cómo vivir

○ …olvidándonos, conforme pasan los días, de aquellos fraternales sentimientos que teníamos en Navidad

○ …olvidándonos de la íntima ternura que nos inspiraba la pobreza de María y de su Hijo, dejándonos invadir, día a día, del ansia de poseer cada vez más cosas.

Que Nuestra Señora de la Buena Memoria nos ayude a volver a nuestros respectivos campos de trabajo —como los pastores a los suyos—, alabando a Dios con los labios, pero sobre todo con nuestra vida diaria.

6 de enero   **La Epifanía del Señor**

(Blanco)

ANTÍFONA DE ENTRADA   Cfr Mal 3, 1; 1 Crón 19, 12

Miren que ya viene el Señor de los ejércitos; en su mano están el reino y la potestad y el imperio.

ORACIÓN COLECTA

Señor, Dios nuestro, que por medio de una estrella diste a conocer en este día, a todos los pueblos, el nacimiento de tu Hijo, concede a los que ya te conocemos por la fe llegar a contemplar, cara a cara, la hermosura de tu inmensa gloria. Por nuestro Señor Jesucristo…

Todos los hombres estamos llamados a formar un solo cuerpo con Cristo y a vivir juntos cerca de Dios. En esto consiste, según san Pablo (SEGUNDA LECTURA), el misterio oculto desde siempre. Sólo algunos profetas, como Isaías (PRIMERA LECTURA), alcanzaron a presentarlo. Luego pasaron los siglos. Y he aquí que el nacimiento de Cristo transforma la esperanza en realidad. Con la llegada de los magos a Belén, el misterio comienza a revelarse: los pueblos paganos se ponen en camino hacia Cristo (EVANGELIO).

PRIMERA LECTURA
La gloria del Señor alborea sobre ti.

Del libro del profeta Isaías
60, 1-6

Levántate y resplandece, Jerusalén,
porque ha llegado tu luz
y la gloria del Señor alborea sobre ti.
Mira: las tinieblas cubren la tierra
y espesa niebla envuelve a los pueblos;
pero sobre ti resplandece el Señor
y en ti se manifiesta su gloria.
Caminarán los pueblos a tu luz
y los reyes, al resplandor de tu aurora.
     Levanta los ojos y mira alrededor:
todos se reúnen y vienen a ti;
tus hijos llegan de lejos, a tus hijas las traen en brazos.
Entonces verás esto radiante de alegría;
tu corazón se alegrará, y se ensanchará,
cuando se vuelquen sobre ti los tesoros del mar
y te traigan las riquezas de los pueblos.
Te inundará una multitud de camellos y dromedarios,
procedentes de Madián y de Efá.
Vendrán todos los de Sabá
trayendo incienso y oro
y proclamando las alabanzas del Señor.
Palabra de Dios.   ℟. **Te alabamos, Señor.**

SALMO RESPONSORIAL
Del salmo 71
U. Ochoa B.P. 1514

Que te_a-do-ren, Se-ñor, to-dos los pueblos, que te_a-do-ren, Se-ñor, to-dos los pue-blos.

℟.   Que te adoren, Señor, todos los pueblos.

Comunica, Señor, al rey tu juicio,
y tu justicia, al que es hijo de reyes;
así tu siervo saldrá en defensa de tus pobres
y regirá a tu pueblo justamente. ℟.

     Florecerá en sus días la justicia
y reinará la paz, era tras era.
De mar a mar se extenderá su reino
y de un extremo al otro de la tierra. ℟.

[℟. Que te adoren, Señor, todos los pueblos.]

Los reyes de occidente y de las islas
le ofrecerán sus dones.
Ante él se postrarán todos los reyes
y todas las naciones. ℟.

Al débil librará del poderoso
y ayudará al que se encuentra sin amparo;
se apiadará del desvalido y pobre
y salvará la vida al desdichado. ℟.

SEGUNDA LECTURA
También los paganos participan de la misma herencia que nosotros.

De la carta del apóstol san Pablo a los efesios
3, 2-3. 5-6

Hermanos: Han oído hablar de la distribución de la gracia de Dios, que se me ha confiado en favor de ustedes. Por revelación se me dio a conocer este misterio, que no había sido manifestado a los hombres en otros tiempos, pero que ha sido revelado ahora por el Espíritu a sus santos apóstoles y profetas: es decir, que por el Evangelio, también los paganos son coherederos de la misma herencia, miembros del mismo cuerpo y partícipes de la misma promesa en Jesucristo.

Palabra de Dios.   ℟. **Te alabamos, Señor.**

ACLAMACIÓN ANTES DEL EVANGELIO
Mt 2, 2

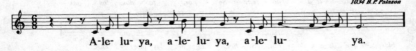

A-le- lu- ya, a -le- lu- ya, a -le- lu-   ya.

℟. Aleluya, aleluya.
Hemos visto su estrella en el oriente
y hemos venido a adorar al Señor.
℟. Aleluya, aleluya.

EVANGELIO
Hemos venido de oriente para adorar al rey de los judíos.

✠ **Del santo Evangelio según san Mateo**
2, 1-12

Jesús nació en Belén de Judá, en tiempos del rey Herodes. Unos magos de oriente llegaron entonces a Jerusalén y preguntaron: "¿Dónde está el rey de los judíos que acaba de nacer? Porque vimos surgir su estrella y hemos venido a adorarlo".

Al enterarse de esto, el rey Herodes se sobresaltó y toda Jerusalén con él. Convocó entonces a los sumos sacerdotes y a los escribas del pueblo y les preguntó dónde tenía que nacer el Mesías. Ellos le contestaron: "En Belén de Judá, porque así lo ha escrito el profeta: *Y tú, Belén, tierra de Judá, no eres en manera alguna la menor entre las ciudades ilustres de Judá, pues de ti saldrá un jefe, que será el pastor de mi pueblo, Israel*".

Entonces Herodes llamó en secreto a los magos, para que le precisaran el tiempo en que se les había aparecido la estrella y los mandó a Belén, diciéndoles: "Vayan a averiguar cuidadosamente qué hay de ese niño y, cuando lo encuentren, avísenme para que yo también vaya a adorarlo".

Después de oír al rey, los magos se pusieron en camino, y de pronto la estrella que habían visto surgir, comenzó a guiarlos, hasta que se detuvo encima de donde estaba el niño. Al ver de nuevo la estrella, se llenaron de inmensa alegría. Entraron en la casa y vieron al niño con María, su madre, y postrándose, lo adoraron. Después, abriendo sus cofres, le ofrecieron regalos: oro, incienso y mirra. Advertidos durante el sueño de que no volvieran a Herodes, regresaron a su tierra por otro camino.

Palabra del Señor.   ℞. **Gloria a ti, Señor Jesús.**

ORACIÓN SOBRE LAS OFRENDAS

Mira, Señor, con bondad los dones de tu Iglesia, que no consisten ya en oro, incienso y mirra, sino en tu mismo Hijo, Jesucristo, que, bajo las apariencias de pan y de vino, va a ofrecerse en sacrificio y a dársenos en alimento, él, que vive y reina por los siglos de los siglos.

ANTÍFONA DE LA COMUNIÓN   Cfr Mt 2, 2

Hemos visto su estrella en el oriente y venimos con regalos a adorar al Señor.

ORACIÓN DESPUÉS DE LA COMUNIÓN

Que tu luz, Señor, nos guíe y nos acompañe siempre para que comprendamos, cada día más, este sacramento en el que hemos participado y podamos recibirlo con mayor amor. Por Jesucristo, nuestro Señor.

¿DÓNDE ESTÁ EL REY DE LOS JUDÍOS QUE ACABA DE NACER?

✳ Herodes no lo sabía y les preguntó a los sumos sacerdotes y a los escribas.

✳ Éstos, después de consultar las Escrituras, le dijeron que en Belén de Judá.

✳ Si los **magos** de hoy, es decir, los hombres y las mujeres de buena voluntad, que queremos saber dónde está Jesús, lo preguntáramos hoy, las Escrituras (concretamente Mateo 25, 31-46) nos dirían que:

– en los que tienen hambre

– en los que no tienen qué ponerse

– en los que se encuentran encarcelados (con razón o sin ella)

– en los enfermos

– en los indocumentados

– en los indígenas (que tienen hambre, que están desnudos, que son tratados como extranjeros y que son encarcelados casi siempre sin causa…).

✳ En ellos nos está esperando Jesús para recibir **el oro** de nuestra ayuda económica, **el incienso** de nuestro respeto y **la mirra** de nuestra comprensión y nuestro afecto.

✳ Para encontrarlo, no tenemos que salir de nuestra tierra, simplemente tenemos que salir de nuestro egoísmo y de nuestros propios intereses.

13 de enero
Domingo

El Bautismo del Señor
(Blanco)

Cfr Mt 3, 16-17

ANTÍFONA DE ENTRADA

Inmediatamente después de que Jesús se bautizó, se abrieron los cielos y el Espíritu Santo se posó sobre él en forma de paloma, y resonó la voz del Padre que decía: "Éste es mi Hijo amado, en quien he puesto todo mi amor".

ORACIÓN COLECTA

Dios todopoderoso y eterno, que proclamaste solemnemente que Cristo era tu Hijo amado cuando fue bautizado en el Jordán y descendió el Espíritu Santo sobre él, concede a tus hijos adoptivos, renacidos del agua y del Espíritu, perseverar siempre fieles en el cumplimiento de tu voluntad. Por nuestro Señor Jesucristo...

En la PRIMERA LECTURA, el profeta Isaías habla del siervo del Señor, el elegido, que promoverá sin descanso la justicia, a quien el mismo Señor ha puesto como luz de las naciones. En el EVANGELIO, Jesús aparece como este siervo de Dios, "el Hijo muy amado de Dios", que se acerca a recibir el bautismo de Juan el Bautista. En la SEGUNDA LECTURA, san Pedro dice que "Dios ungió con el poder del Espíritu Santo a Jesús de Nazaret", que pasó haciendo el bien, sanando a todos los oprimidos, porque Dios estaba con él.

PRIMERA LECTURA
Miren a mi siervo, en quien tengo mis complacencias.

Del libro del profeta Isaías
42, 1-4. 6-7

Esto dice el Señor:
"Miren a mi siervo, a quien sostengo,
a mi elegido, en quien tengo mis complacencias.
En él he puesto mi espíritu
para que haga brillar la justicia sobre las naciones.

No gritará, no clamará, no hará oír su voz por las calles;
no romperá la caña resquebrajada,
ni apagará la mecha que aún humea.
Promoverá con firmeza la justicia,
no titubeará ni se doblegará
hasta haber establecido el derecho sobre la tierra
y hasta que las islas escuchen su enseñanza.

Yo, el Señor, fiel a mi designio de salvación,
te llamé, te tomé de la mano, te he formado
y te he constituido alianza de un pueblo,
luz de las naciones,
para que abras los ojos de los ciegos,
saques a los cautivos de la prisión
y de la mazmorra a los que habitan en tinieblas".

Palabra de Dios.   ℟. **Te alabamos, Señor.**

SALMO RESPONSORIAL
Del salmo 28

L. Martínez B.P. 1515

Te a - la - ba - mos, Se - ñor, oh Se - ñor.

℟. Te alabamos, Señor.

Hijos de Dios, glorifiquen al Señor,
denle la gloria que merece.
Postrados en su templo santo,
alabemos al Señor. ℟.

La voz del Señor se deja oír
sobre las aguas torrenciales.
La voz del Señor es poderosa,
la voz del Señor es imponente. ℟.

El Dios de majestad hizo sonar
el trueno de su voz.
El Señor se manifestó sobre las aguas
desde su trono eterno. ℟.

SEGUNDA LECTURA
Dios ungió con el Espíritu Santo a Jesús de Nazaret.

Del libro de los Hechos de los Apóstoles
10, 34-38

En aquellos días, Pedro se dirigió a Cornelio y a los que estaban en su casa, con estas palabras: "Ahora caigo en la cuenta de que Dios no hace distinción de personas, sino que acepta al que lo teme y practica la justicia, sea de la nación que fuere. Él envió su palabra a los hijos de Israel, para anunciarles la paz por medio de Jesucristo, Señor de todos.

Ya saben ustedes lo sucedido en toda Judea, que tuvo principio en Galilea, después del bautismo predicado por Juan: cómo Dios ungió con el poder del Espíritu Santo a Jesús de Nazaret, y cómo éste pasó haciendo el bien, sanando a todos los oprimidos por el diablo, porque Dios estaba con él".

Palabra de Dios.   ℟. **Te alabamos, Señor.**

ACLAMACIÓN ANTES DEL EVANGELIO
Cfr Mc 9, 7

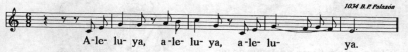

1034 B.P. Palazón

A-le- lu- ya,   a-le- lu- ya,   a-le- lu-   ya.

℟. Aleluya, aleluya.
Se abrió el cielo y resonó la voz del Padre, que decía:
"Éste es mi Hijo amado; escúchenlo".
℟. Aleluya, aleluya.

EVANGELIO
Apenas se bautizó Jesús, vio que el Espíritu Santo descendía sobre él.

✠ Del santo Evangelio según san Mateo
3, 13-17

En aquel tiempo, Jesús llegó de Galilea al río Jordán y le pidió a Juan que lo bautizara. Pero Juan se resistía, diciendo: "Yo soy quien debe ser bautizado por ti, ¿y tú vienes a que yo te bautice?" Jesús le respondió: "Haz ahora lo que te digo, porque es necesario que así cumplamos todo lo que Dios quiere". Entonces Juan accedió a bautizarlo.

Al salir Jesús del agua, una vez bautizado, se le abrieron los cielos y vio al Espíritu de Dios, que descendía sobre él en forma de paloma y oyó una voz que decía desde el cielo: "Éste es mi Hijo muy amado, en quien tengo mis complacencias".

Palabra del Señor.   ℟. **Gloria a ti, Señor Jesús.**

ORACIÓN SOBRE LAS OFRENDAS

Acepta, Señor, los dones que te presentamos al conmemorar el Bautismo y manifestación de tu Hijo amado, y conviértelos en aquel mismo sacrificio con el que Cristo lavó misericordiosamente los pecados del mundo. Por Jesucristo, nuestro Señor.

ANTÍFONA DE LA COMUNIÓN   Jn 1, 32. 34

Éste es aquel de quien Juan decía: Yo lo he visto y doy testimonio de que es el Hijo de Dios.

ORACIÓN DESPUÉS DE LA COMUNIÓN

A cuantos hemos participado del Cuerpo y la Sangre de tu Hijo, concédenos, Señor, escuchar con fe su palabra, para que así podamos llamarnos hijos tuyos y serlo de verdad. Por Jesucristo, nuestro Señor.

TÚ ERES MI HIJO AMADO

✓ El día del bautismo de Jesús se vio que el cielo se abría, que el Espíritu Santo bajaba en forma de paloma y se oyó una voz del cielo que decía: **"Tú eres mi hijo amado"**.

✓ El día de nuestro bautismo no se vio ni se oyó nada extraordinario, pero es tan cierto que es de fe, que el cielo se abrió (para cada uno de nosotros); que el Espíritu Santo bajó sobre nosotros; y que el Padre eterno nos dijo a cada uno de nosotros: **"Tú eres mi hijo amado"**.

✓ En el bautismo de Cristo y de cada uno de nosotros todo fue igual. Lo que ya no fue igual fue lo que sucedió después.

✓ Jesucristo, como dice san Pedro en los Hechos de los Apóstoles, **"pasó haciendo el bien"**.

✓ Nosotros, la mayoría –ungidos también por el Espíritu Santo–, hemos pasado buena parte de nuestra vida o haciendo el mal o no haciendo todo el bien que podemos hacer.

✓ Afortunadamente, podemos empezar a hacerlo a partir de hoy. **Dios no se arrepiente nunca, y cada uno de nosotros sigue siendo su hijo amado.**

Tiempo ordinario

Además de los tiempos litúrgicos fuertes (el Adviento, la Navidad, la Cuaresma y la Pascua), cada año hay 33 o 34 semanas que se llaman Tiempo ordinario.

Se distingue fácilmente por el color verde de los ornamentos durante la Misa.

Las lecturas de la celebración dominical durante este tiempo nos llevan a tener un mayor conocimiento de la persona de Cristo, de sus actitudes ante distintas circunstancias, para que vayamos orientando cristianamente nuestras decisiones y nuestra vida toda.

Este año iremos leyendo, domingo a domingo, el evangelio de san Mateo, y así la Palabra de Dios nos guiará en nuestro crecimiento y maduración como cristianos, nos ayudará a que el gozo de la Navidad y de la Pascua se vaya convirtiendo en nuestro modo ordinario de vida durante todo el año.

Es tiempo muy favorable para que la Iglesia y las familias lleguen a valorar la reunión eucarística dominical como la celebración más importante de los cristianos.

El Tiempo ordinario se interrumpe con la Cuaresma y continúa después de Pentecostés, para terminar un día antes de que comience el Adviento.

20 de enero

2º Domingo Ordinario
(Verde)

ANTÍFONA DE ENTRADA
Sal 65, 4

Que se postre ante ti, Señor, la tierra entera; que todos canten himnos en tu honor y alabanzas a tu nombre.

ORACIÓN COLECTA

Dios todopoderoso y eterno, que con amor gobiernas los cielos y la tierra, escucha paternalmente las súplicas de tu pueblo y haz que los días de nuestra vida transcurran en tu paz. Por nuestro Señor Jesucristo...

El profeta Isaías nos señala (PRIMERA LECTURA) al misterioso "Siervo de Dios" que el Señor había elegido para que fuera la "luz de las naciones". Juan el Bautista, después de bautizar a Jesús en el Jordán (EVANGELIO), nos lo señaló como el Hijo de Dios. Por su parte, san Pablo insiste desde el principio de su primera carta a los corintios (SEGUNDA LECTURA) en que su vocación al apostolado es de carácter divino y recuerda a los cristianos que también ellos han sido llamados por Cristo.

PRIMERA LECTURA
Te hago luz de las naciones, para que todos vean mi salvación.

Del libro del profeta Isaías
49, 3. 5-6

El Señor me dijo:
"Tú eres mi siervo, Israel;
en ti manifestaré mi gloria".

Ahora habla el Señor,
el que me formó desde el seno materno,
para que fuera su servidor,
para hacer que Jacob volviera a él
y congregar a Israel en torno suyo
—tanto así me honró el Señor
y mi Dios fue mi fuerza—.
Ahora, pues, dice el Señor:
"Es poco que seas mi siervo
sólo para restablecer a las tribus de Jacob
y reunir a los sobrevivientes de Israel;
te voy a convertir en luz de las naciones,
para que mi salvación llegue
hasta los últimos rincones de la tierra".

Palabra de Dios. ℟. **Te alabamos, Señor.**

SALMO RESPONSORIAL
Del salmo 39

L. Martínez B.P. 1541

A - quí es - toy, Se - ñor, pa - ra ha - cer tu vo - lun - tad.

℟. Aquí estoy, Señor, para hacer tu voluntad.

Esperé en el Señor con gran confianza;
él se inclinó hacia mí y escuchó mis plegarias.
Él me puso en la boca un canto nuevo,
un himno a nuestro Dios. ℟.

   Sacrificios y ofrendas no quisiste,
abriste, en cambio, mis oídos a tu voz.
No exigiste holocaustos por la culpa,
así que dije: "Aquí estoy". ℟.

   En tus libros se me ordena
hacer tu voluntad;
esto es, Señor, lo que deseo:
tu ley en medio de mi corazón. ℟.

   He anunciado tu justicia
en la gran asamblea;
no he cerrado mis labios,
tú lo sabes, Señor. ℟.

SEGUNDA LECTURA

La gracia y la paz de parte de Dios Padre y de Cristo Jesús.

De la primera carta del apóstol san Pablo a los corintios
1, 1-3

Yo, Pablo, apóstol de Jesucristo por voluntad de Dios, y Sóstenes, mi colaborador, saludamos a la comunidad cristiana que está en Corinto. A todos ustedes, a quienes Dios santificó en Cristo Jesús y que son su pueblo santo, así como a todos aquellos que en cualquier lugar invocan el nombre de Cristo Jesús, Señor nuestro y Señor de ellos, les deseo la gracia y la paz de parte de Dios, nuestro Padre, y de Cristo Jesús, el Señor.

Palabra de Dios.   ℟. **Te alabamos, Señor.**

ACLAMACIÓN ANTES DEL EVANGELIO
Jn 1, 14. 12

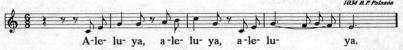

℟.   Aleluya, aleluya.
Aquel que es la Palabra se hizo hombre
y habitó entre nosotros.
A todos los que lo recibieron
les concedió poder llegar a ser hijos de Dios.
℟.   Aleluya, aleluya.

EVANGELIO

Éste es el Cordero de Dios, el que quita el pecado del mundo.

✠   Del santo Evangelio según san Juan
1, 29-34

En aquel tiempo, vio Juan el Bautista a Jesús, que venía hacia él, y exclamó: "Éste es el Cordero de Dios, el que quita el pecado del mundo. Éste es aquel de quien yo he dicho: 'El que viene después de mí, tiene precedencia sobre mí, porque ya existía antes que yo'. Yo no lo conocía, pero he venido a bautizar con agua, para que él sea dado a conocer a Israel".

Entonces Juan dio este testimonio: "Vi al Espíritu descender del cielo en forma de paloma y posarse sobre él. Yo no lo conocía, pero el que me envió a bautizar con agua me dijo: 'Aquel sobre quien veas que baja y se posa el Espíritu Santo, ése es el que ha de bautizar con el Espíritu Santo'. Pues bien, yo lo vi y doy testimonio de que éste es el Hijo de Dios".

Palabra del Señor.   ℟. **Gloria a ti, Señor Jesús.**

ORACIÓN SOBRE LAS OFRENDAS

Concédenos, Señor, participar dignamente en esta Eucaristía, porque cada vez que celebramos el memorial del sacrificio de tu Hijo, se lleva a cabo la obra de nuestra redención. Por Jesucristo, nuestro Señor.

ANTÍFONA DE LA COMUNIÓN
1 Jn 4, 16

Nosotros hemos conocido el amor que Dios nos tiene y hemos creído en él.

ORACIÓN DESPUÉS DE LA COMUNIÓN

Infúndenos, Señor, el espíritu de tu caridad para que, alimentados del mismo pan del cielo, permanezcamos siempre unidos por el mismo amor. Por Jesucristo, nuestro Señor.

LO CONOCIÓ... Y DIO TESTIMONIO

Juan Bautista no conocía a Cristo.

※ Pero una vez que conoció que aquel que se acercaba a bautizarse era el Mesías, el Salvador, inmediatamente dio testimonio de él:
– "Éste es el Cordero de Dios, el que quita el pecado del mundo". "Éste es el Hijo de Dios".
※ Nosotros hace mucho tiempo que conocemos a Cristo.
※ ¿Qué testimonio hemos dado de él a nuestro cónyuge? Si él o ella no supiera que somos cristianos por nuestra acta de bautismo y porque venimos a Misa los domingos ¿lo sabría por la forma en que nos comportamos con él o ella?
※ ¿Qué testimonio les hemos dado de él a nuestros hijos? ¿Les hablamos con alguna frecuencia de él? ¿Cristo es en nuestra casa algo más que una imagen que adorna la sala o la recámara?
※ ¿Qué testimonio damos de él en el lugar donde trabajamos? Por nuestra forma de actuar, de resolver los problemas, de tratar a los demás ¿se alcanza a notar que conocemos y tratamos de imitar a Cristo?
※ Juan vio, conoció y dio testimonio.

¿Y nosotros?

NUESTRA SOCIEDAD NECESITA TESTIGOS DE CRISTO.

27 de enero

3er Domingo Ordinario
(Verde)

Canten al Señor un cántico nuevo, hombres de toda la tierra, canten al Señor. Hay brillo y esplendor en su presencia, y en su templo, belleza y majestad.

ORACIÓN COLECTA

Dios eterno y todopoderoso, conduce nuestra vida por el camino de tus mandamientos para que, unidos a tu Hijo amado, podamos producir frutos abundantes. Por nuestro Señor Jesucristo...

Por medio de una profecía (PRIMERA LECTURA), Isaías nos anuncia la proximidad del día del Señor, cuando quedarán en libertad los exiliados de Israel, "los que habitaban en tierra de sombras", porque aquel día brillará una gran luz. San Mateo (EVANGELIO) toma la misma profecía cuando comienza a relatarnos el desarrollo del ministerio de Jesús en Galilea, donde ya empezaba "a brillar esa gran luz".

San Pablo (SEGUNDA LECTURA) se queja de que se hayan producido divisiones en la Iglesia de Corinto y hace un llamado a los cristianos para que tengan un solo sentir, ya que todos fueron salvados por la cruz de Cristo.

PRIMERA LECTURA
Los que andaban en tinieblas vieron una gran luz.

Del libro del profeta Isaías
8, 23–9, 3

En otro tiempo, el Señor humilló al país de Zabulón y al país de Neftalí; pero en el futuro llenará de gloria el camino del mar, más allá del Jordán, en la región de los paganos.

El pueblo que habitaba en tinieblas
vio una gran luz;
sobre los que vivían en tierra de sombras,
una luz resplandeció.

Engrandeciste a tu pueblo
e hiciste grande su alegría.
Se gozan en tu presencia como gozan al cosechar,
como se alegran al repartirse el botín.
Porque tú quebrantaste su pesado yugo,
la barra que oprimía sus hombros
y el cetro de su tirano,
como en el día de Madián.

Palabra de Dios.   ℟. **Te alabamos, Señor.**

SALMO RESPONSORIAL
Del salmo 26

B. Rojas B.P. 1539

El Se - ñor es mi luz y mi sal - va - ción.

℟.   El Señor es mi luz y mi salvación.

El Señor es mi luz y mi salvación,
¿a quién voy a tenerle miedo?
El Señor es la defensa de mi vida,
¿quién podrá hacerme temblar? ℟.

Lo único que pido, lo único que busco,
es vivir en la casa del Señor toda mi vida,
para disfrutar las bondades del Señor
y estar continuamente en su presencia. ℟.

La bondad del Señor espero ver
en esta misma vida.
Ármate de valor y fortaleza
y en el Señor confía. ℟.

SEGUNDA LECTURA
Que no haya divisiones entre ustedes.

De la primera carta del apóstol san Pablo a los corintios
1, 10-13. 17

Hermanos: Los exhorto, en nombre de nuestro Señor Jesucristo, a que todos vivan en concordia y no haya divisiones entre ustedes, a que estén perfectamente unidos en un mismo sentir y en un mismo pensar.

Me he enterado, hermanos, por algunos servidores de Cloe, de que hay discordia entre ustedes. Les digo esto, porque cada uno de ustedes ha tomado partido, diciendo: "Yo soy de Pablo, yo de Apolo, yo de Pedro, yo de Cristo". ¿Acaso Cristo está dividido? ¿Es que Pablo fue crucificado por ustedes? ¿O han sido bautizados ustedes en nombre de Pablo?

Por lo demás, no me envió Cristo a bautizar, sino a predicar el Evangelio, y eso, no con sabiduría de palabras, para no hacer ineficaz la cruz de Cristo.

Palabra de Dios.   ℞. **Te alabamos, Señor.**

ACLAMACIÓN ANTES DEL EVANGELIO
Cfr Mt 4, 23

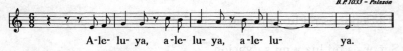

B.P.1033 – Palazón

A-le- lu- ya,   a-le- lu- ya,   a-le- lu-   ya.

℞. Aleluya, aleluya.
Jesús predicaba la buena nueva del Reino
y curaba a la gente de toda enfermedad.
℞. Aleluya, aleluya.

EVANGELIO
Fue a Cafarnaúm y se cumplió la profecía de Isaías.

✠   Del santo Evangelio según san Mateo
4, 12-23

Al enterarse Jesús de que Juan había sido arrestado, se retiró a Galilea, y dejando el pueblo de Nazaret, se fue a vivir a Cafarnaúm, junto al lago, en territorio de Zabulón y Neftalí, para que así se cumpliera lo que había anunciado el profeta Isaías:

Tierra de Zabulón y Neftalí, camino del mar, al otro lado del Jordán, Galilea de los paganos. El pueblo que habitaba en tinieblas vio una gran luz. Sobre los que vivían en tierra de sombras una luz resplandeció.

Desde entonces comenzó Jesús a predicar, diciendo: "Conviértanse, porque ya está cerca el Reino de los cielos".

Una vez que Jesús caminaba por la ribera del mar de Galilea, vio a dos hermanos, Simón, llamado después Pedro, y Andrés, los cuales estaban echando las redes al mar, porque eran pescadores. Jesús les dijo: "Síganme y los haré pescadores de hombres". Ellos inmediatamente dejaron las redes y lo siguieron.

Pasando más adelante, vio a otros dos hermanos, Santiago y Juan, hijos de Zebedeo, que estaban con su padre en la barca, remendando las redes, y los llamó también. Ellos, dejando enseguida la barca y a su padre, lo siguieron.

Andaba por toda Galilea, enseñando en las sinagogas y proclamando la buena nueva del Reino de Dios y curando a la gente de toda enfermedad y dolencia.

Palabra del Señor.   ℟. **Gloria a ti, Señor Jesús.**

ORACIÓN SOBRE LAS OFRENDAS

Acepta, Señor, con bondad, los dones que te presentamos y santifícalos por medio de tu Espíritu, para que se nos conviertan en sacramento de salvación. Por Jesucristo, nuestro Señor.

ANTÍFONA DE LA COMUNIÓN   Jn 8, 12

Yo soy la luz del mundo, dice el Señor; el que me sigue no caminará en tinieblas, sino que tendrá la luz de la vida.

ORACIÓN DESPUÉS DE LA COMUNIÓN

Te damos gracias, Señor, por habernos alimentado con el Cuerpo y la Sangre de tu Hijo, y te pedimos que este don tuyo sea para nosotros fuente inagotable de vida. Por Jesucristo, nuestro Señor.

ME HE ENTERADO, HERMANOS...

✓ de que hay ocasiones en que ustedes, esposos, se gritan (y no ciertamente porque estén sordos o porque se esté quemando la casa) y hay ocasiones en que dejan de hablarse por varios días...

✓ de que los miembros de una misma familia dejan de ir a Misa o al menos de ir juntos para no tenerse que dar la paz antes de la comunión...

✓ de que tratan mal o en forma muy descuidada al ancianito que tienen en casa...

✓ de que le han hecho el vacío a aquel familiar, por sabe Dios qué desaire que les hizo...

✓ de que en la fábrica, el taller o la oficina no pueden ver ni en pintura a aquel compañero o compañera de trabajo y le hacen la vida difícil...

✓ de que con los vecinos no se meten ni para mal (lo que está muy bien) ni para bien (lo que está muy mal...)

✓ de que se preocupan muy poco de los pobres que viven a su alrededor...

✓ de que en casa cada quien le deja a los demás los trabajos más molestos y pesados...

✓ de que hay falta de cooperación entre los diversos grupos parroquiales...

¿ES QUE CRISTO –como pregunta san Pablo en la segunda lectura de hoy– ESTÁ DIVIDIDO?

3 de febrero

4° Domingo Ordinario

(Verde)

ANTÍFONA DE ENTRADA

Sal 105, 47

Sálvanos, Señor y Dios nuestro; reúnenos de entre las naciones, para que podamos agradecer tu poder santo y sea nuestra gloria el alabarte.

ORACIÓN COLECTA

Concédenos, Señor, Dios nuestro, amarte con todo el corazón y, con el mismo amor, amar a nuestros prójimos. Por nuestro Señor Jesucristo...

Las bienaventuranzas, que Jesús proclamó frente a la muchedumbre desde el monte (EVANGELIO), constituyen el tema dominante de la liturgia de la palabra de esta Misa. El mismo lenguaje que utilizó Jesús para declarar bienaventurados a los pobres y a los humildes, lo había empleado Dios para hablar con su pueblo por medio de los profetas (PRIMERA LECTURA). También san Pablo (SEGUNDA LECTURA) aborda el tema al asegurarnos que los llamados son los "pequeños", aquellos a los que el mundo desprecia, pero son acogidos por el Señor.

PRIMERA LECTURA

Dejaré, en medio de ti, un puñado de gente pobre y humilde.

Del libro del profeta Sofonías
2, 3; 3, 12-13

Busquen al Señor,
ustedes los humildes de la tierra,
los que cumplen los mandamientos de Dios.
Busquen la justicia, busquen la humildad.
Quizá puedan así quedar a cubierto
el día de la ira del Señor.

   "Aquel día, dice el Señor,
yo dejaré en medio de ti, pueblo mío,
un puñado de gente pobre y humilde.
Este resto de Israel
confiará en el nombre del Señor.
No cometerá maldades ni dirá mentiras;
no se hallará en su boca una lengua embustera.
Permanecerán tranquilos
y descansarán sin que nadie los moleste".

Palabra de Dios.   ℟. **Te alabamos, Señor.**

SALMO RESPONSORIAL
Del salmo 145

B.P. 1542

℟.   Dichosos los pobres de espíritu,
      porque de ellos es el Reino de los cielos.

El Señor siempre es fiel a su palabra,
y es quien hace justicia al oprimido;
él proporciona pan a los hambrientos
y libera al cautivo. ℟.
      Abre el Señor los ojos de los ciegos
y alivia al agobiado.
Ama el Señor al hombre justo
y toma al forastero a su cuidado. ℟.
      A la viuda y al huérfano sustenta
y trastorna los planes del inicuo.
Reina el Señor eternamente,
reina tu Dios, oh Sión, reina por siglos. ℟.

SEGUNDA LECTURA
Dios ha elegido a los débiles del mundo.

De la primera carta del apóstol san Pablo a los corintios
1, 26-31

Hermanos: Consideren que entre ustedes, los que han sido llamados por Dios, no hay muchos sabios, ni muchos poderosos, ni muchos nobles, según los criterios humanos. Pues Dios ha elegido a los ignorantes de este mundo, para humillar a los sabios; a los débiles del mundo, para avergonzar a los fuertes; a los insignificantes y despreciados del mundo, es decir, a los que no valen nada, para reducir a la nada a los que valen; de manera que nadie pueda presumir delante de Dios.

En efecto, por obra de Dios, ustedes están injertados en Cristo Jesús, a quien Dios hizo nuestra sabiduría, nuestra justicia, nuestra santificación y nuestra redención. Por lo tanto, como dice la Escritura: *El que se gloría, que se gloríe en el Señor.*

Palabra de Dios. ℟. **Te alabamos, Señor.**

ACLAMACIÓN ANTES DEL EVANGELIO
Mt 5, 12

A-le- lu- ya, a-le- lu- ya, a -le- lu- ya.

℟. Aleluya, aleluya.
Alégrense y salten de contento,
porque su premio será grande en los cielos.
℟. Aleluya, aleluya.

EVANGELIO
Dichosos los pobres de espíritu.

✠ Del santo Evangelio según san Mateo
5, 1-12

En aquel tiempo, cuando Jesús vio a la muchedumbre, subió al monte y se sentó. Entonces se le acercaron sus discípulos. Enseguida comenzó a enseñarles, y les dijo:

"Dichosos los pobres de espíritu,
porque de ellos es el Reino de los cielos.
Dichosos los que lloran,
porque serán consolados.
Dichosos los sufridos,
porque heredarán la tierra.
Dichosos los que tienen hambre y sed de justicia,
porque serán saciados.
Dichosos los misericordiosos,
porque obtendrán misericordia.
Dichosos los limpios de corazón,
porque verán a Dios.
Dichosos los que trabajan por la paz,
porque se les llamará hijos de Dios.
Dichosos los perseguidos por causa de la justicia,
porque de ellos es el Reino de los cielos.

Dichosos serán ustedes cuando los injurien, los persigan y digan cosas falsas de ustedes por causa mía. Alégrense y salten de contento, porque su premio será grande en los cielos".

Palabra del Señor.   ℟. **Gloria a ti, Señor Jesús.**

ORACIÓN SOBRE LAS OFRENDAS
Acepta, Señor, estos dones que te presentamos en señal de sumisión a ti y conviértelos en el sacramento de nuestra redención. Por Jesucristo, nuestro Señor.

ANTÍFONA DE LA COMUNIÓN   Mt 5, 3-4
Bienaventurados los pobres de espíritu, porque suyo es el Reino de los cielos. Bienaventurados los apacibles, porque poseerán la tierra, dice el Señor.

ORACIÓN DESPUÉS DE LA COMUNIÓN
Que el sacramento del Cuerpo y la Sangre de tu Hijo, que acabamos de recibir, nos ayude, Señor, a vivir más profundamente nuestra fe. Por Jesucristo, nuestro Señor.

DICHOSOS LOS MISERICORDIOSOS...

- ✧ **con los ancianos de la familia:** es decir, los que no se impacientan con ellos ni los dejan arrumbados en un rincón; los que los toman en cuenta y los hacen sentirse verdaderamente útiles; los que no sólo los quieren —allá, muy en el fondo—, sino que se lo demuestran con mil detalles y delicadezas...
- ✧ **con los pobres de la colonia:** es decir, los que siempre tienen a mano alguna ropa en buen estado para aquel señor, aquella señora o aquellos muchachos o niños que tanto la necesitan; los que buscan la forma de hacerles llegar alguna despensa o algún dinero; los que se preocupan por encontrarle trabajo a algún desempleado...

- ✧ **con los compañeros de trabajo que no son tan hábiles o tan simpáticos:** es decir, los que buscan la forma de ayudarlos para que salgan adelante y de no hacerles el vacío...
- ✧ **con las personas que tienen algún defecto físico o mental,** que ciertamente no van por la vida para que nos burlemos de ellos, sino para que los ayudemos...
- ✧ **con los vecinos simpáticos o no tanto,** a quienes algunas veces les cortan la corriente eléctrica, o no sube el agua a sus tinacos o se encuentran enfermos o en algún apuro...
- ✧ **con el mal humor o las impaciencias** del jefe, del párroco, de nuestros padres o de nuestros hijos, de los maestros...

- ✧ **con la hija que ha dado un mal paso o con el hijo que no acaba de sentar cabeza...**

PORQUE ELLOS OBTENDRÁN MISERICORDIA.

Cuaresma y Triduo pascual

La Cuaresma es un tiempo litúrgico que comienza el Miércoles de Ceniza.

Es un tiempo de preparación a la Pascua y termina el Jueves Santo después de mediodía. Tiene una duración, como lo indica su nombre, de cuarenta días, más los cuatro introductorios.

Los adultos que van a ser bautizados en la Vigilia pascual, afinan su disposición a recibir el Sacramento que los va a unir a Cristo y los va a hacer miembros de la Iglesia. Los que ya están bautizados, se preparan para celebrar la muerte y resurrección de nuestro Salvador.

La Palabra de Dios y aun los signos externos (ceniza, color morado de los ornamentos litúrgicos) van dirigidos a provocar cambios importantes en la vida: mayor fidelidad al Señor, capacidad de renuncia a lo innecesario, generosidad solidaria con los necesitados, disposición a acompañar a Jesús en el sufrimiento, cuando lo requiera nuestro compromiso de cristianos...

6 de febrero

Miércoles de Ceniza
(Morado)

Debemos creer en el Evangelio, no solamente diciendo que "estamos de acuerdo" con lo que dice el Evangelio, sino con un compromiso para toda la vida. ¿Cómo emplearé este tiempo de Cuaresma para ver si vivo conforme a lo que creo?

En la Misa de este día se bendice y se impone la ceniza hecha de ramas de olivo o de otros árboles, bendecidas el Domingo de Ramos del año anterior.

RITOS INICIALES Y LITURGIA DE LA PALABRA

ANTÍFONA DE ENTRADA   Sab 11, 24-25. 27

Señor, tú tienes misericordia de todos y nunca odias a tus creaturas; borras los pecados de los hombres que se arrepienten y los perdonas, porque tú, Señor, eres nuestro Dios.

Se omite el acto penitencial, que es sustituido por el rito de la imposición de la ceniza.

ORACIÓN COLECTA

Que el día de ayuno con el que iniciamos, Señor, esta Cuaresma, sea el principio de una verdadera conversión a ti y que nuestros actos de penitencia nos ayuden a vencer al espíritu del mal. Por nuestro Señor Jesucristo...

Oímos el llamado que hace el profeta Joel al pueblo de Dios (PRIMERA LEC-TURA), invitándonos a la penitencia y a la conversión íntima. Ese llamado nos prepara a escuchar la invitación de san Pablo (SEGUNDA LECTURA),

*que nos pide, en nombre de Cristo, que nos reconciliemos con Dios, porque
"ya ha llegado el día de la salvación". Después vemos en Jesús (EVANGE-
LIO) el espíritu con que se deben hacer la limosna, la oración y el ayuno, y
así llegamos a descubrir que no es la Iglesia la que ha elaborado las diver-
sas modalidades de la penitencia, sino que las ha recibido de su Señor.*

PRIMERA LECTURA

Enluten su corazón y no sus vestidos.

Del libro del profeta Joel
2, 12-18

Esto dice el Señor:
"Todavía es tiempo.
Conviértanse a mí de todo corazón,
con ayunos, con lágrimas y llanto;
enluten su corazón y no sus vestidos.

Vuélvanse al Señor Dios nuestro,
porque es compasivo y misericordioso,
lento a la cólera, rico en clemencia,
y se conmueve ante la desgracia.

Quizá se arrepienta, se compadezca de nosotros
y nos deje una bendición,
que haga posibles las ofrendas y libaciones
al Señor, nuestro Dios.

Toquen la trompeta en Sión, promulguen un ayuno,
convoquen la asamblea, reúnan al pueblo,
santifiquen la reunión, junten a los ancianos,
convoquen a los niños, aun a los niños de pecho.
Que el recién casado deje su alcoba
y su tálamo la recién casada.

Entre el vestíbulo y el altar lloren los sacerdotes,
ministros del Señor, diciendo:
'Perdona, Señor, perdona a tu pueblo.
No entregues tu heredad a la burla de las naciones.
Que no digan los paganos: ¿Dónde está el Dios de Israel?' "

Y el Señor se llenó de celo por su tierra
y tuvo piedad de su pueblo.

Palabra de Dios.   ℟. **Te alabamos, Señor.**

SALMO RESPONSORIAL
Del salmo 50

J. García B.P. 1516

Mi - se - ri - cor - dia, Se - ñor, he - mos pe - ca - do.

℟. Misericordia, Señor, hemos pecado.

Por tu inmensa compasión y misericordia,
Señor, apiádate de mí y olvida mis ofensas.
Lávame bien de todos mis delitos
y purifícame de mis pecados. ℟.

    Puesto que reconozco mis culpas,
tengo siempre presentes mis pecados.
Contra ti solo pequé, Señor,
haciendo lo que a tus ojos era malo. ℟.

    Crea en mí, Señor, un corazón puro,
un espíritu nuevo para cumplir tus mandamientos.
No me arrojes, Señor, lejos de ti,
ni retires de mí tu santo espíritu. ℟.

    Devuélveme tu salvación, que regocija,
y mantén en mí un alma generosa.
Señor, abre mis labios
y cantará mi boca tu alabanza. ℟.

SEGUNDA LECTURA
Aprovechen este tiempo favorable para reconciliarse con Dios.

De la segunda carta del apóstol san Pablo a los corintios
5, 20–6, 2

Hermanos: Somos embajadores de Cristo, y por nuestro medio, es como si Dios mismo los exhortara a ustedes. En nombre de Cristo les pedimos que se dejen reconciliar con Dios. Al que nunca cometió pecado, Dios lo hizo "pecado" por nosotros, para que, unidos a él, recibamos la salvación de Dios y nos volvamos justos y santos.

    Como colaboradores que somos de Dios, los exhortamos a no echar su gracia en saco roto. Porque el Señor dice: *En el tiempo favorable te escuché y en el día de la salvación te socorrí.* Pues bien, ahora es el tiempo favorable; ahora es el día de la salvación.

Palabra de Dios.   ℟. **Te alabamos, Señor.**

ACLAMACIÓN ANTES DEL EVANGELIO
Cfr Sal 94, 8

Ho- nor   y glo-   ria a   ti, Se- ñor Je- sús.

℟.   Honor y gloria a ti, Señor Jesús.
Hagámosle caso al Señor, que nos dice:
"No endurezcan su corazón".
℟.   Honor y gloria a ti, Señor Jesús.

EVANGELIO
Tu Padre, que ve lo secreto, te recompensará.

✠   Del santo Evangelio según san Mateo
      6, 1-6. 16-18

En aquel tiempo, Jesús dijo a sus discípulos: "Tengan cuidado de
no practicar sus obras de piedad delante de los hombres para
que los vean. De lo contrario, no tendrán recompensa con su Padre
celestial.

Por lo tanto, cuando des limosna, no lo anuncies con trompeta,
como hacen los hipócritas en las sinagogas y por las calles, para que
los alaben los hombres. Yo les aseguro que ya recibieron su recompensa. Tú, en cambio, cuando des limosna, que no sepa tu mano
izquierda lo que hace la derecha, para que tu limosna quede en secreto; y tu Padre, que ve lo secreto, te recompensará.

Cuando ustedes hagan oración, no sean como los hipócritas, a
quienes les gusta orar de pie en las sinagogas y en las esquinas de
las plazas, para que los vea la gente. Yo les aseguro que ya recibieron su recompensa. Tú, en cambio, cuando vayas a orar, entra en tu
cuarto, cierra la puerta y ora ante tu Padre, que está allí, en lo secreto; y tu Padre, que ve lo secreto, te recompensará.

Cuando ustedes ayunen, no pongan cara triste, como esos hipócritas que descuidan la apariencia de su rostro, para que la gente
note que están ayunando. Yo les aseguro que ya recibieron su recompensa. Tú, en cambio, cuando ayunes, perfúmate la cabeza y lávate
la cara, para que no sepa la gente que estás ayunando, sino tu Padre, que está en lo secreto; y tu Padre, que ve lo secreto, te recompensará".

Palabra del Señor.   ℟. **Gloria a ti, Señor Jesús.**

BENDICIÓN DE LA CENIZA

Después de la homilía, el sacerdote, de pie y con las manos juntas, dice:

Hermanos: Pidamos humildemente a Dios Padre, que bendiga con su gracia esta ceniza que, en señal de penitencia, vamos a imponer sobre nuestras cabezas.

Y después de un breve momento de oración en silencio, prosigue:

Señor Dios, que te apiadas de quienes se humillan y concedes tu paz a los que se arrepienten, escucha con bondad nuestras súplicas y derrama la gracia + de tu bendición sobre estos siervos tuyos que van a recibir la ceniza, para que, fieles a las prácticas cuaresmales, puedan llegar, con un alma purificada, a celebrar la Pascua de tu Hijo, que vive y reina por los siglos de los siglos.
R. Amén.

Y rocía la ceniza con agua bendita, sin decir nada.

IMPOSICIÓN DE LA CENIZA

Enseguida el sacerdote impone la ceniza a todos los presentes que se acercan a él, y dice a cada uno:

Arrepiéntete y cree en el Evangelio.   Mc 1, 15

O bien:

Acuérdate de que eres polvo y al polvo has de volver.   Cfr Gén 3, 19

Mientras tanto, se entona un canto apropiado.

ANTÍFONA   Cfr Joel 2, 13
Renovemos nuestra vida con un espíritu de humildad y penitencia; ayunemos y lloremos delante del Señor, porque la misericordia de nuestro Dios está siempre dispuesta a perdonar nuestros pecados.

RESPONSORIO   Cfr Bar 3, 2
Renovémonos y reparemos los males que por ignorancia hemos cometido; no sea que, sorprendidos por el día de la muerte, busquemos, sin poder encontrarlo, el tiempo de hacer penitencia.
R. **Escúchanos, Señor, y ten piedad, porque hemos pecado contra ti.**

                                                        Sal 78, 9
Ven en nuestra ayuda, Dios y salvador nuestro; por el honor de tu nombre, líbranos, Señor. R.

Terminada la imposición de la ceniza, el sacerdote se lava las manos. La ceremonia termina con la oración universal o de los fieles.

No se dice Credo

ORACIÓN SOBRE LAS OFRENDAS

Acepta, Señor, este sacrificio con el que iniciamos solemnemente la Cuaresma, y concédenos que, por medio de las obras de caridad y penitencia, venzamos nuestros vicios y, libres de pecado, podamos unirnos mejor a la pasión de tu Hijo, que vive y reina por los siglos de los siglos.

ANTÍFONA DE LA COMUNIÓN   Sal 1, 2. 3

El que medita la ley del Señor día y noche, dará fruto a su tiempo.

ORACIÓN DESPUÉS DE LA COMUNIÓN

Que esta comunión abra, Señor, nuestro corazón a la justicia y a la caridad, para que observemos el único ayuno que tú quieres y que conduce a nuestra salvación. Por Jesucristo, nuestro Señor.

CUARESMA NO ES DEJAR DE COMER CARNE

Contra lo que un gran número de católicos cómodamente creemos, la Cuaresma es algo mucho más serio que eso.
■ Cuaresma es dejar de **"comer prójimo"** en nuestras conversaciones.
■ Cuaresma es dejar **"de mordernos los unos a los otros"** en nuestras relaciones conyugales, familiares, laborales…

■ Cuaresma es, en una palabra, como nos lo dice la liturgia de hoy, **"arrepentirnos"** con hechos de nuestro enorme egoísmo, de nuestra falta de amor y respeto por los demás y **"creer en el Evangelio"**, que significa esforzarnos por ajustar nuestra vida diaria a los criterios, enseñanzas y ejemplos de Cristo.

10 de febrero

1er Domingo de Cuaresma
(Morado)

ANTÍFONA DE ENTRADA Sal 90, 15-16

Me invocará y yo lo escucharé; lo libraré y lo glorificaré; prolongaré los días de su vida.

No se dice Gloria

ORACIÓN COLECTA

Concédenos, Dios todopoderoso, que las prácticas anuales propias de la Cuaresma nos ayuden a progresar en el conocimiento de Cristo y a llevar una vida más cristiana. Por nuestro Señor Jesucristo...

Acabamos de pedirle a Dios (ORACIÓN COLECTA) que nos ilumine para progresar constantemente en el conocimiento del misterio de Cristo, porque la liturgia de hoy nos introduce en ese misterio al presentarnos a Jesús como el nuevo Adán, la cabeza de la humanidad restaurada en la amistad con Dios (SEGUNDA LECTURA). La primera pareja humana cedió ante la tentación e introdujo el pecado en el mundo (PRIMERA LECTURA); pero Jesús venció al tentador (EVANGELIO), ofrendó su vida y salvó al hombre del pecado y de la muerte al brindarle la vida eterna.

PRIMERA LECTURA
Creación y pecado de nuestros primeros padres.

Del libro del Génesis
2, 7-9; 3, 1-7

Después de haber creado el cielo y la tierra, el Señor Dios tomó polvo del suelo y con él formó al hombre; le sopló en la nariz un aliento de vida, y el hombre comenzó a vivir. Después plantó el Señor un jardín al oriente del Edén y allí puso al hombre que había formado. El Señor Dios hizo brotar del suelo toda clase de árboles, de hermoso aspecto y sabrosos frutos, y además, en medio del jardín, el árbol de la vida y el árbol del conocimiento del bien y del mal.

La serpiente era el más astuto de los animales del campo que había creado el Señor Dios. Un día le dijo a la mujer: "¿Es cierto que Dios les ha prohibido comer de todos los árboles del jardín?"

La mujer respondió: "Podemos comer del fruto de todos los árboles del jardín, pero del árbol que está en el centro, dijo Dios: 'No comerán de él ni lo tocarán, porque de lo contrario, habrán de morir'".

La serpiente replicó a la mujer: "De ningún modo. No morirán. Bien sabe Dios que el día que coman de los frutos de ese árbol, se les abrirán a ustedes los ojos y serán como Dios, que conoce el bien y el mal".

La mujer vio que el árbol era bueno para comer, agradable a la vista y codiciable, además, para alcanzar la sabiduría. Tomó, pues, de su fruto, comió y le dio a su marido, que estaba junto a ella, el cual también comió. Entonces se les abrieron los ojos a los dos y se dieron cuenta de que estaban desnudos. Entrelazaron unas hojas de higuera y se cubrieron con ellas.

Palabra de Dios.   ℞. **Te alabamos, Señor.**

SALMO RESPONSORIAL
Del salmo 50

℞. Misericordia, Señor, hemos pecado.

Por tu inmensa compasión y misericordia,
Señor, apiádate de mí y olvida mis ofensas.
Lávame bien de todos mis delitos
y purifícame de mis pecados. ℞.

Puesto que reconozco mis culpas,
tengo siempre presentes mis pecados.
Contra ti solo pequé, Señor,
haciendo lo que a tus ojos era malo. ℟.

Crea en mí, Señor, un corazón puro,
un espíritu nuevo para cumplir tus mandamientos.
No me arrojes, Señor, lejos de ti,
ni retires de mí tu santo espíritu. ℟.

Devuélveme tu salvación, que regocija,
mantén en mí un alma generosa.
Señor, abre mis labios
y cantará mi boca tu alabanza. ℟.

SEGUNDA LECTURA
El don de Dios supera con mucho al delito.

De la carta del apóstol san Pablo a los romanos
5, 12-19

Hermanos: Así como por un solo hombre entró el pecado en el mundo y por el pecado entró la muerte, así la muerte llegó a todos los hombres, por cuanto todos pecaron.

Antes de la ley de Moisés ya había pecado en el mundo y, si bien es cierto que el pecado no se imputa cuando no hay ley, sin embargo, la muerte reinó desde Adán hasta Moisés aun sobre aquellos que no pecaron con una transgresión semejante a la de Adán, el cual es figura del que había de venir.

Ahora bien, con el don no sucede como con el delito, porque si por el delito de uno solo murieron todos, ¡cuánto más la gracia de Dios y el don otorgado por la gracia de un solo hombre, Jesucristo, se han desbordado sobre todos! Y con el don no sucede como con las consecuencias del pecado de uno solo, porque ciertamente la sentencia, partiendo de uno solo, lleva a la condenación, pero la obra de la gracia, partiendo de muchos delitos, se resuelve en justificación.

En efecto, si por el delito de uno solo reinó la muerte, por un solo hombre, ¡con cuánta más razón los que reciben la abundancia de la gracia y el don de la justicia, reinarán en la vida por uno solo, Jesucristo!

Así pues, como el delito de uno solo atrajo sobre todos los hombres la condenación, así también la obra de justicia de uno solo procura para todos los hombres la justificación, que da la vida. En efecto, así como por la desobediencia de un solo hombre, todos fueron constituidos pecadores, así también por la obediencia de uno solo todos serán constituidos justos.

Palabra de Dios.   ℟. **Te alabamos, Señor.**

ACLAMACIÓN ANTES DEL EVANGELIO
Mt 4, 4

Honor y gloria a ti, Señor Jesús.

℟.   Honor y gloria a ti, Señor Jesús.
No sólo de pan vive el hombre,
sino también de toda palabra
que sale de la boca de Dios.
℟.   Honor y gloria a ti, Señor Jesús.

EVANGELIO
El ayuno y las tentaciones de Jesús.

✠   Del santo Evangelio según san Mateo
4, 1-11

En aquel tiempo, Jesús fue conducido por el Espíritu al desierto, para ser tentado por el demonio. Pasó cuarenta días y cuarenta noches sin comer y, al final, tuvo hambre. Entonces se le acercó el tentador y le dijo: "Si tú eres el Hijo de Dios, manda que estas piedras se conviertan en panes". Jesús le respondió: "Está escrito: *No sólo de pan vive el hombre, sino también de toda palabra que sale de la boca de Dios*".

Entonces el diablo lo llevó a la ciudad santa, lo puso en la parte más alta del templo y le dijo: "Si eres el Hijo de Dios, échate para abajo, porque está escrito: *Mandará a sus ángeles que te cuiden y ellos te tomarán en sus manos, para que no tropiece tu pie en piedra alguna*". Jesús le contestó: "También está escrito: *No tentarás al Señor, tu Dios*".

Luego lo llevó el diablo a un monte muy alto y desde ahí le hizo ver la grandeza de todos los reinos del mundo y le dijo: "Te daré todo esto, si te postras y me adoras". Pero Jesús le replicó: "Retírate, Satanás, porque está escrito: *Adorarás al Señor, tu Dios, y a él sólo servirás*".

Entonces lo dejó el diablo y se acercaron los ángeles para servirle.

Palabra del Señor.   ℞. **Gloria a ti, Señor Jesús.**

ORACIÓN SOBRE LAS OFRENDAS

Te pedimos, Señor, que estos dones que vamos a ofrecerte, nos dispongan convenientemente para el santo tiempo de la Cuaresma, que estamos iniciando. Por Jesucristo, nuestro Señor.

ANTÍFONA DE LA COMUNIÓN   Mt 4, 4

No sólo de pan vive el hombre, sino de toda palabra que viene de Dios.

ORACIÓN DESPUÉS DE LA COMUNIÓN

Que este pan celestial alimente, Señor, en nosotros la fe, aumente la esperanza, refuerce la caridad y nos enseñe a sentir hambre de Cristo, que es el pan vivo y verdadero, y a vivir de toda palabra que proceda de tu boca. Por Jesucristo, nuestro Señor.

DIOS TE ESPERA ESTA CUARESMA

¿DÓNDE?
❖ en la puerta de cualquier confesonario, en cualquier iglesia
❖ en la persona de cualquier sacerdote, viejo o joven
❖ en el único tribunal donde la sentencia es siempre absolutoria

¿PARA QUÉ?
❖ para perdonarte todos tus pecados
❖ para ayudarte a que no vuelvas a cometerlos
❖ para devolverte la paz y la tranquilidad
❖ para que comiences una nueva vida, sin cuentas pendientes

¿CÓMO?
❖ sin ningún rencor
❖ con los brazos abiertos
❖ como al hijo que se había ido y que ahora vuelve al hogar paterno

❖ con un nuevo plan para ti, mejor que el que echaste a perder.

"CONVIÉRTANSE (convertirse es arrepentirse de los pecados y querer cambiar de vida) **Y CREAN EN EL EVANGELIO".**

17 de febrero

2° Domingo de Cuaresma
(Morado)

ANTÍFONA DE ENTRADA   Sal 26, 8-9

De ti mi corazón me habla diciendo: "Busca su rostro". Tu rostro estoy buscando, Señor; no me lo escondas.

No se dice Gloria

ORACIÓN COLECTA

Señor, Padre santo, que nos mandaste escuchar a tu amado Hijo, alimenta nuestra fe con tu palabra y purifica los ojos de nuestro espíritu, para que podamos alegrarnos en la contemplación de tu gloria. Por nuestro Señor Jesucristo...

Se diría que no hay relación alguna entre la vocación de Abraham (PRIMERA LECTURA) y la transfiguración del Señor (EVANGELIO); sin embargo, san Pablo nos permite enlazar un acontecimiento con el otro. Nosotros, lo mismo que Abraham, nuestro padre en la fe (SEGUNDA LECTURA), hemos sido llamados a la vida y a la luz que resplandece en Cristo transfigurado; hemos sido llamados a convertirnos en hijos de Dios junto con el Hijo de Dios.

PRIMERA LECTURA

Vocación de Abraham, padre del pueblo de Dios.

Del libro del Génesis
12, 1-4

Eⁿ aquellos días, dijo el Señor a Abram: "Deja tu país, a tu parentela y la casa de tu padre, para ir a la tierra que yo te mostraré. Haré nacer de ti un gran pueblo y te bendeciré. Engrandeceré tu nombre y tú mismo serás una bendición. Bendeciré a los que te bendigan, maldeciré a los que te maldigan. En ti serán bendecidos todos los pueblos de la tierra". Abram partió, como se lo había ordenado el Señor.

Palabra de Dios.   ℟. **Te alabamos, Señor.**

SALMO RESPONSORIAL
Del salmo 32

M. Ramírez B.P. 1517

Se - ñor, ten mi - se - ri - cor - dia de no - so - tros.

℟.   Señor, ten misericordia de nosotros.

Sincera es la palabra del Señor
y todas sus acciones son leales.
Él ama la justicia y el derecho,
la tierra llena está de sus bondades. ℟.

     Cuida el Señor de aquellos que lo temen
y en su bondad confían;
los salva de la muerte
y en épocas de hambre les da vida. ℟.

     En el Señor está nuestra esperanza,
pues él es nuestra ayuda y nuestro amparo.
Muéstrate bondadoso con nosotros,
puesto que en ti, Señor, hemos confiado. ℟.

SEGUNDA LECTURA
Dios nos llama y nos ilumina.

De la segunda carta del apóstol san Pablo a Timoteo
1, 8-10

Queridoⁿ hermano: Comparte conmigo los sufrimientos por la predicación del Evangelio, sostenido por la fuerza de Dios. Pues Dios es quien nos ha salvado y nos ha llamado a que le consagremos nuestra vida, no porque lo merecieran nuestras buenas obras, sino porque así lo dispuso él gratuitamente.

Este don, que Dios nos ha concedido por medio de Cristo Jesús desde toda la eternidad, ahora se ha manifestado con la venida del mismo Cristo Jesús, nuestro Salvador, que destruyó la muerte y ha hecho brillar la luz de la vida y de la inmortalidad, por medio del Evangelio.

Palabra de Dios.   ℟. **Te alabamos, Señor.**

ACLAMACIÓN ANTES DEL EVANGELIO
Cfr Mt 17, 5

Ho- nor   y glo- ria a ti, Se- ñor Je- sús.

℟. Honor y gloria a ti, Señor Jesús.
En el esplendor de la nube se oyó la voz del Padre, que decía:
"Éste es mi Hijo amado; escúchenlo".
℟. Honor y gloria a ti, Señor Jesús.

EVANGELIO
Su rostro se puso resplandeciente como el sol.

✠ Del santo Evangelio según san Mateo
17, 1-9

En aquel tiempo, Jesús tomó consigo a Pedro, a Santiago y a Juan, el hermano de éste, y los hizo subir a solas con él a un monte elevado. Ahí se transfiguró en su presencia: su rostro se puso resplandeciente como el sol y sus vestiduras se volvieron blancas como la nieve. De pronto aparecieron ante ellos Moisés y Elías, conversando con Jesús.

Entonces Pedro le dijo a Jesús: "Señor, ¡qué bueno sería quedarnos aquí! Si quieres, haremos aquí tres chozas, una para ti, otra para Moisés y otra para Elías".

Cuando aún estaba hablando, una nube luminosa los cubrió y de ella salió una voz que decía: "Éste es mi Hijo muy amado, en quien tengo puestas mis complacencias; escúchenlo". Al oír esto, los discípulos cayeron rostro en tierra, llenos de un gran temor. Jesús se acercó a ellos, los tocó y les dijo: "Levántense y no teman". Alzando entonces los ojos, ya no vieron a nadie más que a Jesús.

Mientras bajaban del monte, Jesús les ordenó: "No le cuenten a nadie lo que han visto, hasta que el Hijo del hombre haya resucitado de entre los muertos".

Palabra del Señor. ℟. **Gloria a ti, Señor Jesús.**

ORACIÓN SOBRE LAS OFRENDAS

Que esta ofrenda, Señor, nos obtenga el perdón de nuestros pecados y nos santifique en el cuerpo y en el alma para que podamos celebrar dignamente las festividades de la Pascua. Por Jesucristo, nuestro Señor.

ANTÍFONA DE LA COMUNIÓN   Mt 17, 5

Éste es mi Hijo amado, en quien me complazco; escúchenlo.

ORACIÓN DESPUÉS DE LA COMUNIÓN

Te damos gracias, Señor, porque al darnos en este sacramento el Cuerpo glorioso de tu Hijo, nos permites participar ya, desde este mundo, de los bienes eternos de tu Reino. Por Jesucristo, nuestro Señor.

LA TRANSFIGURACIÓN... AL REVÉS

☆ Cuando Cristo se transfiguró en presencia de sus apóstoles, **"su rostro se puso resplandeciente como el sol y sus vestidos se volvieron blancos como la nieve"**.

☆ Entonces se oyó una voz que venía del cielo y que decía: **"Éste es mi Hijo muy amado... escúchenlo"**.

☆ Hoy en día, Cristo sigue transfigurándose delante de sus discípulos, pero al revés; es decir, su rostro ya no resplandece como el sol, sino que se oculta bajo las facciones más bien oscuras de nuestros indígenas y bajo una capa de mugre en la cara de nuestros pobres citadinos.

☆ Sus vestiduras ya no son blancas como la nieve, sino que tienen ese color indefinido de la suciedad de nuestros caminos rurales y de nuestras calles urbanas.

☆ Pero el Cristo de nuestras zonas campesinas y de nuestros barrios pobres sigue siendo el Cristo del Tabor.

☆ Y la voz del Padre, que aquel día se dejó oír en la cumbre del monte, sigue diciéndonos ahora:

"ÉSTOS SON MIS HIJOS MUY AMADOS... ESCÚCHENLOS".

24 de febrero **3ᵉʳ Domingo de Cuaresma**
(Morado)

ANTÍFONA DE ENTRADA Sal 24, 15-16

Tengo los ojos puestos en el Señor, porque él me libra de todo peligro. Mírame, Dios mío y ten piedad de mí, que estoy solo y afligido.

No se dice Gloria

ORACIÓN COLECTA

Dios misericordioso, fuente de toda bondad, que nos has propuesto como remedio del pecado el ayuno, la oración y las obras de misericordia, mira con piedad a quienes reconocemos nuestras miserias y estamos agobiados por nuestras culpas, y reconfórtanos con tu amor. Por nuestro Señor Jesucristo...

En la aridez del desierto es donde se puede experimentar con más realidad lo indispensable que es el agua para la vida. Por eso se reveló Dios a sí mismo como el salvador de su pueblo, haciendo que brotara el agua de la roca en medio del desierto, por mediación de Moisés (PRIMERA LECTURA). Pero más importante que el agua que da la vida al cuerpo, es el agua viva del Espíritu que Jesús prometió a la mujer de Samaria (EVANGELIO), ese manantial de la fe, de la esperanza y del amor en lo más íntimo de su ser (SEGUNDA LECTURA).

PRIMERA LECTURA
Tenemos sed: danos agua para beber.

Del libro del Éxodo
17, 3-7

En aquellos días, el pueblo, torturado por la sed, fue a protestar contra Moisés, diciéndole: "¿Nos has hecho salir de Egipto para hacernos morir de sed a nosotros, a nuestros hijos y a nuestro ganado?"

Moisés clamó al Señor y le dijo: "¿Qué puedo hacer con este pueblo? Sólo falta que me apedreen". Respondió el Señor a Moisés: "Preséntate al pueblo, llevando contigo a algunos de los ancianos de Israel, toma en tu mano el cayado con que golpeaste el Nilo y vete. Yo estaré ante ti, sobre la peña, en Horeb. Golpea la peña y saldrá de ella agua para que beba el pueblo".

Así lo hizo Moisés a la vista de los ancianos de Israel y puso por nombre a aquel lugar Masá y Meribá, por la rebelión de los hijos de Israel y porque habían tentado al Señor, diciendo: "¿Está o no está el Señor en medio de nosotros?"

Palabra de Dios.   ℟. **Te alabamos, Señor.**

SALMO RESPONSORIAL
Del salmo 94

J. García B.P. 1518

Se - ñor, que no se - a - mos sor - dos a tu voz.

℟.   Señor, que no seamos sordos a tu voz.

Vengan, lancemos vivas al Señor,
aclamemos al Dios que nos salva.
Acerquémonos a él, llenos de júbilo,
y démosle gracias. ℟.

    Vengan, y puestos de rodillas,
adoremos y bendigamos al Señor, que nos hizo,
pues él es nuestro Dios y nosotros, su pueblo;
él es nuestro pastor y nosotros, sus ovejas. ℟.

    Hagámosle caso al Señor, que nos dice:
"No endurezcan su corazón,
como el día de la rebelión en el desierto,
cuando sus padres dudaron de mí,
aunque habían visto mis obras". ℟.

SEGUNDA LECTURA
Dios ha infundido su amor en nuestros corazones por medio del Espíritu Santo.

De la carta del apóstol san Pablo a los romanos
5, 1-2. 5-8

Hermanos: Ya que hemos sido justificados por la fe, mantengámonos en paz con Dios, por mediación de nuestro Señor Jesucristo. Por él hemos obtenido, con la fe, la entrada al mundo de la gracia, en el cual nos encontramos; por él, podemos gloriarnos de tener la esperanza de participar en la gloria de Dios.

La esperanza no defrauda, porque Dios ha infundido su amor en nuestros corazones por medio del Espíritu Santo, que él mismo nos ha dado. En efecto, cuando todavía no teníamos fuerzas para salir del pecado, Cristo murió por los pecadores en el tiempo señalado.

Difícilmente habrá alguien que quiera morir por un justo, aunque puede haber alguno que esté dispuesto a morir por una persona sumamente buena. Y la prueba de que Dios nos ama está en que Cristo murió por nosotros, cuando aún éramos pecadores.

Palabra de Dios.   ℟. **Te alabamos, Señor.**

ACLAMACIÓN ANTES DEL EVANGELIO
Cfr Jn 4, 42. 15

Ho- nor   y glo- ria a ti, Se- ñor Je- sús.

℟.   Honor y gloria a ti, Señor Jesús.
Señor, tú eres el Salvador del mundo.
Dame de tu agua viva para que no vuelva a tener sed.
℟.   Honor y gloria a ti, Señor Jesús.

EVANGELIO
Un manantial capaz de dar la vida eterna.

✠   Del santo Evangelio según san Juan
4, 5-42

En aquel tiempo, llegó Jesús a un pueblo de Samaria, llamado Sicar, cerca del campo que dio Jacob a su hijo José. Ahí estaba el pozo de Jacob. Jesús, que venía cansado del camino, se sentó sin más en el brocal del pozo. Era cerca del mediodía.

Entonces llegó una mujer de Samaria a sacar agua y Jesús le dijo: "Dame de beber". (Sus discípulos habían ido al pueblo a comprar comida). La samaritana le contestó: "¿Cómo es que tú, siendo judío, me pides de beber a mí, que soy samaritana?" (Porque los judíos no tratan a los samaritanos). Jesús le dijo: "Si conocieras el don de Dios y quién es el que te pide de beber, tú le pedirías a él, y él te daría agua viva".

La mujer le respondió: "Señor, ni siquiera tienes con qué sacar agua y el pozo es profundo, ¿cómo vas a darme agua viva? ¿Acaso eres tú más que nuestro padre Jacob, que nos dio este pozo, del que bebieron él, sus hijos y sus ganados?" Jesús le contestó: "El que bebe de esta agua vuelve a tener sed. Pero el que beba del agua que yo le daré, nunca más tendrá sed; el agua que yo le daré se convertirá dentro de él en un manantial capaz de dar la vida eterna".

La mujer le dijo: "Señor, dame de esa agua para que no vuelva a tener sed ni tenga que venir hasta aquí a sacarla". Él le dijo: "Ve a llamar a tu marido y vuelve". La mujer le contestó: "No tengo marido". Jesús le dijo: "Tienes razón en decir: 'No tengo marido'. Has tenido cinco, y el de ahora no es tu marido. En eso has dicho la verdad".

La mujer le dijo: "Señor, ya veo que eres profeta. Nuestros padres dieron culto en este monte y ustedes dicen que el sitio donde se debe dar culto está en Jerusalén". Jesús le dijo: "Créeme, mujer, que se acerca la hora en que ni en este monte ni en Jerusalén adorarán al Padre. Ustedes adoran lo que no conocen; nosotros adoramos lo que conocemos. Porque la salvación viene de los judíos. Pero se acerca la hora, y ya está aquí, en que los que quieran dar culto verdadero adorarán al Padre en espíritu y en verdad, porque así es como el Padre quiere que se le dé culto. Dios es espíritu, y los que lo adoran deben hacerlo en espíritu y en verdad".

La mujer le dijo: "Ya sé que va a venir el Mesías (es decir, Cristo). Cuando venga, él nos dará razón de todo". Jesús le dijo: "Soy yo, el que habla contigo".

En esto llegaron los discípulos y se sorprendieron de que estuviera conversando con una mujer; sin embargo, ninguno le dijo: '¿Qué le preguntas o de qué hablas con ella?' Entonces la mujer dejó su cántaro, se fue al pueblo y comenzó a decir a la gente: "Vengan a ver a un hombre que me ha dicho todo lo que he hecho. ¿No será éste el Mesías?" Salieron del pueblo y se pusieron en camino hacia donde él estaba.

Mientras tanto, sus discípulos le insistían: "Maestro, come". Él les dijo: "Yo tengo por comida un alimento que ustedes no conocen". Los discípulos comentaban entre sí: "¿Le habrá traído alguien de comer?" Jesús les dijo: "Mi alimento es hacer la voluntad del que me envió y llevar a término su obra. ¿Acaso no dicen ustedes que todavía faltan cuatro meses para la siega? Pues bien, yo les digo: Levanten los ojos y contemplen los campos, que ya están dorados para la siega. Ya el segador recibe su jornal y almacena frutos para la vida eterna. De este modo se alegran por igual el sembrador y el segador. Aquí se cumple el dicho: 'Uno es el que siembra y otro el que cosecha'. Yo los envié a cosechar lo que no habían trabajado. Otros trabajaron y ustedes recogieron su fruto".

Muchos samaritanos de aquel poblado creyeron en Jesús por el testimonio de la mujer: 'Me dijo todo lo que he hecho'. Cuando los samaritanos llegaron a donde él estaba, le rogaban que se quedara con ellos, y se quedó allí dos días. Muchos más creyeron en él al oír su palabra. Y decían a la mujer: "Ya no creemos por lo que tú nos has contado, pues nosotros mismos lo hemos oído y sabemos que él es, de veras, el Salvador del mundo".

Palabra del Señor.   ℟. **Gloria a ti, Señor Jesús.**

ORACIÓN SOBRE LAS OFRENDAS

Que esta Eucaristía, Señor, nos obtenga a quienes imploramos tu perdón, la gracia de saber perdonar a nuestros hermanos. Por Jesucristo, nuestro Señor.

ANTÍFONA DE LA COMUNIÓN   Jn 4, 13-14

El que beba del agua que yo le daré, dice el Señor, nunca más tendrá sed; el agua que yo le daré se convertirá dentro de él en una fuente que salta hasta la vida eterna.

ORACIÓN DESPUÉS DE LA COMUNIÓN

Tú que nos has alimentado, ya desde esta vida, con el pan del cielo, prenda de nuestra salvación, concédenos, Señor, manifestar en todos nuestros actos el misterio de tu Eucaristía. Por Jesucristo, nuestro Señor.

SI SUPIÉRAMOS QUIÉN ES...

☞ el que nos pide, en el esposo o en la esposa (sin decirlo con palabras) un poco más de paciencia, de comprensión, de muestras de cariño...

☞ el que nos pide en esos hijos nuestros (que quizá no se atreven a pedirlo) un poco más de nuestro tiempo, de nuestro interés por sus problemas, un poco más de compañía...

☞ el que nos pide mucha más atención y muchas más delicadezas en ese ancianito o ancianita al que tenemos reducido a su silla de ruedas o arrinconado en un cuarto de la casa...

☞ el que nos pide que lo respetemos más en la mesera del restaurante o en la secretaria o en la muchacha de servicio...

☞ el que nos tiende la mano a la salida de cualquier templo o en cualquier esquina o en las entradas del metro...

☞ el que nos pide en los vecinos un poco más de amabilidad y de servicialidad...

☞ el que nos pide un poco más de paciencia en las personas que esperan frente a nuestra ventanilla o nuestro mostrador...

☞ el que nos pide mayor responsabilidad (aunque nadie lo note) en el desempeño de nuestro trabajo...

☞ el que nos pide pureza en nuestro noviazgo...

NOSOTROS LE PEDIRÍAMOS A ÉL Y ÉL NOS DARÍA AGUA VIVA, ES DECIR, EL PASAPORTE PARA LA VIDA ETERNA: **"VENGAN, BENDITOS DE MI PADRE... PORQUE... Y USTEDES..."**

2 de marzo

4º Domingo de Cuaresma
(Morado)

ANTÍFONA DE ENTRADA   Cfr Is 66, 10-11
Alégrate, Jerusalén, y todos ustedes los que la aman, reúnanse. Regocíjense con ella todos los que participaban de su duelo y quedarán saciados con la abundancia de sus consuelos.

No se dice Gloria

ORACIÓN COLECTA
Dios nuestro, que has reconciliado contigo a la humanidad entera por medio de tu Hijo, concede al pueblo cristiano prepararse con fe viva y entrega generosa a celebrar las fiestas de la Pascua. Por nuestro Señor Jesucristo...

El relato de la unción de David como rey de Israel (PRIMERA LECTURA), nos recuerda que Jesús, siendo Hijo de Dios, es también hijo de David, un hecho importantísimo en la historia de la salvación. Jesús se manifiesta y se proclama Hijo de Dios al devolverle la vista a un ciego de nacimiento (EVANGELIO). Así como devolvió la luz a los ojos del ciego, el Señor nos llena de su luz, como dice san Pablo (SEGUNDA LECTURA), cuando nos invita a vivir como hijos de la luz.

PRIMERA LECTURA
David es ungido como rey de Israel.

Del primer libro de Samuel
16, 1. 6-7. 10-13

En aquellos días, dijo el Señor a Samuel: "Ve a la casa de Jesé, en Belén, porque de entre sus hijos me he escogido un rey. Llena, pues, tu cuerno de aceite para ungirlo y vete".

Cuando llegó Samuel a Belén y vio a Eliab, el hijo mayor de Jesé, pensó: "Éste es, sin duda, el que voy a ungir como rey". Pero el Señor le dijo: "No te dejes impresionar por su aspecto ni por su gran estatura, pues yo lo he descartado, porque yo no juzgo como juzga el hombre. El hombre se fija en las apariencias, pero el Señor se fija en los corazones".

Así fueron pasando ante Samuel siete de los hijos de Jesé; pero Samuel dijo: "Ninguno de éstos es el elegido del Señor". Luego le preguntó a Jesé: "¿Son éstos todos tus hijos?" Él respondió: "Falta el más pequeño, que está cuidando el rebaño". Samuel le dijo: "Hazlo venir, porque no nos sentaremos a comer hasta que llegue". Y Jesé lo mandó llamar.

El muchacho era rubio, de ojos vivos y buena presencia. Entonces el Señor dijo a Samuel: "Levántate y úngelo, porque éste es". Tomó Samuel el cuerno con el aceite y lo ungió delante de sus hermanos. A partir de aquel día, el espíritu del Señor estuvo con David.

Palabra de Dios.   ℟. **Te alabamos, Señor.**

SALMO RESPONSORIAL
Del salmo 22

V.M. Amaral B.P. 1736

El Se - ñor es mi pas - tor, na - da me fal - ta - rá.

℟.   El Señor es mi pastor, nada me faltará.

El Señor es mi pastor, nada me falta;
en verdes praderas me hace reposar
y hacia fuentes tranquilas me conduce
para reparar mis fuerzas. ℟.

Por ser un Dios fiel a sus promesas,
me guía por el sendero recto;
así, aunque camine por cañadas oscuras,
nada temo, porque tú estás conmigo.
Tu vara y tu cayado me dan seguridad. ℟.

[℞. El Señor es mi pastor, nada me faltará.]

Tú mismo me preparas la mesa,
a despecho de mis adversarios;
me unges la cabeza con perfume
y llenas mi copa hasta los bordes. ℞.

Tu bondad y tu misericordia me acompañarán
todos los días de mi vida;
y viviré en la casa del Señor
por años sin término. ℞.

SEGUNDA LECTURA

Levántate de entre los muertos y Cristo será tu luz.

De la carta del apóstol san Pablo a los efesios
5, 8-14

Hermanos: En otro tiempo ustedes fueron tinieblas, pero ahora, unidos al Señor, son luz. Vivan, por lo tanto, como hijos de la luz. Los frutos de la luz son la bondad, la santidad y la verdad. Busquen lo que es agradable al Señor y no tomen parte en las obras estériles de los que son tinieblas.

Al contrario, repruébenlas abiertamente; porque, si bien las cosas que ellos hacen en secreto da vergüenza aun mencionarlas, al ser reprobadas abiertamente, todo queda en claro, porque todo lo que es iluminado por la luz se convierte en luz.

Por eso se dice: *Despierta, tú que duermes; levántate de entre los muertos y Cristo será tu luz.*

Palabra de Dios.   ℞. **Te alabamos, Señor.**

ACLAMACIÓN ANTES DEL EVANGELIO
Jn 8, 12

Ho- nor y glo- ria a ti, Se- ñor Je- sús.

℞.   Honor y gloria a ti, Señor Jesús.
Yo soy la luz del mundo, dice el Señor;
el que me sigue tendrá la luz de la vida.
℞.   Honor y gloria a ti, Señor Jesús.

EVANGELIO

Fue, se lavó y volvió con vista.

✠ **Del santo Evangelio según san Juan**
9, 1-41

En aquel tiempo, Jesús vio al pasar a un ciego de nacimiento, y sus discípulos le preguntaron: "Maestro, ¿quién pecó para que éste naciera ciego, él o sus padres?" Jesús respondió: "Ni él pecó, ni tampoco sus padres. Nació así para que en él se manifestaran las obras de Dios. Es necesario que yo haga las obras del que me envió, mientras es de día, porque luego llega la noche y ya nadie puede trabajar. Mientras esté en el mundo, yo soy la luz del mundo".

Dicho esto, escupió en el suelo, hizo lodo con la saliva, se lo puso en los ojos al ciego y le dijo: "Ve a lavarte en la piscina de Siloé" (que significa 'Enviado'). Él fue, se lavó y volvió con vista.

Entonces los vecinos y los que lo habían visto antes pidiendo limosna, preguntaban: "¿No es éste el que se sentaba a pedir limosna?" Unos decían: "Es el mismo". Otros: "No es él, sino que se le parece". Pero él decía: "Yo soy". Y le preguntaban: "Entonces, ¿cómo se te abrieron los ojos?" Él les respondió: "El hombre que se llama Jesús hizo lodo, me lo puso en los ojos y me dijo: 'Ve a Siloé y lávate'. Entonces fui, me lavé y comencé a ver". Le preguntaron: "¿En dónde está él?" Les contestó: "No lo sé".

Llevaron entonces ante los fariseos al que había sido ciego. Era sábado el día en que Jesús hizo lodo y le abrió los ojos. También los fariseos le preguntaron cómo había adquirido la vista. Él les contestó: "Me puso lodo en los ojos, me lavé y veo". Algunos de los fariseos comentaban: "Ese hombre no viene de Dios, porque no guarda el sábado". Otros replicaban: "¿Cómo puede un pecador hacer semejantes prodigios?" Y había división entre ellos. Entonces volvieron a preguntarle al ciego: "Y tú, ¿qué piensas del que te abrió los ojos?" Él les contestó: "Que es un profeta".

Pero los judíos no creyeron que aquel hombre, que había sido ciego, hubiera recobrado la vista. Llamaron, pues, a sus padres y les preguntaron: "¿Es éste su hijo, del que ustedes dicen que nació ciego? ¿Cómo es que ahora ve?" Sus padres contestaron: "Sabemos que éste es nuestro hijo y que nació ciego. Cómo es que ahora ve o quién le haya dado la vista, no lo sabemos. Pregúntenselo a él; ya tiene edad suficiente y responderá por sí mismo". Los padres del que había sido ciego dijeron esto por miedo a los judíos, porque éstos ya habían convenido en expulsar de la sinagoga a quien reconociera a Jesús como el Mesías. Por eso sus padres dijeron: 'Ya tiene edad; pregúntenle a él'.

Llamaron de nuevo al que había sido ciego y le dijeron: "Da gloria a Dios. Nosotros sabemos que ese hombre es pecador". Contestó él: "Si es pecador, yo no lo sé; sólo sé que yo era ciego y ahora veo". Le preguntaron otra vez: "¿Qué te hizo? ¿Cómo te abrió los ojos?" Les contestó: "Ya se lo dije a ustedes y no me han dado crédito. ¿Para qué quieren oírlo otra vez? ¿Acaso también ustedes quieren hacerse discípulos suyos?" Entonces ellos lo llenaron de insultos y le dijeron: "Discípulo de ése lo serás tú. Nosotros somos discípulos de Moisés. Nosotros sabemos que a Moisés le habló Dios. Pero ése, no sabemos de dónde viene".

Replicó aquel hombre: "Es curioso que ustedes no sepan de dónde viene y, sin embargo, me ha abierto los ojos. Sabemos que Dios no escucha a los pecadores, pero al que lo teme y hace su voluntad, a ése sí lo escucha. Jamás se había oído decir que alguien abriera los ojos a un ciego de nacimiento. Si éste no viniera de Dios, no tendría ningún poder". Le replicaron: "Tú eres puro pecado desde que naciste, ¿cómo pretendes darnos lecciones?" Y lo echaron fuera.

Supo Jesús que lo habían echado fuera, y cuando lo encontró, le dijo: "¿Crees tú en el Hijo del hombre?" Él contestó: "¿Y quién es, Señor, para que yo crea en él?" Jesús le dijo: "Ya lo has visto; el que está hablando contigo, ése es". Él dijo: "Creo, Señor". Y postrándose, lo adoró.

Entonces le dijo Jesús: "Yo he venido a este mundo para que se definan los campos: para que los ciegos vean, y los que ven queden ciegos". Al oír esto, algunos fariseos que estaban con él le preguntaron: "¿Entonces también nosotros estamos ciegos?" Jesús les contestó: "Si estuvieran ciegos, no tendrían pecado; pero como dicen que ven, siguen en su pecado".

Palabra del Señor.   ℟. **Gloria a ti, Señor Jesús.**

ORACIÓN SOBRE LAS OFRENDAS

Te presentamos, Señor, llenos de alegría, estas ofrendas para el sacrificio y pedimos tu ayuda para celebrarlo con fe sincera y ofrecerlo dignamente por la salvación del mundo. Por Jesucristo, nuestro Señor.

ANTÍFONA DE LA COMUNIÓN   Cfr Jn 9, 11

El Señor me puso lodo sobre los ojos; yo fui a lavarme. Ahora veo y creo en Dios.

ORACIÓN DESPUÉS DE LA COMUNIÓN

Dios nuestro, luz que alumbra a todo hombre que viene a este mundo, ilumina nuestros corazones con el resplandor de tu gracia, para que nuestros pensamientos te sean agradables y te amemos con toda sinceridad. Por Jesucristo, nuestro Señor.

PARA QUE LOS CIEGOS VEAMOS...

☐ para que los que **no le vemos** sentido a una enfermedad, a una pena moral, a una muerte prematura, a un hijo minusválido, podamos **ver** todo esto como algo querido por Dios en su amorosa providencia...

☐ para que los que no somos capaces de **ver** más allá de nuestros intereses personales, podamos distinguir y tomar en cuenta los intereses de los demás...

☐ para que los que **no alcanzamos a ver** en las personas que nos rodean más que sus defectos y limitaciones, descubramos en ellas la imagen de Cristo, que tomará como hecho a él todo lo que hagamos por los demás...

☐ para que los que no tenemos ojos más que para el dinero, el placer y el poder, podamos vislumbrar los valores verdaderos...

☐ para que los que no vemos más allá de los beneficios que recibimos, percibamos la mano y el amor de Dios que nos los da...

☐ para que los que en un niño que está por nacer sólo vemos una cosa con la que podemos hacer lo que nos venga en gana, logremos verlo como un verdadero ser humano, con derecho inviolable a la vida...

PARA QUE VEAMOS TODO ESTO, ES PARA LO QUE CRISTO HA VENIDO A LA TIERRA.

9 de marzo — 5° Domingo de Cuaresma
(Morado)

ANTÍFONA DE ENTRADA   Sal 42, 1-2

Señor, hazme justicia. Defiende mi causa contra gente sin piedad, sálvame del hombre injusto y malvado, tú, que eres mi Dios y mi defensa.

No se dice Gloria

ORACIÓN COLECTA

Ven, Señor, en nuestra ayuda, para que podamos vivir y actuar siempre con aquel amor que impulsó a tu Hijo a entregarse por nosotros. Por nuestro Señor Jesucristo...

La resurrección de Lázaro (EVANGELIO), que fue un anuncio de la resurrección de Cristo y de nuestra propia resurrección, es el lazo que mantiene la unión entre las lecturas de la Misa de hoy. Aquel que otorgó a su Hijo el poder de resucitar a Lázaro de entre los muertos (SEGUNDA LECTURA), hizo que habitara en nosotros su Espíritu de vida. Él mismo fue el que cumplió, el día de Pentecostés, la promesa que había hecho a Israel por boca del profeta Ezequiel (PRIMERA LECTURA), pero dándole una dimensión mucho más amplia, puesto que no sólo ofrece la salvación a un pueblo, sino a todos los hombres que reciban el Espíritu del Señor.

PRIMERA LECTURA
Les infundiré mi espíritu y vivirán.

Del libro del profeta Ezequiel
37, 12-14

Esto dice el Señor Dios: "Pueblo mío, yo mismo abriré sus sepulcros, los haré salir de ellos y los conduciré de nuevo a la tierra de Israel. Cuando abra sus sepulcros y los saque de ellos, pueblo mío, ustedes dirán que yo soy el Señor. Entonces les infundiré mi espíritu y vivirán, los estableceré en su tierra y ustedes sabrán que yo, el Señor, lo dije y lo cumplí".

Palabra de Dios.   ℞. **Te alabamos, Señor.**

SALMO RESPONSORIAL
Del salmo 129

C. Gálvez B.P. 1520

Per - dó-na-nos, Se-ñor,   y   vi - vi - re - mos.   Per - vi - vi - re - mos.

℞.   Perdónanos, Señor, y viviremos.

Desde el abismo de mis pecados clamo a ti;
Señor, escucha mi clamor;
que estén atentos tus oídos
a mi voz suplicante. ℞.

Si conservaras el recuerdo de las culpas,
¿quién habría, Señor, que se salvara?
Pero de ti procede el perdón,
por eso con amor te veneramos. ℞.

Confío en el Señor,
mi alma espera y confía en su palabra;
mi alma aguarda al Señor,
mucho más que a la aurora el centinela. ℞.

Como aguarda a la aurora el centinela,
aguarda Israel al Señor,
porque del Señor viene la misericordia
y la abundancia de la redención,
y él redimirá a su pueblo
de todas sus iniquidades. ℞.

SEGUNDA LECTURA
El Espíritu de aquel que resucitó a Jesús de entre los muertos, habita en ustedes.

De la carta del apóstol san Pablo a los romanos
8, 8-11

Hermanos: Los que viven en forma desordenada y egoísta no pueden agradar a Dios. Pero ustedes no llevan esa clase de vida, sino una vida conforme al Espíritu, puesto que el Espíritu de Dios habita verdaderamente en ustedes.

Quien no tiene el Espíritu de Cristo, no es de Cristo. En cambio, si Cristo vive en ustedes, aunque su cuerpo siga sujeto a la muerte a causa del pecado, su espíritu vive a causa de la actividad salvadora de Dios.

Si el Espíritu del Padre, que resucitó a Jesús de entre los muertos, habita en ustedes, entonces el Padre, que resucitó a Jesús de entre los muertos, también les dará vida a sus cuerpos mortales, por obra de su Espíritu, que habita en ustedes.

Palabra de Dios.   ℟. **Te alabamos, Señor.**

ACLAMACIÓN ANTES DEL EVANGELIO
Jn 11, 25. 26

1188 B.P. Popular

Ho- nor y glo- ria a ti, Se- ñor Je- sús.

℟.   Honor y gloria a ti, Señor Jesús.
Yo soy la resurrección y la vida, dice el Señor;
el que cree en mí no morirá para siempre.
℟.   Honor y gloria a ti, Señor Jesús.

EVANGELIO
Yo soy la resurrección y la vida.

✠   Del santo Evangelio según san Juan
     11, 1-45

En aquel tiempo, se encontraba enfermo Lázaro, en Betania, el pueblo de María y de su hermana Marta. María era la que una vez ungió al Señor con perfume y le enjugó los pies con su cabellera. El enfermo era su hermano Lázaro. Por eso las dos hermanas le mandaron decir a Jesús: "Señor, el amigo a quien tanto quieres está enfermo".

Al oír esto, Jesús dijo: "Esta enfermedad no acabará en la muerte, sino que servirá para la gloria de Dios, para que el Hijo de Dios sea glorificado por ella".

Jesús amaba a Marta, a su hermana y a Lázaro. Sin embargo, cuando se enteró de que Lázaro estaba enfermo, se detuvo dos días más en el lugar en que se hallaba. Después dijo a sus discípulos: "Vayamos otra vez a Judea". Los discípulos le dijeron: "Maestro, hace poco que los judíos querían apedrearte, ¿y tú vas a volver allá?" Jesús les contestó: "¿Acaso no tiene doce horas el día? El que camina de día no tropieza, porque ve la luz de este mundo; en cambio, el que camina de noche tropieza, porque le falta la luz".

Dijo esto y luego añadió: "Lázaro, nuestro amigo, se ha dormido; pero yo voy ahora a despertarlo". Entonces le dijeron sus discípulos: "Señor, si duerme, es que va a sanar". Jesús hablaba de la muerte, pero ellos creyeron que hablaba del sueño natural. Entonces Jesús les dijo abiertamente: "Lázaro ha muerto, y me alegro por ustedes de no haber estado allí, para que crean. Ahora, vamos allá". Entonces Tomás, por sobrenombre el Gemelo, dijo a los demás discípulos: "Vayamos también nosotros, para morir con él".

Cuando llegó Jesús, Lázaro llevaba ya cuatro días en el sepulcro. Betania quedaba cerca de Jerusalén, como a unos dos kilómetros y medio, y muchos judíos habían ido a ver a Marta y a María para consolarlas por la muerte de su hermano. Apenas oyó Marta que Jesús llegaba, salió a su encuentro; pero María se quedó en casa. Le dijo Marta a Jesús: "Señor, si hubieras estado aquí, no habría muerto mi hermano. Pero aun ahora estoy segura de que Dios te concederá cuanto le pidas".

Jesús le dijo: "Tu hermano resucitará". Marta respondió: "Ya sé que resucitará en la resurrección del último día". Jesús le dijo: "Yo soy la resurrección y la vida. El que cree en mí, aunque haya muerto, vivirá; y todo aquel que está vivo y cree en mí, no morirá para siempre. ¿Crees tú esto?" Ella le contestó: "Sí, Señor. Creo firmemente que tú eres el Mesías, el Hijo de Dios, el que tenía que venir al mundo".

Después de decir estas palabras, fue a buscar a su hermana María y le dijo en voz baja: "Ya vino el Maestro y te llama". Al oír esto, María se levantó en el acto y salió hacia donde estaba Jesús, porque él no había llegado aún al pueblo, sino que estaba en el lugar donde Marta lo había encontrado. Los judíos que estaban con María en la casa, consolándola, viendo que ella se levantaba y salía de prisa, pensaron que iba al sepulcro para llorar allí y la siguieron.

Cuando llegó María adonde estaba Jesús, al verlo, se echó a sus pies y le dijo: "Señor, si hubieras estado aquí, no habría muerto mi hermano". Jesús, al verla llorar y al ver llorar a los judíos que la acompañaban, se conmovió hasta lo más hondo y preguntó: "¿Dónde lo han puesto?" Le contestaron: "Ven, Señor, y lo verás". Jesús se puso a llorar y los judíos comentaban: "De veras ¡cuánto lo amaba!" Algunos decían: "¿No podía éste, que abrió los ojos al ciego de nacimiento, hacer que Lázaro no muriera?"

Jesús, profundamente conmovido todavía, se detuvo ante el sepulcro, que era una cueva, sellada con una losa. Entonces dijo Jesús: "Quiten la losa". Pero Marta, la hermana del que había muerto, le replicó: "Señor, ya huele mal, porque lleva cuatro días". Le dijo Jesús: "¿No te he dicho que si crees, verás la gloria de Dios?" Entonces quitaron la piedra.

Jesús levantó los ojos a lo alto y dijo: "Padre, te doy gracias porque me has escuchado. Yo ya sabía que tú siempre me escuchas; pero lo he dicho a causa de esta muchedumbre que me rodea, para que crean que tú me has enviado". Luego gritó con voz potente: "¡Lázaro, sal de allí!" Y salió el muerto, atados con vendas las manos y los pies, y la cara envuelta en un sudario. Jesús les dijo: "Desátenlo, para que pueda andar".

Muchos de los judíos que habían ido a casa de Marta y María, al ver lo que había hecho Jesús, creyeron en él.

Palabra del Señor.   ℟. **Gloria a ti, Señor Jesús.**

ORACIÓN SOBRE LAS OFRENDAS

Tú, que nos has iluminado con las enseñanzas de la fe, escucha, Señor, nuestra oración y purifícanos por medio de este sacrificio. Por Jesucristo, nuestro Señor.

ANTÍFONA DE LA COMUNIÓN   Jn 11, 26
El que está vivo y cree en mí, dice el Señor, no morirá para siempre.

ORACIÓN DESPUÉS DE LA COMUNIÓN

Concédenos, Dios todopoderoso, a cuantos participamos del Cuerpo y la Sangre de tu Hijo, vivir siempre como miembros suyos. Por Jesucristo, nuestro Señor.

EL AMIGO A QUIEN TANTO QUIERES, ESTÁ ENFERMO…

☙ Se lo mandaron decir Marta y María a Jesús, a propósito de su hermano Lázaro. Jesús lo oyó, fue a Betania y resucitó a Lázaro.

☙ Esa familia pobrísima que conocemos y a la que Jesucristo quiere tanto, tiene hambre y le hacen falta ropa y medicinas…

☙ Aquellos niños a los que atienden las religiosas X o Z, no tienen lo necesario para comer y vestir…

☙ Aquella ancianita no tiene con qué pagar la renta de su humilde cuartito y apenas tiene para mal comer…

☙ Aquel pobre hombre lleva ya varios meses sin conseguir trabajo…

☙ Aquella mujer indigente, viuda y llena de niños, ya no ve lo duro sino lo tupido…

☙ ¿Que hará Cristo, **por nuestro medio,** para **"resucitarlos"** a una vida menos dura y un poquito más humana?

HOY es un buen momento para que respondamos a esta pregunta.
QUIEN NO TIENE EL ESPÍRITU DE CRISTO –nos dice san Pablo en la segunda lectura de hoy– **NO ES DE CRISTO.**

15 de marzo
Sábado

San José,
esposo de la Santísima Virgen María
(Blanco)

Cfr Lc 12, 42

ANTÍFONA DE ENTRADA

Celebremos con alegría la fiesta de san José, el siervo prudente y fiel, a quien el Señor puso al frente de su familia.

ORACIÓN COLECTA

Dios todopoderoso, que quisiste poner bajo la protección de san José el nacimiento y la infancia de nuestro Redentor, concédele a tu Iglesia proseguir y llevar a término, bajo su patrocinio, la obra de la redención humana. Por nuestro Señor Jesucristo...

La misión de san José al lado de Jesús y de María, queda expuesta en esta Misa. José es el "hombre justo", el "siervo prudente y fiel" (ANTÍFONA DE ENTRADA), el custodio de la Sagrada Familia, el que, haciendo las veces de padre, cuidará de Jesús. Dios confió los primeros misterios de la salvación de los hombres a la fiel custodia de san José (ORACIÓN COLECTA) y el Señor quiso que siguiera desempeñando en la Iglesia, que es el cuerpo de Cristo, la misma función que desempeñó cuando se entregó por entero a servir a Jesús (ORACIÓN SOBRE LAS OFRENDAS). Así como María, Madre de Jesús, es la Madre de la Iglesia, José, el custodio de Jesús, es el protector de la Iglesia.

PRIMERA LECTURA
El Señor Dios le dará el trono de David, su padre.

Del segundo libro de Samuel
7, 4-5. 12-14. 16

En aquellos días, el Señor le habló al profeta Natán y le dijo: "Ve y dile a mi siervo David que el Señor le manda decir esto: 'Cuando tus días se hayan cumplido y descanses para siempre con tus padres, engrandeceré a tu hijo, sangre de tu sangre, y consolidaré su reino.

Él me construirá una casa y yo consolidaré su trono para siempre. Yo seré para él un padre y él será para mí un hijo. Tu casa y tu reino permanecerán para siempre ante mí, y tu trono será estable eternamente' ".

Palabra de Dios.   ℟. **Te alabamos, Señor.**

SALMO RESPONSORIAL
Del salmo 88

℟. Su descendencia perdurará eternamente.

Proclamaré sin cesar la misericordia del Señor
y daré a conocer que su fidelidad es eterna,
pues el Señor ha dicho: "Mi amor es para siempre
y mi lealtad, más firme que los cielos. ℟.

Un juramento hice a David, mi servidor,
una alianza pacté con mi elegido:
'Consolidaré tu dinastía para siempre
y afianzaré tu trono eternamente'. ℟.

Él me podrá decir: 'Tú eres mi padre,
el Dios que me protege y que me salva'.
Yo jamás le retiraré mi amor
ni violaré el juramento que le hice". ℟.

SEGUNDA LECTURA
Esperando contra toda esperanza, Abraham creyó.

De la carta del apóstol san Pablo a los romanos
4, 13. 16-18. 22

Hermanos: La promesa que Dios hizo a Abraham y a sus descendientes, de que ellos heredarían el mundo, no dependía de la observancia de la ley, sino de la justificación obtenida mediante la fe.

En esta forma, por medio de la fe, que es gratuita, queda asegurada la promesa para todos sus descendientes, no sólo para aquellos que cumplen la ley, sino también para todos los que tienen la fe de Abraham. Entonces, él es padre de todos nosotros, como dice la Escritura: *Te he constituido padre de todos los pueblos.*

Así pues, Abraham es nuestro padre delante de aquel Dios en quien creyó y que da la vida a los muertos y llama a la existencia a las cosas que todavía no existen. Él, esperando contra toda esperanza, creyó que habría de ser padre de muchos pueblos, conforme a lo que Dios le había prometido: *Así de numerosa será tu descendencia.* Por eso, Dios le acreditó esta fe como justicia.

Palabra de Dios.   ℟. **Te alabamos, Señor.**

ACLAMACIÓN ANTES DEL EVANGELIO
Salmo 83, 5

℟.   Honor y gloria a ti, Señor Jesús.
Dichosos los que viven en tu casa;
siempre, Señor, te alabarán.
℟.   Honor y gloria a ti, Señor Jesús.

EVANGELIO
José hizo lo que le había mandado el ángel del Señor.

✠   Del santo Evangelio según san Mateo
1, 16. 18-21. 24

Jacob engendró a José, el esposo de María, de la cual nació Jesús, llamado Cristo.

Cristo vino al mundo de la siguiente manera: Estando María, su madre, desposada con José y antes de que vivieran juntos, sucedió que ella, por obra del Espíritu Santo, estaba esperando un hijo. José, su esposo, que era hombre justo, no queriendo ponerla en evidencia, pensó dejarla en secreto.

Mientras pensaba en estas cosas, un ángel del Señor le dijo en sueños: "José, hijo de David, no dudes en recibir en tu casa a María, tu esposa, porque ella ha concebido por obra del Espíritu Santo. Dará a luz un hijo y tú le pondrás el nombre de Jesús, porque él salvará a su pueblo de sus pecados".

Cuando José despertó de aquel sueño, hizo lo que le había mandado el ángel del Señor.

Palabra del Señor.   ℟. **Gloria a ti, Señor Jesús.**

ORACIÓN SOBRE LAS OFRENDAS

Concédenos, Señor, celebrar esta Eucaristía con el mismo amor y pureza de corazón con que se entregó san José a servir a tu Hijo unigénito, nacido de la Virgen María. Por Jesucristo, nuestro Señor.

ANTÍFONA DE LA COMUNIÓN   Mt 25, 21

Alégrate, siervo bueno y fiel. Entra a compartir el gozo de tu Señor.

ORACIÓN DESPUÉS DE LA COMUNIÓN

Señor, protege sin cesar a esta familia tuya que se alegra hoy al celebrar la festividad de san José, y conserva en ella la vida de la gracia que le has comunicado por medio de la Eucaristía. Por Jesucristo, nuestro Señor.

SÓLO PARA ESPOSOS Y PADRES DE FAMILIA
(con perdón de las esposas y madres de familia)

♥ San José somos todos o, deberíamos ser todos los padres de familia (los varones, por supuesto), porque al igual que a él, Dios nos ha encomendado una familia sagrada.

♥ **En primer lugar**, porque Dios ha puesto bajo nuestro cuidado a una mujer, no sólo para que veamos por ella sino, sobre todo, para que ella pueda ver por medio de nuestro amor y de nuestras delicadezas, todo el amor y la ternura con que Dios la ama.

♥ **En segundo lugar**, porque Dios ha puesto bajo nuestra custodia a unos niños, para que con nuestro cariño paterno tengan un punto de referencia para que cuando recen el Padrenuestro, la palabra

"Padre", les suene a "papá" y no a "padrastro".

Que san José, esposo de la Virgen María, nos enseñe y ayude a todos los esposos y padres cristianos a comprender y a desempeñar nuestra misión.

16 de marzo

**Domingo de Ramos
"De la pasión del Señor"**
(Rojo)

Cristo nos convierte en el pueblo de Dios y nos abre el camino de la resurrección y de la vida. Sigámoslo, proclamando nuestra fe: él es el Salvador del mundo.

CONMEMORACIÓN DE LA ENTRADA DEL SEÑOR EN JERUSALÉN

Primera forma: Procesión.

ANTÍFONA   Mt 21, 9

Hosanna al Hijo de David. Bendito el que viene en nombre del Señor, el rey de Israel. Hosanna en el cielo.

SALUDO

Queridos hermanos: Después de habernos preparado desde el principio de la Cuaresma con nuestra penitencia y nuestras obras de caridad, hoy nos reunimos para iniciar, unidos con toda la Iglesia, la celebración anual de los misterios de la pasión y resurrección de nuestro Señor Jesucristo, misterios que empezaron con la entrada de Jesús en Jerusalén. Acompañemos con fe y devoción a nuestro Salvador en su entrada triunfal a la ciudad santa, para que, participando ahora de su cruz, podamos participar un día, de su gloriosa resurrección y de su vida.

BENDICIÓN DE LAS PALMAS

ORACIÓN DE BENDICIÓN

Oremos.

Dios todopoderoso y eterno, dígnate bendecir + estos ramos y concede a cuantos acompañamos ahora jubilosos a Cristo, nuestro rey y Señor, reunirnos con él en la Jerusalén del cielo. Por Jesucristo, nuestro Señor.

℟. **Amén.**

EVANGELIO

Bendito el que viene en nombre del Señor.

✠ Del santo Evangelio según san Mateo
21, 1-11

Cuando se aproximaban ya a Jerusalén, al llegar a Betfagé, junto al monte de los Olivos, envió Jesús a dos de sus discípulos, diciéndoles: "Vayan al pueblo que ven allí enfrente; al entrar, encontrarán amarrada una burra y un burrito con ella; desátenlos y tráiganmelos. Si alguien les pregunta algo, díganle que el Señor los necesita y enseguida los devolverá".

Esto sucedió para que se cumplieran las palabras del profeta: *Díganle a la hija de Sión: He aquí que tu rey viene a ti, apacible y montado en un burro, en un burrito, hijo de animal de yugo.*

Fueron, pues, los discípulos e hicieron lo que Jesús les había encargado y trajeron consigo la burra y el burrito. Luego pusieron sobre ellos sus mantos y Jesús se sentó encima. La gente, muy numerosa, extendía sus mantos por el camino; algunos cortaban ramas de los árboles y las tendían a su paso. Los que iban delante de él y los que lo seguían gritaban: *"¡Hosanna! ¡Viva el Hijo de David! ¡Bendito el que viene en nombre del Señor! ¡Hosanna en el cielo!"*

Al entrar Jesús en Jerusalén, toda la ciudad se conmovió. Unos decían: "¿Quién es éste?" Y la gente respondía: "Éste es el profeta Jesús, de Nazaret de Galilea".

Palabra del Señor.   ℟. **Gloria a ti, Señor Jesús.**

EXHORTACIÓN PARA LA PROCESIÓN

Queridos hermanos: Como la muchedumbre que aclamaba a Jesús, acompañemos también nosotros, con júbilo, al Señor.

PROCESIÓN

ANTÍFONA

Los hijos de Israel, llevando ramos de olivo, salieron al encuentro del Señor, clamando: "Hosanna en el cielo".

Si se cree conveniente, puede alternarse esta antífona con los versículos del salmo 23.

SALMO 23

Del Señor es la tierra y lo que ella tiene,
el orbe todo y los que en él habitan,
pues él lo edificó sobre los mares,
él fue quien lo asentó sobre los ríos.

¿Quién subirá hasta el monte del Señor?
¿Quién podrá entrar en su recinto santo?
El de corazón limpio y manos puras
y que no jura en falso.

Ése obtendrá la bendición de Dios
y Dios, su salvador, le hará justicia.
Ésta es la clase de hombres que te buscan
y vienen ante ti, Dios de Jacob.

¡Puertas, ábranse de par en par;
agrándense, portones eternos,
porque va a entrar el rey de la gloria!

Y ¿quién es el rey de la gloria?
Es el Señor, fuerte y poderoso,
el Señor, poderoso en la batalla.

¡Puertas, ábranse de par en par;
agrándense, portones eternos,
porque va a entrar el rey de la gloria!

Y ¿quién es el rey de la gloria?
El Señor, Dios de los ejércitos,
es el rey de la gloria.

Al entrar la procesión en la iglesia, se canta el siguiente responsorio u otro cántico alusivo a la entrada del Señor en Jerusalén.

RESPONSORIO

℟. **Al entrar el Señor en la ciudad santa, los hijos de Israel, anticipándose a la resurrección del Señor de la vida, con palmas en las manos, clamaban: Hosanna en el cielo.**

℣. Al enterarse de que Jesús llegaba a Jerusalén, el pueblo salió a su encuentro con palmas en las manos, clamando: Hosanna en el cielo.

Segunda forma: Entrada solemne.

Los fieles se reúnen ante la puerta de la iglesia o bien dentro de la misma iglesia, llevando los ramos en la mano. El sacerdote, los ministros y algunos de los fieles, van a un sitio adecuado de la iglesia, fuera del presbiterio, en donde pueda ser vista fácilmente la ceremonia, al menos por la mayor parte de la asamblea.

Tercera forma: Entrada sencilla.

Se efectúa como en la Misa ordinaria, comenzando, si es posible, cantando la antífona de entrada (u otro cántico sobre el mismo tema). Si no se canta, el sacerdote lee la antífona después del saludo inicial.

ANTÍFONA DE ENTRADA

Seis días antes de la Pascua, cuando el Señor entró en Jerusalén, salieron los niños a su encuentro llevando en sus manos hojas de palmera y gritando: Hosanna en el cielo. Bendito tú, que vienes lleno de bondad y de misericordia.

Sal 23, 9-10

Puertas, ábranse de par en par; agrándense, portones eternos, porque va a entrar el Rey de la gloria. Y, ¿quién es ese rey de la gloria?

El Señor de los ejércitos es el rey de la gloria. Hosanna en el cielo. Bendito tú, que vienes lleno de bondad y de misericordia.

La Misa

ORACIÓN COLECTA

Dios todopoderoso y eterno, que has querido entregarnos como ejemplo de humildad a Cristo, nuestro salvador, hecho hombre y clavado en una cruz, concédenos vivir según las enseñanzas de su pasión, para participar con él, un día, de su gloriosa resurrección. Por nuestro Señor Jesucristo...

El Señor está a punto de dar su vida en una entrega total, porque sólo así podrá decir al abatido "palabras de aliento" (PRIMERA LECTURA). Pero Dios, su Padre, lo exaltará sobre todas las cosas, para que todos doblen la rodilla y reconozcan que Jesucristo es el Señor (SEGUNDA LECTURA). Todo esto se consuma y se realiza en la pasión y muerte de Jesús (EVANGELIO) que hoy nos relata san Mateo.

PRIMERA LECTURA

No aparté mi rostro de los insultos, y sé que no quedaré avergonzado.

Del libro del profeta Isaías
50, 4-7

En aquel entonces, dijo Isaías:
"El Señor me ha dado una lengua experta,
para que pueda confortar al abatido
con palabras de aliento.
    Mañana tras mañana, el Señor despierta mi oído,
para que escuche yo, como discípulo.
El Señor Dios me ha hecho oír sus palabras
y yo no he opuesto resistencia
ni me he echado para atrás.
    Ofrecí la espalda a los que me golpeaban,
la mejilla a los que me tiraban de la barba.
No aparté mi rostro de los insultos y salivazos.
    Pero el Señor me ayuda,
por eso no quedaré confundido,
por eso endurecí mi rostro como roca
y sé que no quedaré avergonzado".

Palabra de Dios.   ℟. **Te alabamos, Señor.**

SALMO RESPONSORIAL
Del salmo 21

B. Carrillo B.P. 1521

Dios mí - o, Dios mí - o, ¿por - qué me_has a - ban - do - na - do?

℟.   Dios mío, Dios mío, ¿por qué me has abandonado?

Todos los que me ven, de mí se burlan;
me hacen gestos y dicen:
"Confiaba en el Señor, pues que él lo salve;
si de veras lo ama, que lo libre". ℟.

    Los malvados me cercan por doquiera
como rabiosos perros.
Mis manos y mis pies han taladrado
y se pueden contar todos mis huesos. ℟.

Reparten entre sí mis vestiduras
y se juegan mi túnica a los dados.
Señor, auxilio mío, ven y ayúdame,
no te quedes de mí tan alejado. ℟.

A mis hermanos contaré tu gloria
y en la asamblea alabaré tu nombre.
Que alaben al Señor los que lo temen.
Que el pueblo del Israel siempre lo adore. ℟.

SEGUNDA LECTURA
Cristo se humilló a sí mismo; por eso Dios lo exaltó.

De la carta del apóstol san Pablo a los filipenses
2, 6-11

Cristo, siendo Dios,
no consideró que debía aferrarse
a las prerrogativas de su condición divina,
sino que, por el contrario, se anonadó a sí mismo,
tomando la condición de siervo,
y se hizo semejante a los hombres.
Así, hecho uno de ellos, se humilló a sí mismo
y por obediencia aceptó incluso la muerte,
y una muerte de cruz.
Por eso Dios lo exaltó sobre todas las cosas
y le otorgó el nombre que está sobre todo nombre,
para que, al nombre de Jesús, todos doblen la rodilla
en el cielo, en la tierra y en los abismos,
y todos reconozcan públicamente que Jesucristo es el Señor,
para gloria de Dios Padre.

Palabra de Dios.   ℟. **Te alabamos, Señor.**

ACLAMACIÓN ANTES DEL EVANGELIO
Flp 2, 8-9

Ho- nor y glo- ria a ti, Se- ñor Je- sús.

R. Honor y gloria a ti, Señor Jesús.
Cristo se humilló por nosotros
y por obediencia aceptó incluso la muerte,
y una muerte de cruz.
Por eso Dios lo exaltó sobre todas las cosas
y le otorgó el nombre que está sobre todo nombre.
R. Honor y gloria a ti, Señor Jesús.

PASIÓN DE NUESTRO SEÑOR JESUCRISTO SEGÚN SAN MATEO
26, 14–27, 66

¿Cuánto me dan si les entrego a Jesús?

E n aquel tiempo, uno de los Doce, llamado Judas Iscariote, fue a
ver a los sumos sacerdotes y les dijo: "¿Cuánto me dan si les entrego a Jesús?" Ellos quedaron en darle treinta monedas de plata.
Y desde ese momento andaba buscando una oportunidad para en-
tregárselo.

¿Dónde quieres que te preparemos la cena de Pascua?

El primer día de la fiesta de los panes Ázimos, los discípulos se acercaron a Jesús y le preguntaron: "¿Dónde quieres que te preparemos la
cena de Pascua?" Él respondió: "Vayan a la ciudad, a casa de fulano
y díganle: 'El Maestro dice: Mi hora está ya cerca. Voy a celebrar la
Pascua con mis discípulos en tu casa'". Ellos hicieron lo que Jesús les
había ordenado y prepararon la cena de Pascua.

Uno de ustedes va a entregarme

Al atardecer, se sentó a la mesa con los Doce, y mientras cenaban,
les dijo: "Yo les aseguro que uno de ustedes va a entregarme". Ellos
se pusieron muy tristes y comenzaron a preguntarle uno por uno:
"¿Acaso soy yo, Señor?" Él respondió: "El que moja su pan en el mismo
plato que yo, ése va a entregarme. Porque el Hijo del hombre va a
morir, como está escrito de él; pero ¡ay de aquel por quien el Hijo del
hombre va a ser entregado! Más le valiera a ese hombre no haber
nacido". Entonces preguntó Judas, el que lo iba a entregar: "¿Acaso
soy yo, Maestro?" Jesús le respondió: "Tú lo has dicho".

Éste es mi Cuerpo. Ésta es mi Sangre

Durante la cena, Jesús tomó un pan y, pronunciada la bendición, lo
partió y lo dio a sus discípulos, diciendo: "Tomen y coman. Éste es

mi Cuerpo". Luego tomó en sus manos una copa de vino y, pronunciada la acción de gracias, la pasó a sus discípulos, diciendo: "Beban todos de ella, porque ésta es mi Sangre, Sangre de la nueva alianza, que será derramada por todos, para el perdón de los pecados. Les digo que ya no beberé más del fruto de la vid, hasta el día en que beba con ustedes el vino nuevo en el Reino de mi Padre".

Heriré al pastor y se dispersarán las ovejas

Después de haber cantado el himno, salieron hacia el monte de los Olivos. Entonces Jesús les dijo: "Todos ustedes se van a escandalizar de mí esta noche, porque está escrito: *Heriré al pastor y se dispersarán las ovejas del rebaño.* Pero después de que yo resucite, iré delante de ustedes a Galilea". Entonces Pedro le replicó: "Aunque todos se escandalicen de ti, yo nunca me escandalizaré". Jesús le dijo: "Yo te aseguro que esta misma noche, antes de que el gallo cante, me habrás negado tres veces". Pedro le replicó: "Aunque tenga que morir contigo, no te negaré". Y lo mismo dijeron todos los discípulos.

Comenzó a sentir tristeza y angustia

Entonces Jesús fue con ellos a un lugar llamado Getsemaní y dijo a los discípulos: "Quédense aquí mientras yo voy a orar más allá". Se llevó consigo a Pedro y a los dos hijos de Zebedeo y comenzó a sentir tristeza y angustia. Entonces les dijo: "Mi alma está llena de una tristeza mortal. Quédense aquí y velen conmigo". Avanzó unos pasos más, se postró rostro en tierra y comenzó a orar, diciendo: "Padre mío, si es posible, que pase de mí este cáliz; pero que no se haga como yo quiero, sino como quieres tú".

Volvió entonces a donde estaban los discípulos y los encontró dormidos. Dijo a Pedro: "¿No han podido velar conmigo ni una hora? Velen y oren, para no caer en la tentación, porque el espíritu está pronto, pero la carne es débil". Y alejándose de nuevo, se puso a orar, diciendo: "Padre mío, si este cáliz no puede pasar sin que yo lo beba, hágase tu voluntad". Después volvió y encontró a sus discípulos otra vez dormidos, porque tenían los ojos cargados de sueño. Los dejó y se fue a orar de nuevo, por tercera vez, repitiendo las mismas palabras. Después de esto, volvió a donde estaban los discípulos y les dijo: "Duerman ya y descansen. He aquí que llega la hora y el Hijo del hombre va a ser entregado en manos de los pecadores. ¡Levántense! ¡Vamos! Ya está aquí el que me va a entregar".

Echaron mano a Jesús y lo aprehendieron

Todavía estaba hablando Jesús, cuando llegó Judas, uno de los Doce, seguido de una chusma numerosa con espadas y palos, enviada por los sumos sacerdotes y los ancianos del pueblo. El que lo iba a entregar les había dado esta señal: "Aquel a quien yo le dé un beso, ése es. Aprehéndanlo". Al instante se acercó a Jesús y le dijo: "¡Buenas noches, Maestro!" Y lo besó. Jesús le dijo: "Amigo, ¿es esto a lo que has venido?" Entonces se acercaron a Jesús, le echaron mano y lo apresaron.

Uno de los que estaban con Jesús, sacó la espada, hirió a un criado del sumo sacerdote y le cortó una oreja. Le dijo entonces Jesús: "Vuelve la espada a su lugar, pues quien usa la espada, a espada morirá. ¿No crees que si yo se lo pidiera a mi Padre, él pondría ahora mismo a mi disposición más de doce legiones de ángeles? Pero, ¿cómo se cumplirían entonces las Escrituras, que dicen que así debe suceder?" Enseguida dijo Jesús a aquella chusma: "¿Han salido ustedes a apresarme como a un bandido, con espadas y palos? Todos los días yo enseñaba, sentado en el templo, y no me aprehendieron. Pero todo esto ha sucedido para que se cumplieran las predicciones de los profetas". Entonces todos los discípulos lo abandonaron y huyeron.

Verán al Hijo del hombre sentado a la derecha de Dios

Los que aprehendieron a Jesús lo llevaron a la casa del sumo sacerdote Caifás, donde los escribas y los ancianos estaban reunidos. Pedro los fue siguiendo de lejos hasta el palacio del sumo sacerdote. Entró y se sentó con los criados para ver en qué paraba aquello.

Los sumos sacerdotes y todo el sanedrín andaban buscando un falso testimonio contra Jesús, con ánimo de darle muerte; pero no lo encontraron, aunque se presentaron muchos testigos falsos. Al fin llegaron dos, que dijeron: "Éste dijo: 'Puedo derribar el templo de Dios y reconstruirlo en tres días' ". Entonces el sumo sacerdote se levantó y le dijo: "¿No respondes nada a lo que éstos atestiguan en contra tuya?" Como Jesús callaba, el sumo sacerdote le dijo: "Te conjuro por el Dios vivo a que nos digas si tú eres el Mesías, el Hijo de Dios". Jesús le respondió: "Tú lo has dicho. Además, yo les declaro que pronto verán al Hijo del hombre, sentado a la derecha de Dios, venir sobre las nubes del cielo".

Entonces el sumo sacerdote rasgó sus vestiduras y exclamó: "¡Ha blasfemado! ¿Qué necesidad tenemos ya de testigos? Ustedes mismos han oído la blasfemia. ¿Qué les parece?" Ellos respondieron: "Es reo de muerte". Luego comenzaron a escupirle en la cara y a darle de bofetadas. Otros lo golpeaban, diciendo: "Adivina quién es el que te ha pegado".

Antes de que el gallo cante, me habrás negado tres veces

Entretanto, Pedro estaba fuera, sentado en el patio. Una criada se le acercó y le dijo: "Tú también estabas con Jesús, el galileo". Pero él lo negó ante todos, diciendo: "No sé de qué me estás hablando". Ya se iba hacia el zaguán, cuando lo vio otra criada y dijo a los que estaban ahí: "También ése andaba con Jesús, el nazareno". Él de nuevo lo negó con juramento: "No conozco a ese hombre". Poco después se acercaron a Pedro los que estaban ahí y le dijeron: "No cabe duda de que tú también eres de ellos, pues hasta tu modo de hablar te delata". Entonces él comenzó a echar maldiciones y a jurar que no conocía a aquel hombre. Y en aquel momento cantó el gallo. Entonces se acordó Pedro de que Jesús había dicho: 'Antes de que cante el gallo, me habrás negado tres veces'. Y saliendo de ahí se soltó a llorar amargamente.

Llevaron a Jesús ante el procurador Poncio Pilato

Llegada la mañana, todos los sumos sacerdotes y los ancianos del pueblo celebraron consejo contra Jesús para darle muerte. Después de atarlo, lo llevaron ante el procurador, Poncio Pilato, y se lo entregaron.

Entonces Judas, el que lo había entregado, viendo que Jesús había sido condenado a muerte, devolvió arrepentido las treinta monedas de plata a los sumos sacerdotes y a los ancianos, diciendo: "Pequé, entregando la sangre de un inocente". Ellos dijeron: "¿Y a nosotros qué nos importa? Allá tú". Entonces Judas arrojó las monedas de plata en el templo, se fue y se ahorcó.

No es lícito juntarlas con el dinero de las limosnas

Los sumos sacerdotes tomaron las monedas de plata y dijeron: "No es lícito juntarlas con el dinero de las limosnas, porque son precio de sangre". Después de deliberar, compraron con ellas el Campo del alfarero, para sepultar ahí a los extranjeros. Por eso aquel campo se llama hasta el día de hoy "Campo de sangre". Así se cumplió lo que dijo el profeta Jeremías: *Tomaron las treinta monedas de plata en que fue tasado aquel a quien pusieron precio algunos hijos de Is-*

rael, y las dieron por el Campo del alfarero, según lo que me ordenó el Señor.

¿Eres tú el rey de los judíos?

Jesús compareció ante el procurador, Poncio Pilato, quien le preguntó: "¿Eres tú el rey de los judíos?" Jesús respondió: "Tú lo has dicho". Pero nada respondió a las acusaciones que le hacían los sumos sacerdotes y los ancianos. Entonces le dijo Pilato: "¿No oyes todo lo que dicen contra ti?" Pero él nada respondió, hasta el punto de que el procurador se quedó muy extrañado. Con ocasión de la fiesta de la Pascua, el procurador solía conceder a la multitud la libertad del preso que quisieran. Tenían entonces un preso famoso, llamado Barrabás. Dijo, pues, Pilato a los ahí reunidos: "¿A quién quieren que les deje en libertad: a Barrabás o a Jesús, que se dice el Mesías?" Pilato sabía que se lo habían entregado por envidia.

Estando él sentado en el tribunal, su mujer mandó decirle: "No te metas con ese hombre justo, porque hoy he sufrido mucho en sueños por su causa".

Mientras tanto, los sumos sacerdotes y los ancianos convencieron a la muchedumbre de que pidieran la libertad de Barrabás y la muerte de Jesús. Así, cuando el procurador les preguntó: "¿A cuál de los dos quieren que les suelte?", ellos respondieron: "A Barrabás". Pilato les dijo: "¿Y qué voy a hacer con Jesús, que se dice el Mesías?" Respondieron todos: "Crucifícalo". Pilato preguntó: "Pero, ¿qué mal ha hecho?" Mas ellos seguían gritando cada vez con más fuerza: "¡Crucifícalo!" Entonces Pilato, viendo que nada conseguía y que crecía el tumulto, pidió agua y se lavó las manos ante el pueblo, diciendo: "Yo no me hago responsable de la muerte de este hombre justo. Allá ustedes". Todo el pueblo respondió: "¡Que su sangre caiga sobre nosotros y sobre nuestros hijos!" Entonces Pilato puso en libertad a Barrabás. En cambio a Jesús lo hizo azotar y lo entregó para que lo crucificaran.

¡Viva el rey de los judíos!

Los soldados del procurador llevaron a Jesús al pretorio y reunieron alrededor de él a todo el batallón. Lo desnudaron, le echaron encima un manto de púrpura, trenzaron una corona de espinas y se la pusieron en la cabeza; le pusieron una caña en su mano derecha y, arrodillándose ante él, se burlaban diciendo: "¡Viva el rey de los judíos!", y le escupían. Luego, quitándole la caña, lo golpeaban con ella en la cabeza. Después de que se burlaron de él, le quitaron el manto, le pusieron sus ropas y lo llevaron a crucificar.

Juntamente con él crucificaron a dos ladrones

Al salir, encontraron a un hombre de Cirene, llamado Simón, y lo obligaron a llevar la cruz. Al llegar a un lugar llamado Gólgota, es decir, "Lugar de la Calavera", le dieron a beber a Jesús vino mezclado con hiel; él lo probó, pero no lo quiso beber. Los que lo crucificaron se repartieron sus vestidos, echando suertes, y se quedaron sentados ahí para custodiarlo. Sobre su cabeza pusieron por escrito la causa de su condena: 'Éste es Jesús, el rey de los judíos'. Juntamente con él, crucificaron a dos ladrones, uno a su derecha y el otro a su izquierda.

Si eres el Hijo de Dios, baja de la cruz

Los que pasaban por ahí lo insultaban moviendo la cabeza y gritándole: "Tú, que destruyes el templo y en tres días lo reedificas, sálvate a ti mismo; si eres el Hijo de Dios, baja de la cruz". También se burlaban de él los sumos sacerdotes, los escribas y los ancianos, diciendo: "Ha salvado a otros y no puede salvarse a sí mismo. Si es el rey de Israel, que baje de la cruz y creeremos en él. Ha puesto su confianza en Dios, que Dios lo salve ahora, si es que de verdad lo ama, pues él ha dicho: 'Soy el Hijo de Dios' ". Hasta los ladrones que estaban crucificados a su lado lo injuriaban.

Elí, Elí, ¿lemá sabactaní?

Desde el mediodía hasta las tres de la tarde, se oscureció toda aquella tierra. Y alrededor de las tres, Jesús exclamó con fuerte voz: *"Elí, Elí, ¿lemá sabactaní?"*, que quiere decir: "Dios mío, Dios mío, ¿por qué me has abandonado?" Algunos de los presentes, al oírlo, decían: "Está llamando a Elías".

Enseguida uno de ellos fue corriendo a tomar una esponja, la empapó en vinagre y sujetándola a una caña, le ofreció de beber. Pero los otros le dijeron: "Déjalo. Vamos a ver si viene Elías a salvarlo". Entonces Jesús, dando de nuevo un fuerte grito, expiró.

Aquí todos se arrodillan y guardan silencio por unos instantes.

Entonces el velo del templo se rasgó en dos partes, de arriba a abajo, la tierra tembló y las rocas se partieron. Se abrieron los sepulcros y resucitaron muchos justos que habían muerto, y después de la resurrección de Jesús, entraron en la ciudad santa y se aparecieron a mucha gente. Por su parte, el oficial y los que estaban con él custodiando a Jesús, al ver el terremoto y las cosas que ocurrían, se llenaron de un gran temor y dijeron: "Verdaderamente éste era Hijo de Dios".

Estaban también allí, mirando desde lejos, muchas de las mujeres que habían seguido a Jesús desde Galilea para servirlo. Entre ellas estaban María Magdalena, María, la madre de Santiago y de José, y la madre de los hijos de Zebedeo.

José tomó el cuerpo de Jesús y lo depositó en un sepulcro nuevo

Al atardecer, vino un hombre rico de Arimatea, llamado José, que se había hecho también discípulo de Jesús. Se presentó a Pilato y le pidió el cuerpo de Jesús, y Pilato dio orden de que se lo entregaran. José tomó el cuerpo, lo envolvió en una sábana limpia y lo depositó en un sepulcro nuevo, que había hecho excavar en la roca para sí mismo. Hizo rodar una gran piedra hasta la entrada del sepulcro y se retiró. Estaban ahí María Magdalena y la otra María, sentadas frente al sepulcro.

Tomen un pelotón de soldados, vayan y aseguren el sepulcro como quieran

Al otro día, el siguiente de la preparación de la Pascua, los sumos sacerdotes y los fariseos se reunieron ante Pilato y le dijeron: "Señor, nos hemos acordado de que ese impostor, estando aún en vida, dijo: 'A los tres días resucitaré'. Manda, pues, asegurar el sepulcro hasta el tercer día; no sea que vengan sus discípulos, lo roben y digan luego al pueblo: 'Resucitó de entre los muertos', porque esta última impostura sería peor que la primera". Pilato les dijo: "Tomen un pelotón de soldados, vayan y aseguren el sepulcro como ustedes quieran". Ellos fueron y aseguraron el sepulcro, poniendo un sello sobre la puerta y dejaron ahí la guardia.

Palabra del Señor.   ℟. **Gloria a ti, Señor Jesús.**

ORACIÓN SOBRE LAS OFRENDAS

Que la pasión de tu Hijo, actualizada en este santo sacrificio que vamos a ofrecerte, nos alcance, Señor, de tu misericordia, el perdón que no podemos merecer por nuestras obras. Por Jesucristo, nuestro Señor.

ANTÍFONA DE LA COMUNIÓN   Mt 26, 42

Padre mío, si este cáliz no puede pasar sin que yo lo beba, hágase tu voluntad.

ORACIÓN DESPUÉS DE LA COMUNIÓN

Tú que nos has alimentado con esta Eucaristía, y por medio de la muerte de tu Hijo nos das la esperanza de alcanzar lo que la fe nos promete, concédenos, Señor, llegar por medio de su resurrección, a la meta de nuestras esperanzas. Por Jesucristo, nuestro Señor.

¿NO PUDIERON VELAR CONMIGO NI SIQUIERA UNA HORA?

→ Se lo dijo Cristo a sus apóstoles aquella negra noche, en el Huerto de los Olivos cuando, luego de haberse separado de ellos unos cuantos metros para orar, volvió y los encontró dormidos.

→ ¿No podría Cristo, al terminar la semana que hoy empieza, hacernos también alguna de estas molestas preguntas?

Por ejemplo:

→ Durante sus vacaciones –quizás en alguna playa o en algún lugar de provincia– ¿no tuvieron ustedes un rato para asistir el Jueves Santo a los oficios en los que se conmemora el día en que instituí la santa Misa y les di el mandamiento nuevo de amarse los unos a los otros?

→ ¿No pudieron darse un tiempecito el Viernes Santo para recorrer conmigo el penoso camino del Viacrucis y acompañarme en la hora de mi crucifixión y de mi muerte?

→ ¿No pudieron desvelarse un poquito la noche del sábado para que celebráramos juntos mi resurrección y la de ustedes?

→ Y lo que es aún más importante, ¿no pudieron durante estos días santos dejar de hacer algunas de esas cosas que suelen hacer en vacaciones y por las cuales yo morí en la cruz?

20 de marzo

Jueves Santo
(Blanco)

En la catedral, la mañana del Jueves Santo o de otro día de la semana, el obispo, rodeado de sus sacerdotes, bendice los óleos destinados a la celebración de los sacramentos. En esta ocasión o durante la Misa de la Cena, se invita a los sacerdotes a renovar el compromiso que hicieron ante Dios durante su ordenación.

La celebración del Misterio Pascual comienza en la tarde con la Misa de la Cena.

TRIDUO PASCUAL
MISA VESPERTINA DE LA CENA DEL SEÑOR

En la Eucaristía de esta tarde conmemoramos y revivimos la Última Cena: nuestro pan y nuestro vino, convertidos en el sacramento del Cuerpo y la Sangre de Cristo, nos hacen entrar en comunión con Cristo y con nuestros hermanos, mediante la fe y el amor.

ANTÍFONA DE ENTRADA   Cfr Gál 6, 14

Que nuestro único orgullo sea la cruz de nuestro Señor Jesucristo, porque en él tenemos la salvación, la vida y la resurrección, y por él hemos sido salvados y redimidos.

Se dice Gloria

ORACIÓN COLECTA

Dios nuestro, que nos has reunido para celebrar aquella Cena en la cual tu Hijo único, antes de entregarse a la muerte, confió a la Iglesia el sacrificio nuevo y eterno, sacramento de su amor, concédenos alcanzar por la participación en este sacramento, la plenitud del amor y de la vida. Por nuestro Señor Jesucristo...

También Jesús celebró, como los otros judíos, la comida del cordero en la "noche del milagro", cuando el pueblo de Israel recordaba solemnemente su liberación del cautiverio de Egipto (PRIMERA LECTURA). Pero Jesús le dio un nuevo sentido a aquella celebración. Ante todo, quiso dar a sus discípulos una muestra del amor inmenso que les tenía y una lección de humildad y de servicio, al lavarles los pies y anunciarles su entrega para la salvación del mundo (EVANGELIO). Después, durante la cena, hizo Jesús el máximo acto de amor al instituir la Eucaristía, tal como nos lo relata san Pablo (SEGUNDA LECTURA).

PRIMERA LECTURA
Prescripciones sobre la cena pascual.

Del libro del Éxodo
12, 1-8. 11-14

En aquellos días, el Señor les dijo a Moisés y a Aarón en tierra de Egipto: "Este mes será para ustedes el primero de todos los meses y el principio del año. Díganle a toda la comunidad de Israel: 'El día diez de este mes, tomará cada uno un cordero por familia, uno por casa. Si la familia es demasiado pequeña para comérselo, que se junte con los vecinos y elija un cordero adecuado al número de personas y a la cantidad que cada cual pueda comer. Será un animal sin defecto, macho, de un año, cordero o cabrito.

Lo guardarán hasta el día catorce del mes, cuando toda la comunidad de los hijos de Israel lo inmolará al atardecer. Tomarán la sangre y rociarán las dos jambas y el dintel de la puerta de la casa donde vayan a comer el cordero. Esa noche comerán la carne, asada a fuego; comerán panes sin levadura y hierbas amargas. Comerán así: con la cintura ceñida, las sandalias en los pies, un bastón en la mano y a toda prisa, porque es la Pascua, es decir, el paso del Señor.

Yo pasaré esa noche por la tierra de Egipto y heriré a todos los primogénitos del país de Egipto, desde los hombres hasta los ganados. Castigaré a todos los dioses de Egipto, yo, el Señor. La sangre les servirá de señal en las casas donde habitan ustedes. Cuando yo vea la sangre, pasaré de largo y no habrá entre ustedes plaga exterminadora, cuando hiera yo la tierra de Egipto.

Ese día será para ustedes un memorial y lo celebrarán como fiesta en honor del Señor. De generación en generación celebrarán esta festividad, como institución perpetua' ".

Palabra de Dios.   ℟. **Te alabamos, Señor.**

SALMO RESPONSORIAL
Del salmo 115

B. Carrillo B.P. 1522

Gra - cias, Se - ñor, por tu san - gre que nos la - va.

℟. Gracias, Señor, por tu sangre que nos lava.

¿Cómo le pagaré al Señor
todo el bien que me ha hecho?
Levantaré el cáliz de salvación
e invocaré el nombre del Señor. ℟.

A los ojos del Señor es muy penoso
que mueran sus amigos.
De la muerte, Señor, me has librado,
a mí, tu esclavo e hijo de tu esclava. ℟.

Te ofreceré con gratitud un sacrificio
e invocaré tu nombre.
Cumpliré mis promesas al Señor
ante todo su pueblo. ℟.

SEGUNDA LECTURA
Cada vez que ustedes comen de este pan y beben de este cáliz, proclaman la muerte del Señor.

De la primera carta del apóstol san Pablo a los corintios
11, 23-26

Hermanos: Yo recibí del Señor lo mismo que les he trasmitido: que el Señor Jesús, la noche en que iba a ser entregado, tomó pan en sus manos, y pronunciando la acción de gracias, lo partió y dijo: "Esto es mi cuerpo, que se entrega por ustedes. Hagan esto en memoria mía".

Lo mismo hizo con el cáliz después de cenar, diciendo: "Este cáliz es la nueva alianza que se sella con mi sangre. Hagan esto en memoria mía siempre que beban de él".

Por eso, cada vez que ustedes comen de este pan y beben de este cáliz, proclaman la muerte del Señor, hasta que vuelva.

Palabra de Dios.   ℟. **Te alabamos, Señor.**

ACLAMACIÓN ANTES DEL EVANGELIO
Jn 13, 34

1188 B.P. Popular

Ho- nor y glo- ria a ti, Se- ñor Je- sús.

R. Honor y gloria a ti, Señor Jesús.
Les doy un mandamiento nuevo, dice el Señor,
que se amen los unos a los otros, como yo los he amado.
R. Honor y gloria a ti, Señor Jesús.

EVANGELIO
Los amó hasta el extremo.

Del santo Evangelio según san Juan
13, 1-15

Antes de la fiesta de la Pascua, sabiendo Jesús que había llegado la hora de pasar de este mundo al Padre y habiendo amado a los suyos, que estaban en el mundo, los amó hasta el extremo.

En el transcurso de la cena, cuando ya el diablo había puesto en el corazón de Judas Iscariote, hijo de Simón, la idea de entregarlo, Jesús, consciente de que el Padre había puesto en sus manos todas las cosas y sabiendo que había salido de Dios y a Dios volvía, se levantó de la mesa, se quitó el manto y tomando una toalla, se la ciñó; luego echó agua en una jofaina y se puso a lavarles los pies a los discípulos y a secárselos con la toalla que se había ceñido.

Cuando llegó a Simón Pedro, éste le dijo: "Señor, ¿me vas a lavar tú a mí los pies?" Jesús le replicó: "Lo que estoy haciendo tú no lo entiendes ahora, pero lo comprenderás más tarde". Pedro le dijo: "Tú no me lavarás los pies jamás". Jesús le contestó: "Si no te lavo, no tendrás parte conmigo". Entonces le dijo Simón Pedro: "En ese caso, Señor, no sólo los pies, sino también las manos y la cabeza". Jesús le dijo: "El que se ha bañado no necesita lavarse más que los pies, porque todo él está limpio. Y ustedes están limpios, aunque no todos". Como sabía quién lo iba a entregar, por eso dijo: 'No todos están limpios'.

Cuando acabó de lavarles los pies, se puso otra vez el manto, volvió a la mesa y les dijo: "¿Comprenden lo que acabo de hacer con ustedes? Ustedes me llaman Maestro y Señor, y dicen bien, porque lo soy. Pues si yo, que soy el Maestro y el Señor, les he lavado los pies, también ustedes deben lavarse los pies los unos a los otros. Les he dado ejemplo, para que lo que yo he hecho con ustedes, también ustedes lo hagan".

Palabra del Señor.   ℟. **Gloria a ti, Señor Jesús.**

ORACIÓN SOBRE LAS OFRENDAS

Concédenos, Señor, participar dignamente en esta Eucaristía, porque cada vez que celebramos el memorial de la muerte de tu Hijo, se realiza la obra de nuestra redención. Por Jesucristo, nuestro Señor.

ANTÍFONA DE LA COMUNIÓN   1 Cor 11, 24-25

Éste es mi Cuerpo, que se da por ustedes. Este cáliz es la nueva alianza establecida por mi Sangre; cuantas veces lo beban, háganlo en memoria mía, dice el Señor.

ORACIÓN DESPUÉS DE LA COMUNIÓN

Señor, tú que nos permites disfrutar en esta vida de la Cena instituida por tu Hijo, concédenos participar también del banquete celestial en tu Reino. Por Jesucristo, nuestro Señor.

Terminada la Misa, el sacerdote lleva la reserva eucarística al sitio donde será guardada para la comunión de mañana. Estamos invitados a venir a orar durante la noche.

¿COMPRENDEN LO QUE ACABO DE HACER CON USTEDES?

○ Una pregunta para los apóstoles aquel primer Jueves Santo de la historia… y una buena pregunta para todos nosotros los cristianos en este Jueves Santo del año 2008.

○ Una pregunta a la que hay que responder, quitándonos el manto, es decir, quitándonos de la cabeza esa ideíta tonta de que nosotros no estamos para servicios humildes, de que para eso están los sirvientes, de que para eso no estudiamos, de que por eso pagamos, de que –en una palabra–, no nacimos para servir, sino para ser servidos.

○ Pero no basta para responder a esta pregunta con quitarnos el manto; hay que tomar la toalla y echar cada vez que podamos una manita con la secada de los platos en casa; tomar la escoba y pasarla por donde se necesite; tomar lo que sea y ayudar con el enfermo en casa y con todo lo que haya que limpiar…

○ Si no nos quitamos el manto de que "ése no es mi problema" y tomamos la toalla –la de nuestras habilidades, la de nuestro dinero, la de nuestros conocimientos, la de nuestra comprensión– no sólo para lavar y secar pies, sino para enjugar lágrimas y ayudar a los demás… no hemos comprendido lo que Cristo hizo con sus discípulos.

21 de marzo

Viernes Santo
(Rojo)

Este día en que celebramos la muerte de Cristo, escuchemos el llamamiento de aquel que ha muerto para darnos la vida, cuyos sufrimientos siguen resonando en aquellos que sufren y mueren.

¿Qué vamos a responder ante la cruz, señal de amor universal?

El día de hoy no hay Misa. La celebración consta de tres partes: Liturgia de la Palabra, Adoración de la Cruz y la Sagrada Comunión.

RITO DE ENTRADA

Concentrémonos, ante todo, en silencio, en la presencia de Dios y tomemos conciencia de nuestros pecados, que han causado la muerte de su Hijo en la cruz.

ORACIÓN

Padre nuestro misericordioso, santifica y protege siempre a esta familia tuya, por cuya salvación derramó su Sangre y resucitó glorioso Jesucristo, tu Hijo. El cual vive y reina...

℞. **Amén.**

LITURGIA DE LA PALABRA

PRIMERA LECTURA
Él fue traspasado por nuestros crímenes.

Del libro del profeta Isaías
52, 13–53, 12

He aquí que mi siervo prosperará,
    será engrandecido y exaltado,
será puesto en alto.
Muchos se horrorizaron al verlo,
porque estaba desfigurado su semblante,
que no tenía ya aspecto de hombre;
pero muchos pueblos se llenaron de asombro.
Ante él los reyes cerrarán la boca,
porque verán lo que nunca se les había contado
y comprenderán lo que nunca se habían imaginado.
    ¿Quién habrá de creer lo que hemos anunciado?
¿A quién se le revelará el poder del Señor?
Creció en su presencia como planta débil,
como una raíz en el desierto.
No tenía gracia ni belleza.
No vimos en él ningún aspecto atrayente;
despreciado y rechazado por los hombres,
varón de dolores, habituado al sufrimiento;
como uno del cual se aparta la mirada,
despreciado y desestimado.
    Él soportó nuestros sufrimientos
y aguantó nuestros dolores;
nosotros lo tuvimos por leproso,
herido por Dios y humillado,
traspasado por nuestras rebeliones,
triturado por nuestros crímenes.
Él soportó el castigo que nos trae la paz.
Por sus llagas hemos sido curados.
    Todos andábamos errantes como ovejas,
cada uno siguiendo su camino,
y el Señor cargó sobre él todos nuestros crímenes.
Cuando lo maltrataban, se humillaba y no abría la boca,
como un cordero llevado a degollar;
como oveja ante el esquilador,
enmudecía y no abría la boca.
    Inicuamente y contra toda justicia se lo llevaron.
¿Quién se preocupó de su suerte?
Lo arrancaron de la tierra de los vivos,
lo hirieron de muerte por los pecados de mi pueblo,
le dieron sepultura con los malhechores a la hora de su muerte,
aunque no había cometido crímenes, ni hubo engaño en su boca.

El Señor quiso triturarlo con el sufrimiento.
Cuando entregue su vida como expiación,
verá a sus descendientes, prolongará sus años
y por medio de él prosperarán los designios del Señor.
Por las fatigas de su alma, verá la luz y se saciará;
con sus sufrimientos justificará mi siervo a muchos,
cargando con los crímenes de ellos.

Por eso le daré una parte entre los grandes,
y con los fuertes repartirá despojos,
ya que indefenso se entregó a la muerte
y fue contado entre los malhechores,
cuando tomó sobre sí las culpas de todos
e intercedió por los pecadores.

Palabra de Dios.   ℟. **Te alabamos, Señor.**

SALMO RESPONSORIAL
Del salmo 30

B. Carrillo B.P. 1523

Pa - dre, en tus ma-nos en-co-mien-do mi_es-pí-ri-tu.

℟.   Padre, en tus manos encomiendo mi espíritu.

A ti, Señor, me acojo,
que no quede yo nunca defraudado.
En tus manos encomiendo mi espíritu
y tú, mi Dios leal, me librarás. ℟.

Se burlan de mí mis enemigos,
mis vecinos y parientes de mí se espantan,
los que me ven pasar huyen de mí.
Estoy en el olvido, como un muerto,
como un objeto tirado en la basura. ℟.

Pero yo, Señor, en ti confío.
Tú eres mi Dios,
y en tus manos está mi destino.
Líbrame de los enemigos que me persiguen. ℟.

Vuelve, Señor, tus ojos a tu siervo
y sálvame, por tu misericordia.
Sean fuertes y valientes de corazón,
ustedes, los que esperan en el Señor. ℟.

SEGUNDA LECTURA

Aprendió a obedecer y se convirtió en la causa de la salvación eterna para todos los que lo obedecen.

De la carta a los hebreos
4, 14-16; 5, 7-9

Hermanos: Jesús, el Hijo de Dios, es nuestro sumo sacerdote, que ha entrado en el cielo. Mantengamos firme la profesión de nuestra fe. En efecto, no tenemos un sumo sacerdote que no sea capaz de compadecerse de nuestros sufrimientos, puesto que él mismo ha pasado por las mismas pruebas que nosotros, excepto el pecado. Acerquémonos, por lo tanto, con plena confianza al trono de la gracia, para recibir misericordia, hallar la gracia y obtener ayuda en el momento oportuno.

Precisamente por eso, Cristo, durante su vida mortal, ofreció oraciones y súplicas, con fuertes voces y lágrimas, a aquel que podía librarlo de la muerte, y fue escuchado por su piedad. A pesar de que era el Hijo, aprendió a obedecer padeciendo, y llegado a su perfección, se convirtió en la causa de la salvación eterna para todos los que lo obedecen.

Palabra de Dios.   ℟. **Te alabamos, Señor.**

ACLAMACIÓN ANTES DEL EVANGELIO
Flp 2, 8-9

1188 B.P. Popular

Ho- nor   y glo- ria a ti, Se- ñor Je- sús.

℟.   Honor y gloria a ti, Señor Jesús.
Cristo se humilló por nosotros
y por obediencia aceptó incluso la muerte,
y una muerte de cruz.
Por eso Dios lo exaltó sobre todas las cosas
y le otorgó el nombre que está sobre todo nombre.
℟.   Honor y gloria a ti, Señor Jesús.

PASIÓN DE NUESTRO SEÑOR JESUCRISTO SEGÚN SAN JUAN
18, 1–19, 42

Apresaron a Jesús y lo ataron

En aquel tiempo, Jesús fue con sus discípulos al otro lado del torrente Cedrón, donde había un huerto, y entraron allí él y sus discípulos. Judas, el traidor, conocía también el sitio, porque Jesús se reunía a menudo allí con sus discípulos.

Entonces Judas tomó un batallón de soldados y guardias de los sumos sacerdotes y de los fariseos y entró en el huerto con linternas, antorchas y armas.

Jesús, sabiendo todo lo que iba a suceder, se adelantó y les dijo: "¿A quién buscan?" Le contestaron: "A Jesús, el nazareno". Les dijo Jesús: "Yo soy". Estaba también con ellos Judas, el traidor. Al decirles 'Yo soy', retrocedieron y cayeron a tierra. Jesús les volvió a preguntar: "¿A quién buscan?" Ellos dijeron: "A Jesús, el nazareno". Jesús contestó: "Les he dicho que soy yo. Si me buscan a mí, dejen que éstos se vayan". Así se cumplió lo que Jesús había dicho: 'No he perdido a ninguno de los que me diste'.

Entonces Simón Pedro, que llevaba una espada, la sacó e hirió a un criado del sumo sacerdote y le cortó la oreja derecha. Este criado se llamaba Malco. Dijo entonces Jesús a Pedro: "Mete la espada en la vaina. ¿No voy a beber el cáliz que me ha dado mi Padre?"

Llevaron a Jesús primero ante Anás

El batallón, su comandante y los criados de los judíos apresaron a Jesús, lo ataron y lo llevaron primero ante Anás, porque era suegro de Caifás, sumo sacerdote aquel año. Caifás era el que había dado a los judíos este consejo: 'Conviene que muera un solo hombre por el pueblo'.

Simón Pedro y otro discípulo iban siguiendo a Jesús. Este discípulo era conocido del sumo sacerdote y entró con Jesús en el palacio del sumo sacerdote, mientras Pedro se quedaba fuera, junto a la puerta. Salió el otro discípulo, el conocido del sumo sacerdote, habló con la portera e hizo entrar a Pedro. La portera dijo entonces a Pedro: "¿No eres tú también uno de los discípulos de ese hombre?" Él dijo: "No lo soy". Los criados y los guardias habían encendido un brasero, porque hacía frío, y se calentaban. También Pedro estaba con ellos de pie, calentándose.

El sumo sacerdote interrogó a Jesús acerca de sus discípulos y de su doctrina. Jesús le contestó: "Yo he hablado abiertamente al mundo y he enseñado continuamente en la sinagoga y en el templo, donde se reúnen todos los judíos, y no he dicho nada a escondidas. ¿Por qué me interrogas a mí? Interroga a los que me han oído, sobre lo que les he hablado. Ellos saben lo que he dicho".

Apenas dijo esto, uno de los guardias le dio una bofetada a Jesús, diciéndole: "¿Así contestas al sumo sacerdote?" Jesús le respondió: "Si he faltado al hablar, demuestra en qué he faltado; pero si he hablado como se debe, ¿por qué me pegas?" Entonces Anás lo envió atado a Caifás, el sumo sacerdote.

¿No eres tú también uno de sus discípulos? No lo soy

Simón Pedro estaba de pie, calentándose, y le dijeron: "¿No eres tú también uno de sus discípulos?" Él lo negó diciendo: "No lo soy". Uno de los criados del sumo sacerdote, pariente de aquel a quien Pedro le había cortado la oreja, le dijo: "¿Qué no te vi yo con él en el huerto?" Pedro volvió a negarlo y enseguida cantó un gallo.

Mi Reino no es de este mundo

Llevaron a Jesús de casa de Caifás al pretorio. Era muy de mañana y ellos no entraron en el palacio para no incurrir en impureza y poder así comer la cena de Pascua.

Salió entonces Pilato a donde estaban ellos y les dijo: "¿De qué acusan a este hombre?" Le contestaron: "Si éste no fuera un malhechor, no te lo hubiéramos traído". Pilato les dijo: "Pues llévenselo y júzguenlo según su ley". Los judíos le respondieron: "No estamos autorizados para dar muerte a nadie". Así se cumplió lo que había dicho Jesús, indicando de qué muerte iba a morir.

Entró otra vez Pilato en el pretorio, llamó a Jesús y le dijo: "¿Eres tú el rey de los judíos?" Jesús le contestó: "¿Eso lo preguntas por tu cuenta o te lo han dicho otros?" Pilato le respondió: "¿Acaso soy yo judío? Tu pueblo y los sumos sacerdotes te han entregado a mí. ¿Qué es lo que has hecho?" Jesús le contestó: "Mi Reino no es de este mundo. Si mi Reino fuera de este mundo, mis servidores habrían luchado para que no cayera yo en manos de los judíos. Pero mi Reino no es de aquí". Pilato le dijo: "¿Conque tú eres rey?" Jesús le contestó: "Tú lo has dicho. Soy rey. Yo nací y vine al mundo para ser testigo de la verdad. Todo el que es de la verdad, escucha mi voz". Pilato le dijo: "¿Y qué es la verdad?"

Dicho esto, salió otra vez a donde estaban los judíos y les dijo: "No encuentro en él ninguna culpa. Entre ustedes es costumbre que por Pascua ponga en libertad a un preso. ¿Quieren que les suelte al rey de los judíos?" Pero todos ellos gritaron: "¡No, a ése no! ¡A Barrabás!" (El tal Barrabás era un bandido).

¡Viva el rey de los judíos!

Entonces Pilato tomó a Jesús y lo mandó azotar. Los soldados trenzaron una corona de espinas, se la pusieron en la cabeza, le echaron encima un manto color púrpura, y acercándose a él, le decían: "¡Viva el rey de los judíos!", y le daban de bofetadas.

Pilato salió otra vez afuera y les dijo: "Aquí lo traigo para que sepan que no encuentro en él ninguna culpa". Salió, pues, Jesús, llevando la corona de espinas y el manto color púrpura. Pilato les dijo: "Aquí está el hombre". Cuando lo vieron los sumos sacerdotes y sus servidores, gritaron: "¡Crucifícalo, crucifícalo!" Pilato les dijo: "Llévenselo ustedes y crucifíquenlo, porque yo no encuentro culpa en él". Los judíos le contestaron: "Nosotros tenemos una ley y según esa ley tiene que morir, porque se ha declarado Hijo de Dios".

Cuando Pilato oyó estas palabras, se asustó aún más, y entrando otra vez en el pretorio, dijo a Jesús: "¿De dónde eres tú?" Pero Jesús no le respondió. Pilato le dijo entonces: "¿A mí no me hablas? ¿No sabes que tengo autoridad para soltarte y autoridad para crucificarte?" Jesús le contestó: "No tendrías ninguna autoridad sobre mí, si no te la hubieran dado de lo alto. Por eso, el que me ha entregado a ti tiene un pecado mayor".

¡Fuera, fuera! Crucifícalo

Desde ese momento Pilato trataba de soltarlo, pero los judíos gritaban: "¡Si sueltas a ése, no eres amigo del César!; porque todo el que pretende ser rey, es enemigo del César". Al oír estas palabras, Pilato sacó a Jesús y lo sentó en el tribunal, en el sitio que llaman "el Enlosado" (en hebreo Gábbata). Era el día de la preparación de la Pascua, hacia el mediodía. Y dijo Pilato a los judíos: "Aquí tienen a su rey". Ellos gritaron: "¡Fuera, fuera! ¡Crucifícalo!" Pilato les dijo: "¿A su rey voy a crucificar?" Contestaron los sumos sacerdotes: "No tenemos más rey que el César". Entonces se lo entregó para que lo crucificaran.

Crucificaron a Jesús y con él a otros dos

Tomaron a Jesús, y él, cargando con la cruz se dirigió hacia el sitio llamado "la Calavera" (que en hebreo se dice Gólgota), donde lo crucificaron, y con él a otros dos, uno de cada lado, y en medio Jesús. Pilato mandó escribir un letrero y ponerlo encima de la cruz; en él estaba escrito: 'Jesús el nàzareno, el rey de los judíos'. Leyeron el letrero muchos judíos, porque estaba cerca el lugar donde crucificaron a Jesús y estaba escrito en hebreo, latín y griego. Entonces los sumos sacerdotes de los judíos le dijeron a Pilato: "No escribas: 'El rey de los judíos', sino: 'Éste ha dicho: Soy rey de los judíos'". Pilato les contestó: "Lo escrito, escrito está".

Se repartieron mi ropa

Cuando crucificaron a Jesús, los soldados cogieron su ropa e hicieron cuatro partes, una para cada soldado, y apartaron la túnica. Era una túnica sin costura, tejida toda de una pieza de arriba a abajo. Por eso se dijeron: "No la rasguemos, sino echemos suertes para ver a quién le toca". Así se cumplió lo que dice la Escritura: *Se repartieron mi ropa y echaron a suerte mi túnica.* Y eso hicieron los soldados.

Ahí está tu hijo - Ahí está tu madre

Junto a la cruz de Jesús estaban su madre, la hermana de su madre, María la de Cleofás, y María Magdalena. Al ver a su madre y junto a ella al discípulo que tanto quería, Jesús dijo a su madre: "Mujer, ahí está tu hijo". Luego dijo al discípulo: "Ahí está tu madre". Y desde aquella hora el discípulo se la llevó a vivir con él.

Todo está cumplido

Después de esto, sabiendo Jesús que todo había llegado a su término, para que se cumpliera la Escritura dijo: *"Tengo sed"*. Había allí un jarro lleno de vinagre. Los soldados sujetaron una esponja empapada en vinagre a una caña de hisopo y se la acercaron a la boca. Jesús probó el vinagre y dijo: "Todo está cumplido", e inclinando la cabeza, entregó el espíritu.

Aquí se arrodillan todos y se hace una breve pausa.

Inmediatamente salió sangre y agua

Entonces, los judíos, como era el día de la preparación de la Pascua, para que los cuerpos de los ajusticiados no se quedaran en la cruz el sábado, porque aquel sábado era un día muy solemne, pidieron a Pilato que les quebraran las piernas y los quitaran de la cruz. Fueron los soldados, le quebraron las piernas a uno y luego al otro de los que habían sido crucificados con él. Pero al llegar a Jesús, viendo que ya había muerto, no le quebraron las piernas, sino que uno de los soldados le traspasó el costado con una lanza e inmediatamente salió sangre y agua.

El que vio da testimonio de esto y su testimonio es verdadero y él sabe que dice la verdad, para que también ustedes crean. Esto sucedió para que se cumpliera lo que dice la Escritura: *No le quebrarán ningún hueso;* y en otro lugar la Escritura dice: *Mirarán al que traspasaron.*

Vendaron el cuerpo de Jesús y lo perfumaron

Después de esto, José de Arimatea, que era discípulo de Jesús, pero oculto por miedo a los judíos, pidió a Pilato que lo dejara llevarse el cuerpo de Jesús. Y Pilato lo autorizó. Él fue entonces y se llevó el cuerpo.

Llegó también Nicodemo, el que había ido a verlo de noche, y trajo unas cien libras de una mezcla de mirra y áloe.

Tomaron el cuerpo de Jesús, y lo envolvieron en lienzos con esos aromas, según se acostumbra enterrar entre los judíos. Había un huerto en el sitio donde lo crucificaron, y en el huerto, un sepulcro nuevo, donde nadie había sido enterrado todavía. Y como para los judíos era el día de la preparación de la Pascua y el sepulcro estaba cerca, allí pusieron a Jesús.

Palabra del Señor.   ℞. **Gloria a ti, Señor Jesús.**

ORACIÓN UNIVERSAL

1. Por la santa Iglesia

Oremos, hermanos, por la santa Iglesia de Dios, para que el Señor le conceda la paz y la unidad, la proteja en todo el mundo y nos conceda una vida serena, para alabar a Dios Padre todopoderoso.

Se ora un momento en silencio. Luego prosigue el sacerdote:

Dios todopoderoso y eterno, que en Cristo revelaste tu gloria a todas las naciones, conserva la obra de tu amor, para que tu Iglesia, extendida por todo el mundo, persevere con fe inquebrantable en la confesión de tu nombre. Por Jesucristo, nuestro Señor. ℞. **Amén.**

2. Por el Papa

Oremos también por nuestro Santo Padre, el Papa N., para que Dios nuestro Señor, que lo eligió entre los obispos, lo asista y proteja para bien de su Iglesia, como guía y pastor del pueblo santo de Dios.

Se ora un momento en silencio. Luego prosigue el sacerdote:

Dios todopoderoso y eterno, cuya providencia gobierna todas las cosas, atiende a nuestras súplicas y protege con tu amor al Papa que nos has elegido, para que el pueblo cristiano, confiado por ti a su guía pastoral, progrese siempre en la fe. Por Jesucristo, nuestro Señor. ℞. **Amén.**

3. Por el pueblo de Dios y sus ministros

Oremos también por nuestro obispo N., por todos los obispos, presbíteros, diáconos, por todos los que ejercen algún ministerio en la Iglesia y por todo el pueblo de Dios.

Se ora un momento en silencio. Luego prosigue el sacerdote:

Dios todopoderoso y eterno, que con tu Espíritu santificas y gobiernas a toda tu Iglesia, escucha nuestras súplicas y concédenos tu gracia, para que todos, según nuestra vocación, podamos servirte con fidelidad. Por Jesucristo, nuestro Señor. ℞. **Amén.**

4. Por los catecúmenos

Oremos también por los (nuestros) catecúmenos, para que Dios nuestro Señor los ilumine interiormente y les comunique su amor; y para que, mediante el bautismo, se les perdonen todos sus pecados y queden incorporados a Cristo nuestro Señor.

Se ora un momento en silencio. Luego prosigue el sacerdote:

Dios todopoderoso y eterno, que sin cesar concedes nuevos hijos a tu Iglesia, aumenta en los (nuestros) catecúmenos el conocimiento de su fe, para que puedan renacer por el bautismo a la vida nueva de tus hijos de adopción. Por Jesucristo, nuestro Señor. ℞. **Amén.**

5. Por la unidad de los cristianos

Oremos también por todos los hermanos que creen en Cristo, para que Dios nuestro Señor les conceda vivir sinceramente lo que profesan y se digne reunirlos para siempre en un solo rebaño, bajo un solo pastor.

Se ora un momento en silencio. Luego prosigue el sacerdote:

Dios todopoderoso y eterno, tú que reúnes a los que están dispersos y los mantienes en la unidad, mira con amor a todos los cristianos, a fin de que, cuantos están consagrados por un solo bautismo, formen una sola familia, unida por el amor y la integridad de la fe. Por Jesucristo, nuestro Señor. ℞. **Amén.**

6. Por los judíos

Oremos también por el pueblo judío, al que Dios se dignó hablar por medio de los profetas, para que el Señor le conceda progresar continuamente en el amor a su nombre y en la fidelidad a su alianza.

Se ora un momento en silencio. Luego prosigue el sacerdote:

Dios todopoderoso y eterno, que prometiste llenar de bendiciones a Abraham y a su descendencia, escucha las súplicas de tu Iglesia, y concede al pueblo de la primitiva alianza alcanzar la plenitud de la redención. Por Jesucristo, nuestro Señor. ℞. **Amén.**

7. Por los que no creen en Cristo

Oremos también por los que no creen en Cristo, para que, iluminados por el Espíritu Santo, puedan encontrar el camino de la salvación.

Se ora un momento en silencio. Luego prosigue el sacerdote:

Dios todopoderoso y eterno, concede a quienes no creen en Cristo buscar sinceramente agradarte, para que encuentren la verdad; y a nosotros tus fieles, concédenos progresar en el amor fraterno y en el deseo de conocerte más, para dar al mundo un testimonio creíble de tu amor. Por Jesucristo, nuestro Señor. ℞. **Amén.**

8. Por los que no creen en Dios

Oremos también por los que no conocen a Dios, para que obren siempre con bondad y rectitud y puedan llegar así a conocer a Dios.

Se ora un momento en silencio. Luego prosigue el sacerdote:

Dios todopoderoso y eterno, que has hecho a los hombres en tal forma que en todo, aun sin saberlo, te busquen y sólo al encontrarte hallen descanso, concédenos que, en medio de las adversidades de este mundo, todos reconozcan las señales de tu amor y, estimulados por el testimonio de nuestra vida, tengan por fin la alegría de creer en ti, único Dios verdadero y Padre de todos los hombres. Por Jesucristo, nuestro Señor. ℞. **Amén.**

9. Por los gobernantes

Oremos también por los jefes de Estado y todos los responsables de los asuntos públicos, para que Dios nuestro Señor les inspire decisiones que promuevan el bien común, en un ambiente de paz y libertad.

Se ora un momento en silencio. Luego prosigue el sacerdote:

Dios todopoderoso y eterno, en cuya mano está mover el corazón de los hombres y defender los derechos de los pueblos, mira con bondad a nuestros gobernantes, para que, con tu ayuda, promuevan una paz duradera, un auténtico progreso social y una verdadera libertad religiosa. Por Jesucristo, nuestro Señor. ℞. **Amén.**

10. Por los que se encuentran en alguna tribulación

Oremos, hermanos, a Dios Padre todopoderoso, para que libre al mundo de todas sus miserias, dé salud a los enfermos y pan a los que tienen hambre, libere a los encarcelados y haga justicia a los oprimidos, conceda seguridad a los que viajan, un pronto retorno a los que se encuentran lejos del hogar y la vida eterna a los moribundos.

Se ora un momento en silencio. Luego prosigue el sacerdote:

Dios todopoderoso y eterno, consuelo de los afligidos y fortaleza de los que sufren, escucha a los que te invocan en su tribulación, para que experimenten todos la alegría de tu misericordia. Por Jesucristo, nuestro Señor. ℞. **Amén.**

ADORACIÓN DE LA SANTA CRUZ

Cuando el sacerdote nos presenta la cruz para venerarla, recordemos las palabras de Jesús: "Así como levantó Moisés la serpiente de bronce en el desierto, así tiene que ser levantado el Hijo del hombre, para que todo el que crea, tenga por él la vida eterna" (Jn 3, 14).

INVITATORIO AL PRESENTAR LA SANTA CRUZ

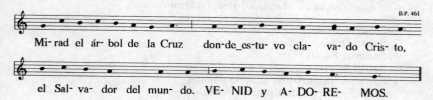

B.P. 461

Mi- rad el ár- bol de la Cruz   don-de_es-tu- vo cla- va- do Cris- to,

el Sal- va- dor del mun- do. VE- NID y A- DO- RE- MOS.

℣. Mirad el árbol de la Cruz donde estuvo clavado Cristo,
el Salvador del mundo.
℟. **Venid y adoremos.**

*El sacerdote, el clero y los fieles se acercan procesionalmente y adoran la cruz,
haciendo delante de ella una genuflexión simple o algún otro signo de veneración (como el de besarla), según la costumbre de la región.*

*Los cánticos que acompañan nuestro homenaje a la cruz celebran la vic-
toria del Señor o recuerdan los reproches hechos por Dios a su pueblo, a cada
uno de nosotros: "Vino a los suyos y los suyos no lo recibieron" (Jn 1, 11).*

*Las partes que corresponden al primer coro, se indican con el número
1; las que corresponden al segundo, con el número 2; las que deben cantarse
juntamente por los dos coros, con los números 1 y 2.*

1 y 2. ANTÍFONA
Tu Cruz adoramos, Señor,
y tu santa resurrección alabamos y glorificamos,
pues del árbol de la Cruz
ha venido la alegría al mundo entero.

1. SALMO 66, 2
**Que el Señor se apiade de nosotros y nos bendiga,
que nos muestre su rostro radiante y misericordioso.**

1 y 2. ANTÍFONA
Tu Cruz adoramos, Señor,
y tu santa resurrección alabamos y glorificamos,
pues del árbol de la Cruz
ha venido la alegría al mundo entero.

IMPROPERIOS I
1 y 2. Pueblo mío, ¿qué mal te he causado,
o en qué cosa te he ofendido? Respóndeme.

1. ¿Porque yo te saqué de Egipto,
tú le has preparado una cruz a tu Salvador?

2.   Pueblo mío, ¿qué mal te he causado,
     o en qué cosa te he ofendido? Respóndeme.

     1. Sanctus Deus.
     2. Santo Dios.
     1. Sanctus Fortis.
     2. Santo fuerte.
     1. Sanctus Immortalis, miserere nobis.
     2. Santo inmortal, ten piedad de nosotros.

1 y 2. ¿Porque yo te guíe cuarenta años por el desierto,
        te alimenté con el maná y te introduje en una tierra fértil,
        tú le preparaste una cruz a tu Salvador?

     Sanctus Deus, etc.

1 y 2. ¿Qué más pude hacer, o qué dejé sin hacer por ti?
        Yo mismo te elegí y te planté, hermosa viña mía,
        pero tú te has vuelto áspera y amarga conmigo,
        porque en mi sed me diste de beber vinagre
        y has plantado una lanza en el costado a tu Salvador.

     Sanctus Deus, etc.

IMPROPERIOS II

1.   Por ti yo azoté a Egipto y a sus primogénitos
     y tú me has entregado para que me azoten.

2.   ℟. **Pueblo mío, ¿qué mal te he causado,
     o en qué cosa te he ofendido? Respóndeme.**

1.   Yo te saqué de Egipto y te libré del faraón en el Mar Rojo
     y tú me has entregado a los sumos sacerdotes. 2. ℟.
1.   Yo te abrí camino por el mar,
     y tú me has abierto el costado con tu lanza. 2. ℟.
1.   Yo te serví de guía con una columna de nubes
     y tú me has conducido al pretorio de Pilato. 2. ℟.
1.   Yo te di de comer maná en el desierto
     y tú me has dado de bofetadas y de azotes. 2. ℟.
1.   Yo te di a beber el agua salvadora que brotó de la peña
     y tú me has dado a beber hiel y vinagre. 2. ℟.
1.   Por ti yo herí a los reyes cananeos
     y tú, con una caña, me has herido en la cabeza. 2. ℟.
1.   Yo puse en tus manos un cetro real
     y tú me has puesto en la cabeza una corona de espinas. 2. ℟.
1.   Yo te exalté con mi omnipotencia
     y tú me has hecho subir a la deshonra de la Cruz. 2. ℟.

HIMNO

Después de cada estrofa, se van diciendo alternados los versos ℟. *1 y* ℟. *2.*

Cruz amable y redentora,
árbol noble, espléndido.
Ningún árbol fue tan rico,
ni en sus frutos ni en su flor.
Dulce leño, dulces clavos,
dulce el fruto que nos dio.

Canta, oh lengua jubilosa,
el combate singular
en que el Salvador del mundo,
inmolado en una cruz,
con su sangre redentora
a los hombres rescató.

℟. 1. **Cruz amable y redentora,**
árbol noble, espléndido.
Ningún árbol fue tan rico,
ni en sus frutos ni en su flor.

Cuando Adán, movido a engaño,
comió el fruto del Edén,
el Creador, compadecido,
desde entonces decretó
que un árbol nos devolviera
lo que un árbol nos quitó.

℟. 2. **Dulce leño, dulces clavos,**
dulce el fruto que nos dio.

Quiso, con sus propias armas,
vencer Dios al seductor,
la sabiduría a la astucia
fiero duelo le aceptó,
para hacer surgir la vida
donde la muerte brotó. ℟. 1.

Cuando el tiempo hubo llegado,
el Eterno nos envió
a su Hijo desde el cielo,
Dios eterno como él,
que en el seno de una Virgen
carne humana revistió. ℟. 2.

Hecho un niño está llorando,
de un pesebre en la estrechez.
En Belén, la Virgen madre
en pañales lo envolvió.
He allí al Dios potente,
pobre, débil, párvulo. ℟. 1.

Cuando el cuerpo del Dios-Hombre
alcanzó su plenitud,
al tormento, libremente,
cual cordero, se entregó
pues a ello vino al mundo
a morir en una cruz. ℟. 2.

Ya se enfrenta a las injurias,
a los golpes y al rencor,
ya la sangre está brotando
de la fuente de salud.
En qué río tan divino
se ha lavado la creación. ℟. 1.

Árbol santo, cruz excelsa,
tu dureza ablanda ya,
que tus ramas se doblegüen
al morir el Redentor
y en tu tronco, suavizado,
lo sostengas con piedad. ℟. 2.

Feliz puerto preparaste
para el mundo náufrago
y el rescate presentaste
para nuestra redención,
pues la Sangre del Cordero
en tus brazos se ofrendó. ℟. 1.

Conclusión que nunca debe omitirse:
Elevemos jubilosos
a la augusta Trinidad
nuestra gratitud inmensa
por su amor y redención,
al eterno Padre, al Hijo,
y al Espíritu de amor.
Amén.

SAGRADA COMUNIÓN

Sacerdote:

Fieles a la recomendación del Salvador,
y siguiendo su divina enseñanza,
nos atrevemos a decir:

El sacerdote, con las manos extendidas, dice junto con el pueblo:

**Padre nuestro, que estás en el cielo,
santificado sea tu nombre;
venga a nosotros tu reino;
hágase tu voluntad en la tierra como en el cielo.
Danos hoy nuestro pan de cada día;
perdona nuestras ofensas,
como también nosotros perdonamos
a los que nos ofenden;
no nos dejes caer en la tentación,
y líbranos del mal.**

El sacerdote, con las manos extendidas, prosigue él solo en voz alta:

Líbranos de todos los males, Señor,
y concédenos la paz en nuestros días,
para que, ayudados por tu misericordia,
vivamos siempre libres de pecado
y protegidos de toda perturbación,
mientras esperamos la gloriosa venida
de nuestro Salvador Jesucristo.

El sacerdote junta las manos. El pueblo concluye la oración, aclamando:

**Tuyo es el reino,
tuyo el poder y la gloria por siempre, Señor.**

A continuación el sacerdote, con las manos juntas, dice en secreto:

Señor Jesucristo,
la comunión de tu Cuerpo
no sea para mí un motivo de juicio y condenación,
sino que, por tu piedad,
me aproveche para defensa de alma y cuerpo
y como remedio saludable.

Enseguida hace genuflexión, toma una partícula, la mantiene un poco elevada sobre la patena y dice en voz alta:

Éste es el Cordero de Dios
que quita el pecado del mundo.
Dichosos los invitados a la cena del Señor.

Y, juntamente con el pueblo, añade una sola vez:

**Señor, no soy digno
de que entres en mi casa,
pero una palabra tuya
bastará para sanarme.**

Luego, comulga reverentemente el Cuerpo de Cristo.

Después distribuye la comunión a los fieles. Durante la comunión se pueden entonar cantos apropiados.

ORACIÓN DESPUÉS DE LA COMUNIÓN

Oremos. Dios todopoderoso y eterno, que nos has redimido con la gloriosa muerte y resurrección de Jesucristo, por medio de nuestra participación en este sacramento, prosigue en nosotros la obra de tu amor y ayúdanos a vivir entregados siempre a tu servicio. Por Jesucristo, nuestro Señor. ℟. **Amén.**

ORACIÓN SOBRE EL PUEBLO

Envía, Señor, tu bendición sobre estos fieles tuyos que han conmemorado la muerte de tu Hijo y esperan resucitar con él; concédeles tu perdón y tu consuelo, fortalece su fe y condúcelos a su eterna salvación. Por Jesucristo, nuestro Señor. ℟. **Amén.**

¡CRUCIFÍCALO! ¡ABÓRTALO!

† En la primera Semana Santa de la historia, la multitud, azuzada por los sumos sacerdotes de los judíos, pidieron la muerte del hombre más inocente que ha existido sobre la tierra, al grito de "**¡Crucifícalo, crucifícalo!**"

† Los tiempos y los gritos han cambiado, pero la triste realidad no: hoy, como ayer, se sigue pidiendo a gritos la muerte de los inocentes.

† Hace más de 20 siglos se pidió la muerte de Jesús al grito de "**¡Crucifícalo, crucifícalo!**" Ahora se pide al de "**¡Abórtalo, abórtalo!**"... pero es exactamente lo mismo.

Pascua

La Pascua es el tiempo litúrgico más solemne de todo el año. En él celebramos y meditamos durante cincuenta días lo central de nuestra fe. Cristo venció al mal, al pecado y a la misma muerte, y con el Resucitado también vencemos quienes nos unimos a él en la Iglesia por medio del Bautismo y los demás sacramentos.

El color litúrgico propio de la Pascua es el blanco.

Durante los seis primeros domingos, la Palabra de Dios proclama el acontecimiento de la resurrección de Jesús no sólo para que lo recordemos, sino para que nuestra fe se robustezca, ante los momentos de oscuridad y sufrimiento que seguramente se van a seguir presentando en la vida del cristiano y de la Iglesia.

La muerte de Jesús no es un fracaso: es la más grande muestra de amor de Dios por la humanidad.

Necesitamos estar unidos al Resucitado para que seamos capaces de dar frutos verdaderos de vida cristiana.

22 de marzo

Vigilia Pascual
(Blanco)

¿Por qué nos reunimos en la noche?

Tratamos de buscar a Dios y la noche se presta. Nos ofrece recogimiento, tiene un atractivo especial para aquellos que quieren hablar con Dios. Es la hora en que el corazón vela esperando a su Señor.

Por otro lado, Jesucristo resucitó en la noche, a una hora en que nadie esperaba. Pero esta noche es la noche más importante para el mundo. Nosotros vivimos en una noche permanente. Noche de duda, noche de pecado, noche de falta de fe, noche de decepciones, de amores que no son fieles. En medio de esta noche nuestra, que es la "hora del poder de las tinieblas", resucitó Jesucristo, nuestra luz.

En esta noche acogemos en nuestro corazón:
a Cristo, nuestra única LUZ,
a Cristo, la PALABRA DE DIOS,
a Cristo, que es la VIDA,
a Cristo, que es el PAN y el VINO, alimento para el camino.

LUCERNARIO O SOLEMNE COMIENZO DE LA VIGILIA

El sacerdote saluda, como de costumbre, al pueblo congregado y le hace una breve exhortación, con estas palabras u otras semejantes:

Hermanos: En esta noche santa, en que nuestro Señor Jesucristo pasó de la muerte a la vida, la Iglesia invita a todos sus hijos, diseminados por el mundo, a que se reúnan para velar en oración. Conmemoremos, pues, juntos, la Pascua del Señor, escuchando su palabra y participando en sus sacramentos, con la esperanza cierta de participar también en su triunfo sobre la muerte y de vivir con él para siempre en Dios.

BENDICIÓN DEL FUEGO

El fuego nuevo puede ser pequeño (en el interior de la iglesia) o imponente (en el atrio). En el segundo caso convendría que la ceremonia se pareciera a una reunión popular, como a una fogata de campamento.

El fuego nuevo que brilla en medio de la oscuridad no debe distraer nuestra atención del símbolo principal, que es el cirio pascual.

Oremos.
Dios nuestro, que por medio de tu Hijo nos has comunicado el fuego de tu vida divina, bendice + este fuego nuevo y haz que estas fiestas pascuales enciendan en nosotros el deseo del cielo, para que podamos llegar con un espíritu renovado a la fiesta gloriosa de tu Reino. Por Jesucristo, nuestro Señor. ℟. **Amén.**

PREPARACIÓN DEL CIRIO

Se enciende el cirio pascual en el fuego nuevo. El cirio, que se consume para iluminar, es para nosotros un signo de Cristo resucitado y glorioso.

Cristo ayer y hoy,
Principio y fin, Alfa y Omega.
Suyo es el tiempo y la eternidad.
A él la gloria y el poder,
por los siglos de los siglos. Amén.

Por sus santas llagas gloriosas,
nos proteja y nos guarde
Jesucristo, nuestro Señor. Amén.

Que la luz de Cristo, resucitado y glorioso,
disipe las tinieblas de nuestro corazón
y de nuestro espíritu.
Amén.

PROCESIÓN

La llama que avanza por en medio de la iglesia oscura, va iluminando progresivamente las cosas y las personas. De igual manera, Jesucristo, desde su resurrección en medio del silencio, no ha dejado de penetrar en el mundo para transfigurarlo.

B.P. 463

℣. Cris - to, luz del mun - do. ℟. De - mos gra - cias a Dios.

Cada uno va encendiendo su vela. Nos comunicamos la llama del cirio pascual, que es la luz de Cristo. Nos comunicamos unos a otros la fe y la esperanza. Todos participamos en la obra de la luz. Todos participamos en la única resurrección, que es la de Cristo.

PREGÓN PASCUAL

Se coloca solemnemente el cirio pascual en un candelabro. El diácono (o algún otro ministro) proclama la alegría del mundo renovado: alegría para todos, aun para aquellos que están afligidos.

Alégrense, por fin, los coros de los ángeles, alégrense las jerarquías del cielo y, por la victoria de rey tan poderoso, que las trompetas anuncien la salvación.

Goce también la tierra, inundada de tanta claridad y que, radiante con el fulgor del rey eterno, se sienta libre de la tiniebla que cubría el orbe entero.

Alégrese también nuestra madre la Iglesia, revestida de luz tan brillante; resuene este templo con las aclamaciones del pueblo.

(Por eso, queridos hermanos, que asisten a la admirable claridad de esta luz santa, invoquen conmigo la misericordia de Dios omnipotente para que aquel que, sin mérito mío, me agregó al número de los diáconos, complete mi alabanza a este cirio, infundiendo el resplandor de su luz).

℣. El Señor esté con ustedes.
℟. Y con tu espíritu.)
℣. Levantemos el corazón.
℟. Lo tenemos levantado hacia el Señor.
℣. Demos gracias al Señor, nuestro Dios.
℟. Es justo y necesario.

En verdad es justo y necesario aclamar con nuestras voces y con todo el afecto del corazón, a Dios invisible, el Padre todopoderoso, y a su único Hijo, nuestro Señor Jesucristo.

Porque él ha pagado por nosotros al eterno Padre la deuda de Adán y ha borrado, con su sangre inmaculada, la condena del antiguo pecado. Porque éstas son las fiestas de Pascua, en las que se inmola el verdadero Cordero, cuya sangre consagra las puertas de los fieles.

Ésta es la noche en que sacaste de Egipto a los israelitas, nuestros padres, y los hiciste pasar a pie el Mar Rojo.

Ésta es la noche en que la columna de fuego esclareció las tinieblas del pecado.

Ésta es la noche que a todos los que creen en Cristo, por toda la tierra, los arranca de los vicios del mundo y de la oscuridad del pecado, los restituye a la gracia y los agrega a los santos.

Ésta es la noche en que, rotas las cadenas de la muerte, Cristo asciende victorioso del abismo. ¿De qué nos serviría haber nacido si no hubiéramos sido rescatados? ¡Qué asombroso beneficio de tu amor por nosotros! ¡Qué incomparable ternura y caridad! ¡Para rescatar al esclavo entregaste al Hijo!

Necesario fue el pecado de Adán, que ha sido borrado por la muerte de Cristo. ¡Feliz la culpa que mereció tal Redentor!

¡Qué noche tan dichosa! Sólo ella conoció el momento en que Cristo resucitó del abismo. Ésta es la noche de la que estaba escrito: "Será la noche clara como el día, la noche iluminada por mi gozo".

Y así, esta noche santa ahuyenta los pecados, lava las culpas, devuelve la inocencia a los caídos, la alegría a los tristes, expulsa el odio, trae la concordia, doblega a los poderosos.

En esta noche de gracia, acepta, Padre santo, el sacrificio vespertino de alabanza, que la santa Iglesia te ofrece en la solemne ofrenda de este cirio, obra de las abejas.

Sabemos ya lo que anuncia esta columna de fuego, que arde en llama viva para la gloria de Dios. Y aunque distribuye su luz, no mengua al repartirla, porque se alimenta de cera fundida que elaboró la abeja fecunda para hacer esta lámpara preciosa.

¡Qué noche tan dichosa, en que se une el cielo con la tierra, lo humano con lo divino!

Te rogamos, Señor, que este cirio consagrado a tu nombre para destruir la oscuridad de esta noche, arda sin apagarse y, aceptado como perfume, se asocie a las lumbreras del cielo. Que el lucero matinal lo encuentre ardiendo, ese lucero que no conoce ocaso, Jesucristo, tu Hijo, que volviendo del abismo, brilla sereno para el linaje humano y vive y reina por los siglos de los siglos.

℟. **Amén.**

LITURGIA DE LA PALABRA

A la luz de Cristo, simbolizado por el cirio pascual, escuchemos la Biblia, que nos relata las intervenciones de Dios en la historia de su pueblo. Es una historia que nos interesa a todos, porque preparaba el camino de aquel que vino a salvarnos a todos.

Hermanos, con el pregón solemne de la Pascua, hemos entrado ya en la noche santa de la resurrección del Señor. Escuchemos con recogimiento la Palabra de Dios. Meditemos cómo, en la Antigua Alianza, Dios salvó a su pueblo y, en la plenitud de los tiempos, envió al mundo a su Hijo para que nos redimiera.

Oremos para que Dios, nuestro Padre, conduzca a su plenitud esta obra de salvación, iniciada con la muerte y resurrección de Jesucristo.

En esta Vigilia se proponen nueve lecturas, siete del Antiguo Testamento y dos del Nuevo (la Epístola y el Evangelio). Si las circunstancias pastorales lo piden, el número de lecturas del Antiguo Testamento puede reducirse hasta tres y, en caso muy urgente, hasta dos. Aun en este último caso, nunca se omita la tercera lectura, tomada del Éxodo, sobre el paso del Mar Rojo.

PRIMERA LECTURA
Vio Dios todo lo que había hecho y lo encontró muy bueno.

> *Todas las cosas que hizo Dios al principio de la creación eran muy buenas. Y el hombre, hecho a imagen y semejanza de Dios, fue la obra cumbre del Señor. Pero la desobediencia del hombre lo despojó de la grandeza que el Creador le había concedido. Entonces Dios inventó algo más maravilloso todavía: la redención o "re-creación" por medio de su Hijo, Jesucristo, que se hizo hombre, murió y resucitó por todos nosotros.*

Del libro del Génesis
1, 1–2, 2

En el principio creó Dios el cielo y la tierra. La tierra era soledad y caos; y las tinieblas cubrían la faz del abismo. El espíritu de Dios se movía sobre la superficie de las aguas.

Dijo Dios: "Que exista la luz", y la luz existió. Vio Dios que la luz era buena, y separó la luz de las tinieblas. Llamó a la luz "día" y a las tinieblas, "noche". Fue la tarde y la mañana del primer día.

Dijo Dios: "Que haya una bóveda entre las aguas, que separe unas aguas de otras". E hizo Dios una bóveda y separó con ella las aguas de arriba, de las aguas de abajo. Y así fue. Llamó Dios a la bóveda "cielo". Fue la tarde y la mañana del segundo día.

Dijo Dios: "Que se junten las aguas de debajo del cielo en un solo lugar y que aparezca el suelo seco". Y así fue. Llamó Dios "tierra" al suelo seco y "mar" a la masa de las aguas. Y vio Dios que era bueno.

Dijo Dios: "Verdee la tierra con plantas que den semilla y árboles que den fruto y semilla, según su especie, sobre la tierra". Y así fue. Brotó de la tierra hierba verde, que producía semilla, según su especie, y árboles que daban fruto y llevaban semilla, según su especie. Y vio Dios que era bueno. Fue la tarde y la mañana del tercer día.

Dijo Dios: "Que haya lumbreras en la bóveda del cielo, que separen el día de la noche, señalen las estaciones, los días y los años, y luzcan en la bóveda del cielo para iluminar la tierra". Y así fue. Hizo Dios las dos grandes lumbreras: la lumbrera mayor para regir el día y la menor, para regir la noche; y también hizo las estrellas. Dios puso las lumbreras en la bóveda del cielo para iluminar la tierra, para regir el día y la noche, y separar la luz de las tinieblas. Y vio Dios que era bueno. Fue la tarde y la mañana del cuarto día.

Dijo Dios: "Agítense las aguas con un hervidero de seres vivientes y revoloteen sobre la tierra las aves, bajo la bóveda del cielo". Creó Dios los grandes animales marinos y los vivientes que en el agua se deslizan y la pueblan, según su especie. Creó también el mundo de las aves, según sus especies. Vio Dios que era bueno y los bendijo, diciendo: "Sean fecundos y multiplíquense; llenen las aguas del mar; que las aves se multipliquen en la tierra". Fue la tarde y la mañana del quinto día.

Dijo Dios: "Produzca la tierra vivientes, según sus especies: animales domésticos, reptiles y fieras, según sus especies". Y así fue. Hizo Dios las fieras, los animales domésticos y los reptiles, cada uno según su especie. Y vio Dios que era bueno.

Dijo Dios: "Hagamos al hombre a nuestra imagen y semejanza; que domine a los peces del mar, a las aves del cielo, a los animales domésticos y a todo animal que se arrastra sobre la tierra".

Y creó Dios al hombre a su imagen;
a imagen suya lo creó;
hombre y mujer los creó.

Y los bendijo Dios y les dijo: "Sean fecundos y multiplíquense, llenen la tierra y sométanla; dominen a los peces del mar, a las aves del cielo y a todo ser viviente que se mueve sobre la tierra".

Y dijo Dios: "He aquí que les entrego todas las plantas de semilla que hay sobre la faz de la tierra, y todos los árboles que producen fruto y semilla, para que les sirvan de alimento. Y a todas las fieras de la tierra, a todas las aves del cielo, a todos los reptiles de la tierra, a todos los seres que respiran, también les doy por alimento las verdes plantas". Y así fue. Vio Dios todo lo que había hecho y lo encontró muy bueno. Fue la tarde y la mañana del sexto día.

Así quedaron concluidos el cielo y la tierra con todos sus ornamentos, y terminada su obra, descansó Dios el séptimo día de todo cuanto había hecho.

Palabra de Dios. ℟. **Te alabamos, Señor.**

SALMO RESPONSORIAL
Del salmo 103

B. Carrillo B.P. 1524

Ben - di - ce al Se - ñor, al - ma mí - a.

℟.   Bendice al Señor, alma mía.

Bendice al Señor, alma mía;
Señor y Dios mío, inmensa es tu grandeza.
Te vistes de belleza y majestad,
la luz te envuelve como un manto. ℟.

Sobre bases inconmovibles
asentaste la tierra para siempre.
Con un vestido de mares la cubriste
y las aguas en los montes concentraste. ℟.

En los valles haces brotar las fuentes,
que van corriendo entre montañas;
junto al arroyo vienen a vivir las aves,
que cantan entre las ramas. ℟.

[℟. Bendice al Señor, alma mía.]

Desde tu cielo riegas los montes
y sacias la tierra del fruto de tus manos;
haces brotar hierba para los ganados
y pasto para los que sirven al hombre. ℟.

¡Qué numerosas son tus obras, Señor,
y todas las hiciste con maestría!
La tierra está llena de tus creaturas.
Bendice al Señor, alma mía. ℟.

ORACIÓN

Oremos. Dios todopoderoso y eterno, que en todas las obras de
tu amor te muestras admirable, concédenos comprender que la redención realizada por Cristo, nuestra Pascua, es una obra más maravillosa todavía que la misma creación del universo. Por Jesucristo, nuestro Señor. ℟. **Amén.**

SEGUNDA LECTURA
El sacrificio de nuestro patriarca Abraham.

---

*Se puede decir que Abraham es una profecía de la acción de Dios, quien,
"para rescatar al esclavo, entregó a su Hijo". El Señor había prometido
a Abraham una numerosa descendencia, nacida de su hijo único, Isaac.
Pero el Señor quiso probar la fe de Abraham y le ordenó sacrificar a su
hijo. Abraham no dudó en sacrificarlo, como Dios se lo ordenaba, pero
el mismo Dios intervino para impedir la muerte de Isaac. En esta forma,
Abraham es "padre de nuestra fe" y su hijo, Isaac, representa a Cristo,
que muere y resucita por nosotros.*

Del libro del Génesis
22, 1-18

En aquel tiempo, Dios le puso una prueba a Abraham y le dijo:
"¡Abraham, Abraham!" Él respondió: "Aquí estoy". Y Dios le dijo: "Toma a tu hijo único, Isaac, a quien tanto amas; vete a la región
de Moria y ofrécemelo en sacrificio, en el monte que yo te indicaré".

Abraham madrugó, aparejó su burro, tomó consigo a dos de sus
criados y a su hijo Isaac; cortó leña para el sacrificio y se encaminó
al lugar que Dios le había indicado. Al tercer día divisó a lo lejos el
lugar. Les dijo entonces a sus criados: "Quédense aquí con el burro;
yo iré con el muchacho hasta allá, para adorar a Dios y después re-
gresaremos".

Abraham tomó la leña para el sacrificio, se la cargó a su hijo Isaac y tomó en su mano el fuego y el cuchillo. Los dos caminaban juntos. Isaac dijo a su padre Abraham: "¡Padre!" Él respondió: "¿Qué quieres, hijo?" El muchacho contestó: "Ya tenemos fuego y leña, pero, ¿dónde está el cordero para el sacrificio?" Abraham le contestó: "Dios nos dará el cordero para el sacrificio, hijo mío". Y siguieron caminando juntos.

Cuando llegaron al sitio que Dios le había señalado, Abraham levantó un altar y acomodó la leña. Luego ató a su hijo Isaac, lo puso sobre el altar, encima de la leña, y tomó el cuchillo para degollarlo.

Pero el ángel del Señor lo llamó desde el cielo y le dijo: "¡Abraham, Abraham!" Él contestó: "Aquí estoy". El ángel le dijo: "No descargues la mano contra tu hijo, ni le hagas daño. Ya veo que temes a Dios, porque no le has negado a tu hijo único".

Abraham levantó los ojos y vio un carnero, enredado por los cuernos en la maleza. Atrapó el carnero y lo ofreció en sacrificio en lugar de su hijo. Abraham puso por nombre a aquel sitio "el Señor provee", por lo que aun el día de hoy se dice: "el monte donde el Señor provee".

El ángel del Señor volvió a llamar a Abraham desde el cielo y le dijo: "Juro por mí mismo, dice el Señor, que por haber hecho esto y no haberme negado a tu hijo único, yo te bendeciré y multiplicaré tu descendencia como las estrellas del cielo y las arenas del mar. Tus descendientes conquistarán las ciudades enemigas. En tu descendencia serán bendecidos todos los pueblos de la tierra, porque obedeciste a mis palabras".

Palabra de Dios. ℟. **Te alabamos, Señor.**

SALMO RESPONSORIAL
Del salmo 15

B. Carrillo B.P. 1525

Pro - té - ge - me, Se - ñor, por - que me re - fu - gio en ti.

℟.　Protégeme, Dios mío, porque me refugio en ti.

El Señor es la parte que me ha tocado en herencia:
mi vida está en sus manos.
Tengo siempre presente al Señor
y con él a mi lado, jamás tropezaré. ℟.

[R. Protégeme, Dios mío, porque me refugio en ti.]

Por eso se me alegran el corazón y el alma
y mi cuerpo vivirá tranquilo,
porque tú no me abandonarás a la muerte,
ni dejarás que sufra yo la corrupción. R.
Enséñame el camino de la vida,
sáciame de gozo en tu presencia
y de alegría perpetua junto a ti. R.

ORACIÓN

Oremos. Señor Dios, Padre de los creyentes, que por medio del
sacramento pascual del bautismo sigues cumpliendo la promesa hecha a Abraham de multiplicar su descendencia por toda la tierra y
de hacerlo el padre de todas las naciones, concede a tu pueblo responder dignamente a la gracia de tu llamado. Por Jesucristo, nuestro Señor. R. **Amén.**

TERCERA LECTURA
Los israelitas entraron en el mar sin mojarse.

Los israelitas salen de Egipto y cruzan el Mar Rojo: éste es el nacimiento
del pueblo de Israel y un símbolo del pueblo cristiano. Los egipcios perseguidores, que se hunden en las aguas del mar, y los israelitas libera-
dos, son una de las maravillas que el Señor ha hecho por su pueblo. El
agua del Mar Rojo prefigura el agua del bautismo. Y el pueblo que
cruza las aguas del mar simboliza al pueblo cristiano, que, por medio
del bautismo en el agua, queda libre del pecado y de la muerte, por la
victoria de Cristo.

Del libro del Éxodo
14, 15–15, 1

En aquellos días, dijo el Señor a Moisés: "¿Por qué sigues clamando
a mí? Diles a los israelitas que se pongan en marcha. Y tú, alza
tu bastón, extiende tu mano sobre el mar y divídelo, para que los israelitas entren en el mar sin mojarse. Yo voy a endurecer el corazón
de los egipcios para que los persigan, y me cubriré de gloria a expensas del faraón y de todo su ejército, de sus carros y jinetes.
Cuando me haya cubierto de gloria a expensas del faraón, de sus carros y jinetes, los egipcios sabrán que yo soy el Señor".

El ángel del Señor, que iba al frente de las huestes de Israel, se colocó tras ellas. Y la columna de nubes que iba adelante, también se desplazó y se puso a sus espaldas, entre el campamento de los israelitas y el campamento de los egipcios. La nube era tinieblas para unos y claridad para otros, y así los ejércitos no trabaron contacto durante toda la noche.

Moisés extendió la mano sobre el mar, y el Señor hizo soplar durante toda la noche un fuerte viento del este, que secó el mar, y dividió las aguas. Los israelitas entraron en el mar y no se mojaban, mientras las aguas formaban una muralla a su derecha y a su izquierda. Los egipcios se lanzaron en su persecución y toda la caballería del faraón, sus carros y jinetes, entraron tras ellos en el mar.

Hacia el amanecer, el Señor miró desde la columna de fuego y humo al ejército de los egipcios y sembró entre ellos el pánico. Trabó las ruedas de sus carros, de suerte que no avanzaban sino pesadamente. Dijeron entonces los egipcios: "Huyamos de Israel, porque el Señor lucha en su favor contra Egipto".

Entonces el Señor le dijo a Moisés: "Extiende tu mano sobre el mar, para que vuelvan las aguas sobre los egipcios, sus carros y sus jinetes". Y extendió Moisés su mano sobre el mar, y al amanecer, las aguas volvieron a su sitio, de suerte que al huir, los egipcios se encontraron con ellas, y el Señor los derribó en medio del mar. Volvieron las aguas y cubrieron los carros, a los jinetes y a todo el ejército del faraón, que se había metido en el mar para perseguir a Israel. Ni uno solo se salvó.

Pero los hijos de Israel caminaban por lo seco en medio del mar. Las aguas les hacían muralla a derecha e izquierda. Aquel día salvó el Señor a Israel de las manos de Egipto. Israel vio a los egipcios, muertos en la orilla del mar. Israel vio la mano fuerte del Señor sobre los egipcios, y el pueblo temió al Señor y creyó en el Señor y en Moisés, su siervo. Entonces Moisés y los hijos de Israel cantaron este cántico al Señor:

SALMO RESPONSORIAL
Éxodo 15

B. Carrillo B.P. 1526

A - la - be - mos al Se - ñor por su vic - to - ria.

℟. Alabemos al Señor por su victoria.

Cantemos al Señor, sublime es su victoria:
caballos y jinetes arrojó en el mar.
Mi fortaleza y mi canto es el Señor,
él es mi salvación;
él es mi Dios, y yo lo alabaré,
es el Dios de mis padres, y yo le cantaré. ℟.
 El Señor es un guerrero, su nombre es el Señor.
Precipitó en el mar los carros del faraón
y a sus guerreros;
ahogó en el Mar Rojo a sus mejores capitanes. ℟.
 Las olas los cubrieron,
cayeron hasta el fondo, como piedras.
Señor, tu diestra brilla por su fuerza,
tu diestra, Señor, tritura al enemigo. ℟.
 Tú llevas a tu pueblo
para plantarlo en el monte que le diste en herencia,
en el lugar que convertiste en tu morada,
en el santuario que construyeron tus manos.
Tú, Señor, reinarás para siempre. ℟.

ORACIÓN

 Oremos. Tus antiguos prodigios se renuevan, Señor, también en
nuestros tiempos, pues lo que tu poder hizo con las aguas para librar a un solo pueblo de la esclavitud del faraón, lo repites ahora,
por medio del agua del bautismo, para salvar a todas las naciones.
Concede a todos los hombres del mundo entero contarse entre los
hijos de Abraham y participar de la dignidad del pueblo elegido. Por
Jesucristo, nuestro Señor. ℟. **Amén.**

CUARTA LECTURA
Con amor eterno se ha apiadado de ti tu redentor.

> *Las lecturas anteriores han descrito la acción salvadora de Dios con su*
> *pueblo. Ahora vamos a responder a Dios con nuestra propia historia.*
> *Los profetas nos invitan a aceptar la salvación que Dios nos ofrece, es*
> *decir, a convertirnos. Esta lectura nos recuerda que el Señor, a pesar de*
> *nuestras infidelidades, está dispuesto a recibirnos y a renovar su amor*
> *por nosotros.*

Del libro del profeta Isaías
54, 5-14

"El que te creó, te tomará por esposa;
su nombre es 'Señor de los ejércitos'.
Tu redentor es el Santo de Israel;
será llamado 'Dios de toda la tierra'.
Como a una mujer abandonada y abatida
te vuelve a llamar el Señor.
¿Acaso repudia uno a la esposa de la juventud?,
dice tu Dios.

Por un instante te abandoné,
pero con inmensa misericordia te volveré a tomar.
En un arrebato de ira
te oculté un instante mi rostro,
pero con amor eterno me he apiadado de ti,
dice el Señor, tu redentor.

Me pasa ahora como en los días de Noé:
entonces juré que las aguas del diluvio
no volverían a cubrir la tierra;
ahora juro no enojarme ya contra ti
ni volver a amenazarte.
Podrán desaparecer los montes
y hundirse las colinas,
pero mi amor por ti no desaparecerá
y mi alianza de paz quedará firme para siempre.
Lo dice el Señor, el que se apiada de ti.

Tú, la afligida, la zarandeada por la tempestad,
la no consolada:
He aquí que yo mismo coloco tus piedras sobre piedras finas,
tus cimientos sobre zafiros;
te pondré almenas de rubí
y puertas de esmeralda
y murallas de piedras preciosas.

Todos tus hijos serán discípulos del Señor,
y será grande su prosperidad.
Serás consolada en la justicia.
Destierra la angustia,
pues ya nada tienes que temer;
olvida tu miedo,
porque ya no se acercará a ti".
Palabra de Dios. ℟. **Te alabamos, Señor.**

SALMO RESPONSORIAL
Del salmo 29

B. Carrillo B.P. 1527

Te_a - la - ba - ré,   Se - ñor,   e - ter - na - men - te.

℞.   Te alabaré, Señor, eternamente.

Te alabaré, Señor, pues no dejaste
que se rieran de mí mis enemigos.
Tú, Señor, me salvaste de la muerte
y a punto de morir, me reviviste. ℞.

    Alaben al Señor quienes lo aman,
den gracias a su nombre,
porque su ira dura un solo instante
y su bondad, toda la vida.
El llanto nos visita por la tarde;
por la mañana, el júbilo. ℞.

    Escúchame, Señor, y compadécete;
Señor, ven en mi ayuda.
Convertiste mi duelo en alegría,
te alabaré por eso eternamente. ℞.

ORACIÓN
    Oremos. Señor Dios, siempre fiel a tus promesas, aumenta, por medio del bautismo, el número de tus hijos y multiplica la descendencia prometida a la fe de los patriarcas, para que tu Iglesia vea que se va cumpliendo tu voluntad de salvar a todos los hombres, como los patriarcas lo creyeron y esperaron. Por Jesucristo, nuestro Señor. ℞. **Amén.**

QUINTA LECTURA
Vengan a mí y vivirán. Sellaré con ustedes una alianza perpetua.

En esta noche santa nacen en el seno de la Iglesia nuevos cristianos. También nosotros, que hemos seguido a Cristo, renovaremos las promesas de nuestro bautismo y propondremos vivir con valor la vida cristiana. A los nuevos cristianos y a los que vamos a renovar las promesas del bautismo, el profeta nos describe el camino y las riquezas de la salvación.

Del libro del profeta Isaías
55, 1-11

E sto dice el Señor:
"Todos ustedes, los que tienen sed, vengan por agua;
y los que no tienen dinero,
vengan, tomen trigo y coman;
tomen vino y leche sin pagar.
¿Por qué gastar el dinero en lo que no es pan
y el salario, en lo que no alimenta?
    Escúchenme atentos y comerán bien,
saborearán platillos sustanciosos.
Préstenme atención, vengan a mí,
escúchenme y vivirán.
    Sellaré con ustedes una alianza perpetua,
cumpliré las promesas que hice a David.
Como a él lo puse por testigo ante los pueblos,
como príncipe y soberano de las naciones,
así tú reunirás a un pueblo desconocido,
y las naciones que no te conocían acudirán a ti,
por amor del Señor, tu Dios,
por el Santo de Israel, que te ha honrado.
    Busquen al Señor mientras lo pueden encontrar,
invóquenlo mientras está cerca;
que el malvado abandone su camino,
y el criminal, sus planes;
que regrese al Señor, y él tendrá piedad;
a nuestro Dios, que es rico en perdón.
    Mis pensamientos no son los pensamientos de ustedes,
sus caminos no son mis caminos.
Porque así como aventajan los cielos a la tierra,
así aventajan mis caminos a los de ustedes
y mis pensamientos a sus pensamientos.
    Como bajan del cielo la lluvia y la nieve
y no vuelven allá, sino después de empapar la tierra,
de fecundarla y hacerla germinar,
a fin de que dé semilla para sembrar y pan para comer,
así será la palabra que sale de mi boca:
no volverá a mí sin resultado,
sino que hará mi voluntad
y cumplirá su misión".

Palabra de Dios.   R. **Te alabamos, Señor.**

SALMO RESPONSORIAL
Isaías 12

B. Carrillo B.P. 1528

El Señor es mi Dios y mi salvador.

℟. **El Señor es mi Dios y salvador.**

El Señor es mi Dios y salvador,
con él estoy seguro y nada temo.
El Señor es mi protección y mi fuerza
y ha sido mi salvación.
Sacarán agua con gozo
de la fuente de salvación. ℟.

Den gracias al Señor,
invoquen su nombre,
cuenten a los pueblos sus hazañas,
proclamen que su nombre es sublime. ℟.

Alaben al Señor por sus proezas,
anúncienlas a toda la tierra.
Griten jubilosos, habitantes de Sión,
porque el Dios de Israel
ha sido grande con ustedes. ℟.

ORACIÓN
Oremos. Dios todopoderoso y eterno, única esperanza del mundo,
tú que anunciaste por la voz de tus profetas los misterios que estamos celebrando esta noche, infunde en nuestros corazones la gracia
de tu Espíritu, para que podamos vivir una vida digna de tu redención. Por Jesucristo, nuestro Señor. ℟. **Amén.**

SEXTA LECTURA

Sigue el camino que te conduce a la luz del Señor.

> Con frecuencia nos sentimos decepcionados de nuestra propia vida, porque no hemos seguido el camino que nos habíamos propuesto, ni nos hemos entregado al Señor, como lo intentábamos. ¿Quizá nos hemos dejado cautivar por otra clase de sabiduría, diferente de la del Evangelio?... ¡No dejemos que unos ideales, contrarios al Evangelio, influyan en nosotros y nos dominen!

Del libro del profeta Baruc
3, 9-15. 32—4, 4

Escucha, Israel, los mandatos de vida,
presta oído para que adquieras prudencia.
¿A qué se debe, Israel, que estés aún en país enemigo,
que envejezcas en tierra extranjera,
que te hayas contaminado por el trato con los muertos,
que te veas contado entre los que descienden al abismo?
Es que abandonaste la fuente de la sabiduría.
Si hubieras seguido los senderos de Dios,
habitarías en paz eternamente.
Aprende dónde están la prudencia,
la inteligencia y la energía,
así aprenderás dónde se encuentra el secreto de vivir larga vida,
y dónde la luz de los ojos y la paz.
¿Quién es el que halló el lugar de la sabiduría
y tuvo acceso a sus tesoros?
El que todo lo sabe, la conoce;
con su inteligencia la ha escudriñado.
El que cimentó la tierra para todos los tiempos,
y la pobló de animales cuadrúpedos;
el que envía la luz, y ella va,
la llama, y temblorosa le obedece;
llama a los astros, que brillan jubilosos
en sus puestos de guardia,
y ellos le responden: "Aquí estamos",
y refulgen gozosos para aquel que los hizo.
Él es nuestro Dios
y no hay otro como él;
él ha escudriñado los caminos de la sabiduría

y se la dio a su hijo Jacob,
a Israel, su predilecto.
Después de esto, ella apareció en el mundo
y convivió con los hombres.
    La sabiduría es el libro de los mandatos de Dios,
la ley de validez eterna;
los que la guardan, vivirán,
los que la abandonan, morirán.
    Vuélvete a ella, Jacob, y abrázala;
camina hacia la claridad de su luz;
no entregues a otros tu gloria,
ni tu dignidad a un pueblo extranjero.
Bienaventurados nosotros, Israel,
porque lo que agrada al Señor
nos ha sido revelado.

Palabra de Dios.   ℟. **Te alabamos, Señor.**

SALMO RESPONSORIAL
Del salmo 18

B. Carrillo B.P. 1529

Tú tie-nes, Se-ñor, pa-la-bras de vi-da_e-ter-na.

℟.   Tú tienes, Señor, palabras de vida eterna.

La ley del Señor es perfecta del todo
y reconforta el alma;
inmutables son las palabras del Señor
y hacen sabio al sencillo. ℟.
    En los mandamientos del Señor hay rectitud
y alegría para el corazón;
son luz los preceptos del Señor
para alumbrar el camino. ℟.
    La voluntad de Dios es santa
y para siempre estable;
los mandatos del Señor son verdaderos
y enteramente justos. ℟.
    Más deseables que el oro y las piedras preciosas,
las normas del Señor,
y más dulces que la miel
de un panal que gotea. ℟.

ORACIÓN

Oremos. Dios nuestro, que haces crecer continuamente a tu Iglesia con hijos llamados de todos los pueblos, dígnate proteger siempre con tu gracia a quienes has hecho renacer en el bautismo. Por Jesucristo, nuestro Señor. ℟. **Amén.**

SÉPTIMA LECTURA

Los rociaré con agua pura y les daré un corazón nuevo.

El pueblo de Israel estaba desterrado en Babilonia, pero el Señor le anunció la liberación. Las palabras del profeta se realizan más plenamente en nosotros: el Señor nos purifica por medio del bautismo y de nuestros sacrificios cuaresmales, por medio de su Espíritu en la confirmación y por medio de nuestra unión con la Iglesia, pueblo de Dios.

Del libro del profeta Ezequiel
36, 16-28

En aquel tiempo, me fue dirigida la palabra del Señor en estos términos: "Hijo de hombre, cuando los de la casa de Israel habitaban en su tierra, la mancharon con su conducta y con sus obras; como inmundicia fue su proceder ante mis ojos. Entonces descargué mi furor contra ellos, por la sangre que habían derramado en el país y por haberlo profanado con sus idolatrías. Los dispersé entre las naciones y anduvieron errantes por todas las tierras. Los juzgué según su conducta, según sus acciones los sentencié. Y en las naciones a las que se fueron, desacreditaron mi santo nombre, haciendo que de ellos se dijera: 'Éste es el pueblo del Señor, y ha tenido que salir de su tierra'.

Pero, por mi santo nombre, que la casa de Israel profanó entre las naciones a donde llegó, me he compadecido. Por eso, dile a la casa de Israel: 'Esto dice el Señor: no lo hago por ustedes, casa de Israel. Yo mismo mostraré la santidad de mi nombre excelso, que ustedes profanaron entre las naciones. Entonces ellas reconocerán que yo soy el Señor, cuando, por medio de ustedes les haga ver mi santidad.

Los sacaré a ustedes de entre las naciones, los reuniré de todos los países y los llevaré a su tierra. Los rociaré con agua pura y quedarán purificados; los purificaré de todas sus inmundicias e idolatrías.

Les daré un corazón nuevo y les infundiré un espíritu nuevo; arrancaré de ustedes el corazón de piedra y les daré un corazón de carne. Les infundiré mi espíritu y los haré vivir según mis preceptos y guardar y cumplir mis mandamientos. Habitarán en la tierra que di a sus padres; ustedes serán mi pueblo y yo seré su Dios'".

Palabra de Dios. ℟. **Te alabamos, Señor.**

SALMO RESPONSORIAL
De los salmos 41 y 42

B. Carrillo B.P. 1530

Es - toy se - dien - to del Dios que da la vi - da.

℟. Estoy sediento del Dios que da la vida.

Como el venado busca
el agua de los ríos,
así, cansada, mi alma
te busca a ti, Dios mío. ℟.

Del Dios que da la vida
está mi ser sediento.
¿Cuándo será posible
ver de nuevo su templo? ℟.

Recuerdo cuando íbamos
a casa del Señor,
cantando, jubilosos,
alabanzas a Dios. ℟.

Envíame, Señor, tu luz y tu verdad;
que ellas se conviertan en mi guía
y hasta tu monte santo me conduzcan,
allí donde tú habitas. ℟.

Al altar del Señor me acercaré,
al Dios que es mi alegría,
y a mi Dios, el Señor, le daré gracias
al compás de la cítara. ℟.

ORACIÓN
Oremos. Señor Dios nuestro, poder inmutable y luz sin ocaso, prosigue bondadoso a través de tu Iglesia, sacramento de salvación, la obra que tu amor dispuso desde la eternidad; que todo el mundo

vea y reconozca que los caídos se levantan, que se renueva lo que había envejecido y que todo se integra en aquel que es el principio de todo, Jesucristo, nuestro Señor, que vive y reina contigo por los siglos de los siglos. ℞. **Amén.**

Después de la última oración, todos cantan el himno **Gloria a Dios en el cielo** (pág. 6).

ORACIÓN COLECTA

Oremos. Dios nuestro, que haces resplandecer esta noche santa con la gloria del Señor resucitado, aviva en tu Iglesia el espíritu filial, para que, renovados en cuerpo y alma, nos entreguemos plenamente a tu servicio. Por nuestro Señor Jesucristo...

EPÍSTOLA

Cristo, una vez resucitado de entre los muertos, ya no morirá nunca.

De la carta del apóstol san Pablo a los romanos
6, 3-11

Hermanos: ¿No saben ustedes que todos los que hemos sido incorporados a Cristo Jesús por medio del bautismo, hemos sido incorporados a él en su muerte? En efecto, por el bautismo fuimos sepultados con él en su muerte, para que, así como Cristo resucitó de entre los muertos por la gloria del Padre, así también nosotros llevemos una vida nueva.

Porque, si hemos estado íntimamente unidos a él por una muerte semejante a la suya, también lo estaremos en su resurrección. Sabemos que nuestro hombre viejo fue crucificado con Cristo, para que el cuerpo del pecado quedara destruido, a fin de que ya no sirvamos al pecado, pues el que ha muerto queda libre del pecado.

Por lo tanto, si hemos muerto con Cristo, estamos seguros de que también viviremos con él; pues sabemos que Cristo, una vez resucitado de entre los muertos, ya no morirá nunca. La muerte ya no tiene dominio sobre él, porque al morir, murió al pecado de una vez para siempre; y al resucitar, vive ahora para Dios. Lo mismo ustedes, considérense muertos al pecado y vivos para Dios en Cristo Jesús, Señor nuestro.

Palabra de Dios.   ℞. **Te alabamos, Señor.**

SALMO RESPONSORIAL
Del salmo 117

B. Carrillo B.P. 1531

A - le - lu - ya,   a - le - lu - ya,   a - le - lu - ya._____

℟.   Aleluya, aleluya.

Te damos gracias, Señor, porque eres bueno,
porque tu misericordia es eterna.
Diga la casa de Israel:
"Su misericordia es eterna". ℟.
    La diestra del Señor es poderosa,
la diestra del Señor es nuestro orgullo.
No moriré, continuaré viviendo,
para contar lo que el Señor ha hecho. ℟.
    La piedra que desecharon los constructores,
es ahora la piedra angular.
Esto es obra de la mano del Señor,
es un milagro patente. ℟.

EVANGELIO
Ha resucitado e irá delante de ustedes a Galilea.

✠   Del santo Evangelio según san Mateo
    28, 1-10

Transcurrido el sábado, al amanecer del primer día de la semana,
María Magdalena y la otra María fueron a ver el sepulcro. De
pronto se produjo un gran temblor, porque el ángel del Señor bajó
del cielo y acercándose al sepulcro, hizo rodar la piedra que lo ta-
paba y se sentó encima de ella. Su rostro brillaba como el relámpago
y sus vestiduras eran blancas como la nieve. Los guardias, atemo-
rizados ante él, se pusieron a temblar y se quedaron como muertos.
El ángel se dirigió a las mujeres y les dijo: "No teman. Ya sé que buscan a Jesús, el crucificado. No está aquí; ha resucitado, como lo había dicho. Vengan a ver el lugar donde lo habían puesto. Y ahora,
vayan de prisa a decir a sus discípulos: 'Ha resucitado de entre los
muertos e irá delante de ustedes a Galilea; allá lo verán'. Eso es todo".

Ellas se alejaron a toda prisa del sepulcro, y llenas de temor y de gran alegría, corrieron a dar la noticia a los discípulos. Pero de repente Jesús les salió al encuentro y las saludó. Ellas se le acercaron, le abrazaron los pies y lo adoraron. Entonces les dijo Jesús: "No tengan miedo. Vayan a decir a mis hermanos que se dirijan a Galilea. Allá me verán".

Palabra del Señor.   ℟. **Gloria a ti, Señor Jesús.**

LITURGIA BAUTISMAL

Si están presentes los que se van a bautizar:

Hermanos, acompañemos con nuestra oración a estos catecúmenos que anhelan renacer a una nueva vida en la fuente del bautismo, para que Dios, nuestro Padre, les otorgue su protección y su amor.

Si se bendice la fuente, pero no va a haber bautizos:

Hermanos, pidamos a Dios todopoderoso que con su poder santifique esta fuente bautismal, para que cuantos en el bautismo van a ser regenerados en Cristo, sean acogidos en la familia de Dios.

LETANÍAS DE LOS SANTOS

En las letanías se pueden añadir algunos nombres de santos, especialmente el del titular de la iglesia, el de los patronos del lugar y el de los que van a ser bautizados.

Señor, ten piedad de nosotros	Señor, ten piedad de nosotros
Cristo, ten piedad de nosotros	Cristo, ten piedad de nosotros
Señor, ten piedad de nosotros	Señor, ten piedad de nosotros
Santa María, Madre de Dios	ruega por nosotros
San Miguel	ruega por nosotros
Santos ángeles de Dios	rueguen por nosotros
San Juan Bautista	ruega por nosotros
San José	ruega por nosotros
Santos Pedro y Pablo	rueguen por nosotros
San Andrés	ruega por nosotros
San Juan	ruega por nosotros
Santa María Magdalena	ruega por nosotros
San Esteban	ruega por nosotros
San Ignacio de Antioquía	ruega por nosotros
San Lorenzo	ruega por nosotros
Santas Perpetua y Felícitas	rueguen por nosotros
Santa Inés	ruega por nosotros
San Gregorio	ruega por nosotros

San Agustín	ruega por nosotros
San Atanasio	ruega por nosotros
San Basilio	ruega por nosotros
San Martín	ruega por nosotros
San Benito	ruega por nosotros
Santos Francisco y Domingo	rueguen por nosotros
San Francisco Javier	ruega por nosotros
San Juan María Vianney	ruega por nosotros
Santa Catalina de Siena	ruega por nosotros
Santa Teresa de Jesús	ruega por nosotros
Santos y santas de Dios	rueguen por nosotros
Muéstrate propicio	líbranos, Señor
De todo mal	líbranos, Señor
De todo pecado	líbranos, Señor
De la muerte eterna	líbranos, Señor
Por tu encarnación	líbranos, Señor
Por tu muerte y resurrección	líbranos, Señor
Por el don del Espíritu Santo	líbranos, Señor
Nosotros, que somos pecadores	te rogamos, óyenos

Si hay bautizos:

Para que te dignes comunicar tu propia vida a quienes has llamado al bautismo	te rogamos, óyenos

Si no hay bautizos:

Para que santifiques esta agua por la que renacerán tus nuevos hijos	te rogamos, óyenos
Jesús, hijo de Dios vivo	te rogamos, óyenos

Si hay bautizos, el sacerdote, con las manos juntas, dice la siguiente oración:

Derrama, Señor, tu infinita bondad en este sacramento del bautismo y envía tu Santo Espíritu, para que haga renacer de la fuente bautismal a estos nuevos hijos tuyos, que van a ser santificados por tu gracia, mediante la colaboración de nuestro ministerio. Por Jesucristo, nuestro Señor.

BENDICIÓN DEL AGUA BAUTISMAL
En las iglesias donde se celebran bautizos, lo cual es muy deseable que se haga esta noche de la Resurrección:

Dios nuestro, que con tu poder invisible realizas obras admirables por medio de los signos de los sacramentos y has hecho que tu creatura, el agua, signifique de muchas maneras la gracia del bautismo.

Dios nuestro, cuyo Espíritu aleteaba sobre la superficie de las aguas en los mismos principios del mundo, para que ya desde entonces el agua recibiera el poder de dar la vida.

Dios nuestro, que incluso en las aguas torrenciales del diluvio prefiguraste el nuevo nacimiento de los hombres, al hacer que de una manera misteriosa, un mismo elemento diera fin al pecado y origen a la virtud.

Dios nuestro, que hiciste pasar a pie enjuto por el Mar Rojo a los hijos de Abraham, a fin de que el pueblo liberado de la esclavitud del faraón, prefigurara al pueblo de los bautizados.

Dios nuestro, cuyo Hijo, al ser bautizado por el precursor en el agua del Jordán, fue ungido por el Espíritu Santo; suspendido en la cruz, quiso que brotaran de su costado sangre y agua; y después de su resurrección mandó a sus apóstoles: "Vayan y enseñen a todas las naciones, bautizándolas en el nombre del Padre, y del Hijo y del Espíritu Santo".

Mira ahora a tu Iglesia en oración y abre para ella la fuente del bautismo. Que por la obra del Espíritu Santo esta agua adquiera la gracia de tu Unigénito, para que el hombre, creado a tu imagen, limpio de su antiguo pecado por el sacramento del bautismo, renazca a la vida nueva por el agua y el Espíritu Santo.

Te pedimos, Señor, que el poder del Espíritu Santo, por tu Hijo, descienda sobre el agua de esta fuente, para que todos los que en ella reciban el bautismo, sepultados con Cristo en su muerte, resuciten también con él a la vida. Por Jesucristo, nuestro Señor.

℟. **Amén.**

Se pueden cantar algunas aclamaciones:

Fuentes del Señor, bendigan al Señor,
alábenlo y glorifíquenlo por los siglos.

BENDICIÓN DEL AGUA

Si no hay bautizos ni bendición de la fuente bautismal, el sacerdote invita al pueblo a orar, diciendo:

Pidamos, queridos hermanos, a Dios Padre todopoderoso, que bendiga esta agua, con la cual seremos rociados en memoria de nuestro bautismo, y que nos renueve interiormente, para que permanezcamos fieles al Espíritu que hemos recibido.

Y después de una breve oración en silencio, prosigue con las manos juntas:

Señor, Dios nuestro, mira con bondad a este pueblo tuyo, que vela en oración en esta noche santísima, recordando la obra admirable de nuestra creación y la obra, más admirable todavía, de nuestra redención. Dígnate bendecir + esta agua, que tú creaste para dar fertilidad a la tierra, frescura y limpieza a nuestros cuerpos.

Tú, además, has convertido el agua en un instrumento de tu misericordia: a través de las aguas del Mar Rojo liberaste a tu pueblo de la esclavitud; en el desierto hiciste brotar un manantial para saciar su sed; con la imagen del agua viva los profetas anunciaron la Nueva Alianza que deseabas establecer con los hombres; finalmente, en el agua del Jordán, santificada por Cristo, inauguraste el sacramento de una vida nueva, que nos libra de la corrupción del pecado.

Que esta agua nos recuerde ahora nuestro bautismo y nos haga participar en la alegría de nuestros hermanos, que han sido bautizados en esta Pascua del Señor, el cual vive y reina por los siglos de los siglos. R. **Amén.**

RENOVACIÓN DE LAS PROMESAS DEL BAUTISMO

Todo el pueblo cristiano reunido renueva solemnemente su profesión de fe bautismal. Cada uno toma en la mano su vela encendida.

Hermanos, por medio del bautismo, hemos sido hechos partícipes del misterio pascual de Cristo; es decir, por medio del bautismo, hemos sido sepultados con él en su muerte para resucitar con él a una vida nueva. Por eso, después de haber terminado el tiempo de Cuaresma, que nos preparó a la Pascua, es muy conveniente que renovemos las promesas de nuestro bautismo, con las cuales un día renunciamos a Satanás y a sus obras y nos comprometemos a servir a Dios, en la santa Iglesia católica.

Así pues:

¿Renuncian ustedes a Satanás? **–Sí, renuncio.**

¿Renuncian a todas sus obras? **–Sí, renuncio.**

¿Renuncian a todas sus seducciones? **–Sí, renuncio.**

O bien:

¿Renuncian ustedes al pecado para vivir en la libertad de los hijos de Dios? **–Sí, renuncio.**

¿Renuncian a todas las seducciones del mal para que el pecado no los esclavice? **–Sí, renuncio.**

¿Renuncian a Satanás, padre y autor de todo pecado? **–Sí, renuncio.**

Prosigue el sacerdote:

¿Creen ustedes en Dios, Padre todopoderoso, creador del cielo y de la tierra? **–Sí, creo.**

¿Creen en Jesucristo, su Hijo único y Señor nuestro, que nació de la Virgen María, padeció y murió por nosotros, resucitó y está sentado a la derecha del Padre? **–Sí, creo.**

¿Creen en el Espíritu Santo, en la santa Iglesia católica, en la comunión de los santos, en el perdón de los pecados, en la resurrección de los muertos y en la vida eterna? **–Sí, creo.**

Que Dios todopoderoso, Padre de nuestro Señor Jesucristo, que nos liberó del pecado y nos ha hecho renacer por el agua y el Espíritu Santo, nos conserve con su gracia unidos a Jesucristo nuestro Señor, hasta la vida eterna. ℞. **Amén.**

El sacerdote rocía al pueblo con el agua bendita, mientras todos cantan la siguiente antífona o algún otro canto bautismal.

Vi brotar agua del lado derecho del templo, aleluya.
Vi que en todos aquellos que recibían el agua,
surgía una vida nueva y cantaban con gozo: Aleluya, aleluya.

No se dice Credo

Hemos experimentado la alegría de estar juntos, unidos por la fe. Y es necesario que lo festejemos. Es cierto que nuestra fe es débil todavía y que nuestra asamblea es poco numerosa, en comparación con todos los que han sido invitados por Dios. La comida eucarística, con su pan y con su vino, nos da las fuerzas necesarias para proseguir nuestro camino. Pero un día nos sentaremos a la mesa de Dios. Y esta esperanza es tan maravillosa que, en medio de la noche, llena a la Iglesia de luz. Démosle gracias a Dios, nuestro Señor.

LITURGIA EUCARÍSTICA

ORACIÓN SOBRE LAS OFRENDAS

Acepta, Señor, los dones que te presentamos y concédenos que el memorial de la muerte y resurrección de Jesucristo, que estamos celebrando, nos obtenga la fuerza para llegar a la vida eterna. Por Jesucristo, nuestro Señor.

PREFACIO

En verdad es justo y necesario, es nuestro deber y salvación, glorificarte siempre, Señor, pero más que nunca en esta noche en que Cristo, nuestra Pascua, fue inmolado.

Porque él es el Cordero de Dios que quitó el pecado del mundo: muriendo, destruyó nuestra muerte, y resucitando, restauró la vida.

Por eso, con esta efusión de gozo pascual, el mundo entero se desborda de alegría y también los coros celestiales, los ángeles y los arcángeles, cantan sin cesar el himno de tu gloria: Santo...

ANTÍFONA DE LA COMUNIÓN
1 Cor 5, 7-8

Cristo, nuestro Cordero pascual, ha sido inmolado. Celebremos, pues, la Pascua, con una vida de rectitud y santidad. Aleluya.

ORACIÓN DESPUÉS DE LA COMUNIÓN

Infúndenos, Señor, tu espíritu de caridad para que vivamos siempre unidos en tu amor los que hemos participado en este sacramento de la muerte y resurrección de Jesucristo, que vive y reina por los siglos de los siglos.

DESPEDIDA

Pueden ir en paz, aleluya, aleluya.
R. **Demos gracias a Dios, aleluya, aleluya.**

VAYAN...

⤳ Éste fue el mensaje del ángel para los discípulos de Jesús el día de la resurrección.

⤳ Y éste es el mensaje para los que nos decimos discípulos de Cristo ahora:

– Vayan a visitar a los enfermos de la colonia...

– Vayan a la pieza donde tienen –quizás– medio abandonado a un familiar anciano...

– Vayan a donde alguien los necesita para compartir alguna pena o solucionar alguna dificultad...

– Vayan...

Y AHÍ LO VERÁN (a Cristo) **POR-QUE JESÚS QUISO QUE LO VIÉ-RAMOS EN LOS POBRES, LOS HAMBRIENTOS, LOS ENFER-MOS, LOS NECESITADOS DE CUALQUIER COSA...**

23 de marzo

Domingo de Pascua de la Resurrección del Señor
(Blanco)

ANTÍFONA DE ENTRADA　　　　　　　　　Sal 138, 18. 5-6

He resucitado y viviré siempre contigo; has puesto tu mano sobre mí, tu sabiduría ha sido maravillosa. Aleluya.

ORACIÓN COLECTA

Dios nuestro, que por medio de tu Hijo venciste a la muerte y nos has abierto las puertas de la vida eterna, concede, a quienes celebramos hoy la Pascua de Resurrección, resucitar también a una nueva vida, renovados por la gracia del Espíritu Santo. Por nuestro Señor Jesucristo...

El mensaje de Pascua: ¡Cristo ha resucitado!, se repite en cada una de las lecturas de la Misa. San Juan nos lleva a la entrada del sepulcro vacío, que es la garantía de nuestra fe (EVANGELIO). San Pedro afirma que ha comido y bebido con Jesús después de su resurrección y, por lo tanto, puede afirmar con seguridad que Dios resucitó a su Hijo (PRIMERA LECTURA). San Pablo nos habla del cordero pascual sacrificado, que es Cristo, y nos recuerda que si hemos resucitado con Cristo por el bautismo, debemos vivir de su nueva vida, en espera de su regreso (SEGUNDA LECTURA).

PRIMERA LECTURA
Hemos comido y bebido con Cristo resucitado.

Del libro de los Hechos de los Apóstoles
10, 34. 37-43

E n aquellos días, Pedro tomó la palabra y dijo: "Ya saben ustedes lo sucedido en toda Judea, que tuvo principio en Galilea, después del bautismo predicado por Juan: cómo Dios ungió con el poder del Espíritu Santo a Jesús de Nazaret, y cómo éste pasó haciendo el bien, sanando a todos los oprimidos por el diablo, porque Dios estaba con él.

Nosotros somos testigos de cuanto él hizo en Judea y en Jerusalén. Lo mataron colgándolo de la cruz, pero Dios lo resucitó al tercer día y concedió verlo, no a todo el pueblo, sino únicamente a los testigos que él, de antemano, había escogido: a nosotros, que hemos comido y bebido con él después de que resucitó de entre los muertos.

Él nos mandó predicar al pueblo y dar testimonio de que Dios lo ha constituido juez de vivos y muertos. El testimonio de los profetas es unánime: que cuantos creen en él reciben, por su medio, el perdón de los pecados".

Palabra de Dios.   ℞. **Te alabamos, Señor.**

SALMO RESPONSORIAL
Del salmo 117

B.P. 1532

℞.   Éste es el día del triunfo del Señor. Aleluya.

Te damos gracias, Señor, porque eres bueno,
porque tu misericordia es eterna.
Diga la casa de Israel:
"Su misericordia es eterna". ℞.

La diestra del Señor es poderosa,
la diestra del Señor es nuestro orgullo.
No moriré, continuaré viviendo
para contar lo que el Señor ha hecho. ℞.

La piedra que desecharon los constructores,
es ahora la piedra angular.
Esto es obra de la mano del Señor,
es un milagro patente. ℞.

SEGUNDA LECTURA
Busquen los bienes del cielo, donde está Cristo.

De la carta del apóstol san Pablo a los colosenses
3, 1-4

Hermanos: Puesto que han resucitado con Cristo, busquen los bienes de arriba, donde está Cristo, sentado a la derecha de Dios. Pongan todo el corazón en los bienes del cielo, no en los de la tierra. Porque han muerto y su vida está escondida con Cristo en Dios. Cuando se manifieste Cristo, vida de ustedes, entonces también ustedes se manifestarán gloriosos, juntamente con él.

Palabra de Dios. ℟. **Te alabamos, Señor.**

SECUENCIA
(Sólo el día de hoy es obligatoria; durante la octava es opcional)

Ofrezcan los cristianos
ofrendas de alabanza
a gloria de la víctima
propicia de la Pascua.

Cordero sin pecado,
que a las ovejas salva,
a Dios y a los culpables
unió con nueva alianza.

Lucharon vida y muerte
en singular batalla,
y, muerto el que es la vida,
triunfante se levanta.

"¿Qué has visto de camino,
María, en la mañana?"
"A mi Señor glorioso,
la tumba abandonada,

los ángeles testigos,
sudarios y mortaja.
¡Resucitó de veras
mi amor y mi esperanza!

Venid a Galilea,
allí el Señor aguarda;
allí veréis los suyos
la gloria de la Pascua".

Primicia de los muertos,
sabemos por tu gracia
que estás resucitado;
la muerte en ti no manda.

Rey vencedor, apiádate
de la miseria humana
y da a tus fieles parte
en tu victoria santa.

ACLAMACIÓN ANTES DEL EVANGELIO
1 Cor 5, 7-8

B.P. 1032 – J. Sosa

A-le- lu- ya, a-le- lu- ya, a-le- lu- ya.

℟. Aleluya, aleluya.
Cristo, nuestro cordero pascual, ha sido inmolado;
celebremos, pues, la Pascua.
℟. Aleluya, aleluya.

EVANGELIO
Él debía resucitar de entre los muertos.

✠ Del santo Evangelio según san Juan
20, 1-9

El primer día después del sábado, estando todavía oscuro, fue María Magdalena al sepulcro y vio removida la piedra que lo cerraba. Echó a correr, llegó a la casa donde estaban Simón Pedro y el otro discípulo, a quien Jesús amaba, y les dijo: "Se han llevado del sepulcro al Señor y no sabemos dónde lo habrán puesto".

Salieron Pedro y el otro discípulo camino del sepulcro. Los dos iban corriendo juntos, pero el otro discípulo corrió más aprisa que Pedro y llegó primero al sepulcro, e inclinándose, miró los lienzos puestos en el suelo, pero no entró.

En eso, llegó también Simón Pedro, que lo venía siguiendo, y entró en el sepulcro. Contempló los lienzos puestos en el suelo y el sudario, que había estado sobre la cabeza de Jesús, puesto no con los lienzos en el suelo, sino doblado en sitio aparte. Entonces entró también el otro discípulo, el que había llegado primero al sepulcro, y vio y creyó, porque hasta entonces no habían entendido las Escrituras, según las cuales Jesús debía resucitar de entre los muertos.

Palabra del Señor.   ℟. **Gloria a ti, Señor Jesús.**

ORACIÓN SOBRE LAS OFRENDAS
Regocijados con la alegría de la Pascua, te ofrecemos, Señor, esta Eucaristía, mediante la cual tu Iglesia se renueva y alimenta de un modo admirable. Por Jesucristo, nuestro Señor.

ANTÍFONA DE LA COMUNIÓN   1 Cor 5, 7-8
Cristo, nuestro Cordero pascual, ha sido inmolado. Celebremos, pues, la Pascua con una vida de rectitud y santidad. Aleluya.

ORACIÓN DESPUÉS DE LA COMUNIÓN
Señor, protege siempre a tu Iglesia con amor paterno, para que, renovada ya por los sacramentos de Pascua, pueda llegar a la gloria de la resurrección. Por Jesucristo, nuestro Señor.

DESPEDIDA

Pueden ir en paz, aleluya, aleluya.

R. **Demos gracias a Dios, aleluya, aleluya.**

EL SEPULCRO VACÍO

* La decimoquinta estación del viacrucis.

* La estación que le da sentido a todas las otras estaciones del viacrucis de Cristo y de nuestro viacrucis personal.

* Si el sepulcro no hubiera estado vacío, la vida, la pasión y la muerte de Jesús habrían sido admirables, dignas de todo nuestro agradecimiento, pero absolutamente inútiles.

* Si el sepulcro no hubiera estado vacío, nuestras vidas, nuestras penas y nuestra muerte, no tendrían ningún sentido.

* Jesucristo y nosotros hubiéramos nacido, crecido, padecido y muerto y definitivamente desaparecido.

* Pero **afortunadamente**, el sepulcro estaba vacío, y no porque alguien se hubiera robado el cadáver del Señor (como pensó María Magdalena), sino porque el Señor había resucitado.

* Así Jesús triunfó de la muerte, y nosotros estamos absolutamente seguros de que, unidos a él, vamos a resucitar y a compartir eternamente su felicidad.

* Asimismo, estamos seguros de que nuestra vida, de que cada una de las dolorosas estaciones de nuestro viacrucis pequeñito, al igual que nuestra muerte, tienen un sentido y un valor para la vida eterna.

¡QUÉ BUENO QUE MARÍA MAGDALENA, SIMÓN PEDRO Y JUAN NO HAYAN ENCONTRADO OCUPADO EL SEPULCRO DE CRISTO!

30 de marzo

2° Domingo de Pascua o "de la Divina Misericordia"

(Blanco)

ANTÍFONA DE ENTRADA   1 Pedro 2, 2

Como niños recién nacidos, deseen una leche pura y espiritual que los haga crecer hacia la salvación. Aleluya.

ORACIÓN COLECTA

Dios de eterna misericordia, que reavivas la fe de tu pueblo con la celebración anual de las fiestas pascuales, aumenta en nosotros tu gracia, para que comprendamos a fondo la inestimable riqueza del bautismo que nos ha purificado, del Espíritu que nos ha dado una vida nueva y de la Sangre que nos ha redimido. Por nuestro Señor Jesucristo...

El relato de la aparición de Cristo a sus apóstoles y luego también a Tomás (EVANGELIO), nos muestra la certeza de la resurrección del Señor y, por boca del mismo Tomás, expresa la fe de todas las generaciones cristianas en Cristo resucitado. Nosotros resucitamos con él por medio del bautismo. Todos los cristianos, de ayer y de hoy, somos solidarios. Todos somos, en alguna manera, "recién nacidos" (ANTÍFONA DE ENTRADA) y todos tenemos necesidad de comprender mejor que el bautismo nos ha purificado, que el Espíritu nos ha hecho renacer y que la sangre de Cristo nos ha redimido (ORACIÓN COLECTA).

PRIMERA LECTURA

Los creyentes vivían unidos y todo lo tenían en común.

Del libro de los Hechos de los Apóstoles
2, 42-47

En los primeros días de la Iglesia, todos los que habían sido bautizados eran constantes en escuchar la enseñanza de los apóstoles, en la comunión fraterna, en la fracción del pan y en las oraciones. Toda la gente estaba llena de asombro y de temor, al ver los milagros y prodigios que los apóstoles hacían en Jerusalén.

Todos los creyentes vivían unidos y lo tenían todo en común. Los que eran dueños de bienes o propiedades los vendían, y el producto era distribuido entre todos, según las necesidades de cada uno. Diariamente se reunían en el templo, y en las casas partían el pan y comían juntos, con alegría y sencillez de corazón. Alababan a Dios y toda la gente los estimaba. Y el Señor aumentaba cada día el número de los que habían de salvarse.

Palabra de Dios. ℟. **Te alabamos, Señor.**

SALMO RESPONSORIAL
Del salmo 117

B. Carrillo / Javier M.-R. B.P. 1533

La mi-se-ri-cor-dia del Se-ñor es e-ter-na. A-le-lu-ya.

℟. La misericordia del Señor es eterna. Aleluya.

Diga la casa de Israel: "Su misericordia es eterna".
Diga la casa de Aarón: "Su misericordia es eterna".
Digan los que temen al Señor: "Su misericordia es eterna". ℟.

Querían a empujones derribarme,
pero Dios me ayudó.
El Señor es mi fuerza y mi alegría,
en el Señor está mi salvación. ℟.

La piedra que desecharon los constructores,
es ahora la piedra angular.
Esto es obra de la mano del Señor,
es un milagro patente.
Éste es el día del triunfo del Señor,
día de júbilo y de gozo. ℟.

SEGUNDA LECTURA
La resurrección de Cristo nos da la esperanza de una vida nueva.

De la primera carta del apóstol san Pedro
1, 3-9

B endito sea Dios, Padre de nuestro Señor Jesucristo, por su gran misericordia, porque al resucitar a Jesucristo de entre los muertos, nos concedió renacer a la esperanza de una vida nueva, que no puede corromperse ni mancharse y que él nos tiene reservada como herencia en el cielo. Porque ustedes tienen fe en Dios, él los protege con su poder, para que alcancen la salvación que les tiene preparada y que él revelará al final de los tiempos.

Por esta razón, alégrense, aun cuando ahora tengan que sufrir un poco por adversidades de todas clases, a fin de que su fe, sometida a la prueba, sea hallada digna de alabanza, gloria y honor, el día de la manifestación de Cristo. Porque la fe de ustedes es más preciosa que el oro, y el oro se acrisola por el fuego.

A Cristo Jesús no lo han visto y, sin embargo, lo aman; al creer en él ahora, sin verlo, se llenan de una alegría radiante e indescriptible, seguros de alcanzar la salvación de sus almas, que es la meta de la fe.

Palabra de Dios.   ℟. **Te alabamos, Señor.**

SECUENCIA opcional (pág. 161)

ACLAMACIÓN ANTES DEL EVANGELIO
Jn 20, 29

B.P. 1032 - J. Sosa

A-le- lu-   ya, a-le- lu-   ya, a-le- lu-   ya.

℟.   Aleluya, aleluya.
Tomás, tú crees porque me has visto;
dichosos los que creen sin haberme visto, dice el Señor.
℟.   Aleluya, aleluya.

EVANGELIO
Ocho días después, se les apareció Jesús.

 Del santo Evangelio según san Juan
20, 19-31

A l anochecer del día de la resurrección, estando cerradas las puertas de la casa donde se hallaban los discípulos, por miedo a los judíos, se presentó Jesús en medio de ellos y les dijo: "La paz esté con ustedes". Dicho esto, les mostró las manos y el costado. Cuando los discípulos vieron al Señor, se llenaron de alegría.

De nuevo les dijo Jesús: "La paz esté con ustedes. Como el Padre me ha enviado, así también los envío yo". Después de decir esto, sopló sobre ellos y les dijo: "Reciban el Espíritu Santo. A los que les perdonen los pecados, les quedarán perdonados; y a los que no se los perdonen, les quedarán sin perdonar".

Tomás, uno de los Doce, a quien llamaban el Gemelo, no estaba con ellos cuando vino Jesús, y los otros discípulos le decían: "Hemos visto al Señor". Pero él les contestó: "Si no veo en sus manos la señal de los clavos y si no meto mi dedo en los agujeros de los clavos y no meto mi mano en su costado, no creeré".

Ocho días después, estaban reunidos los discípulos a puerta cerrada y Tomás estaba con ellos. Jesús se presentó de nuevo en medio de ellos y les dijo: "La paz esté con ustedes". Luego le dijo a Tomás: "Aquí están mis manos; acerca tu dedo. Trae acá tu mano, métela en mi costado y no sigas dudando, sino cree". Tomás le respondió: "¡Señor mío y Dios mío!" Jesús añadió: "Tú crees porque me has visto; dichosos los que creen sin haber visto".

Otros muchos signos hizo Jesús en presencia de sus discípulos, pero no están escritos en este libro. Se escribieron éstos para que ustedes crean que Jesús es el Mesías, el Hijo de Dios, y para que, creyendo, tengan vida en su nombre.

Palabra del Señor. ℟. **Gloria a ti, Señor Jesús.**

ORACIÓN SOBRE LAS OFRENDAS

Recibe, Señor, las ofrendas que (junto con los recién bautizados) te presentamos; tú que nos llamaste a la fe y nos has hecho renacer por el bautismo, guíanos a la felicidad eterna. Por Jesucristo, nuestro Señor.

ANTÍFONA DE LA COMUNIÓN   Cfr Jn 20, 27

Jesús dijo a Tomás: acerca tu mano, toca las cicatrices dejadas por los clavos y no seas incrédulo, sino creyente. Aleluya.

ORACIÓN DESPUÉS DE LA COMUNIÓN

Concédenos, Dios todopoderoso, que la gracia recibida en este sacramento nos impulse siempre a servirte mejor. Por Jesucristo, nuestro Señor.

DICHOSOS LOS QUE, SIN VER, CREYERON

✓ Los que, sin ver a Cristo resucitado, creemos en la resurrección de Jesucristo.

✓ Los que, sin sacarse la lotería, o sin conseguir aquel "hueso", siguen creyendo en el amor de Cristo.

✓ Los que, sin haber obtenido la salud propia o ajena por la que tanto han pedido, siguen creyendo en la bondad y en el poder de Cristo.

✓ Los que, a pesar de las fallas de tantos católicos, siguen creyendo en la santidad de la Iglesia.

✓ Los que, sin ver el alma inmortal del hijo que aún no nace pero ya está concebido, creen en su dignidad humana y en su derecho a la vida.

✓ Los que, ante el cadáver de un ser querido, creen en la infinita misericordia de Cristo y en que lo resucitará a la felicidad eterna.

✓ Los que, sin ver a Cristo en la persona del sacerdote, creen que cuando él perdona en la confesión, es Cristo el que perdona.

✓ Los que, sin ver a Cristo con los ojos del cuerpo, creen en que Cristo está en cada uno de los explotados, de los oprimidos, de los hambrientos, de los encarcelados, de los antipáticos, exigiendo justicia, pan, comprensión y calor humano.

ESTO NO LO DECIMOS LOS HOMBRES; LO DICE CRISTO EN EL EVANGELIO DE HOY.

6 de abril

3er Domingo de Pascua

(Blanco)

Aclamen al Señor, habitantes todos de la tierra, canten un himno a su nombre, denle gracias y alábenlo. Aleluya.

ORACIÓN COLECTA

Señor, tú que nos has renovado en el espíritu al devolvernos la dignidad de hijos tuyos, concédenos aguardar, llenos de júbilo y esperanza, el día glorioso de la resurrección. Por nuestro Señor Jesucristo...

El relato de san Lucas sobre la aparición de Jesús a los discípulos de Emaús (EVANGELIO), a los que se reveló en la fracción del pan, después de haberles explicado las Escrituras, es emotivo y conmovedor. Esa narración viene en la Misa, luego del testimonio de Pedro, el día de Pentecostés, al iniciar su ministerio apostólico (PRIMERA LECTURA), seguido por la recomendación del mismo Pedro, al final de su vida, para que los cristianos confirmen su fe y su esperanza, recordando que fueron salvados por la sangre de Cristo (SEGUNDA LECTURA).

PRIMERA LECTURA

No era posible que la muerte lo retuviera bajo su dominio.

Del libro de los Hechos de los Apóstoles
2, 14. 22-33

E l día de Pentecostés, se presentó Pedro, junto con los Once, ante la multitud, y levantando la voz, dijo: "Israelitas, escúchenme. Jesús de Nazaret fue un hombre acreditado por Dios ante ustedes, mediante los milagros, prodigios y señales que Dios realizó por medio de él y que ustedes bien conocen. Conforme al plan previsto y sancionado por Dios, Jesús fue entregado, y ustedes utilizaron a los paganos para clavarlo en la cruz.

Pero Dios lo resucitó, rompiendo las ataduras de la muerte, ya que no era posible que la muerte lo retuviera bajo su dominio. En efecto, David dice, refiriéndose a él: *Yo veía constantemente al Señor delante de mí, puesto que él está a mi lado para que yo no tropiece. Por eso se alegra mi corazón y mi lengua se alboroza; por eso también mi cuerpo vivirá en la esperanza, porque tú, Señor, no me abandonarás a la muerte, ni dejarás que tu santo sufra la corrupción. Me has enseñado el sendero de la vida y me saciarás de gozo en tu presencia.*

Hermanos, que me sea permitido hablarles con toda claridad. El patriarca David murió y lo enterraron, y su sepulcro se conserva entre nosotros hasta el día de hoy. Pero como era profeta y sabía que Dios le había prometido con juramento que un descendiente suyo ocuparía su trono, con visión profética habló de la resurrección de Cristo, el cual no fue abandonado a la muerte ni sufrió la corrupción.

Pues bien, a este Jesús Dios lo resucitó, y de ello todos nosotros somos testigos. Llevado a los cielos por el poder de Dios, recibió del Padre el Espíritu Santo prometido a él y lo ha comunicado, como ustedes lo están viendo y oyendo".

Palabra de Dios.   ℟. **Te alabamos, Señor.**

SALMO RESPONSORIAL
Del salmo 15

B. Carrillo B.P. 1534

En - sé - ña - me, Se - ñor, el ca - mi - no de la   vi - da. A - le - lu - ya.

℟.   Enséñanos, Señor, el camino de la vida. Aleluya.

Protégeme, Dios mío, pues eres mi refugio.
Yo siempre he dicho que tú eres mi Señor.
El Señor es la parte que me ha tocado en herencia:
mi vida está en sus manos. ℟.

Bendeciré al Señor, que me aconseja,
hasta de noche me instruye internamente.
Tengo siempre presente al Señor
y con él a mi lado, jamás tropezaré. ℟.

Por eso se me alegran el corazón y el alma
y mi cuerpo vivirá tranquilo,
porque tú no me abandonarás a la muerte
ni dejarás que sufra yo la corrupción. ℟.

Enséñame el camino de la vida,
sáciame de gozo en tu presencia
y de alegría perpetua junto a ti. ℟.

SEGUNDA LECTURA

Ustedes han sido rescatados con la sangre preciosa de Cristo, el cordero sin mancha.

De la primera carta del apóstol san Pedro
1, 17-21

Hermanos: Puesto que ustedes llaman Padre a Dios, que juzga imparcialmente la conducta de cada uno según sus obras, vivan siempre con temor filial durante su peregrinar por la tierra.

Bien saben ustedes que de su estéril manera de vivir, heredada de sus padres, los ha rescatado Dios, no con bienes efímeros, como el oro y la plata, sino con la sangre preciosa de Cristo, el cordero sin defecto ni mancha, al cual Dios había elegido desde antes de la creación del mundo, y por amor a ustedes, lo ha manifestado en estos tiempos, que son los últimos. Por Cristo, ustedes creen en Dios, quien lo resucitó de entre los muertos y lo llenó de gloria, a fin de que la fe de ustedes sea también esperanza en Dios.

Palabra de Dios.   ℟. **Te alabamos, Señor.**

ACLAMACIÓN ANTES DEL EVANGELIO
Cfr Lc 24, 32

B.P. 1032 - J. Sosa

A-le- lu- ya, a-le- lu- ya, a-le- lu- ya.

℟. Aleluya, aleluya.
Señor Jesús, haz que comprendamos las Escrituras.
Enciende nuestro corazón mientras nos hablas.
℟. Aleluya, aleluya.

EVANGELIO

Lo reconocieron al partir el pan.

✠ Del santo Evangelio según san Lucas
24, 13-35

El mismo día de la resurrección, iban dos de los discípulos hacia un pueblo llamado Emaús, situado a unos once kilómetros de Jerusalén, y comentaban todo lo que había sucedido.

Mientras conversaban y discutían, Jesús se les acercó y comenzó a caminar con ellos; pero los ojos de los dos discípulos estaban velados y no lo reconocieron. Él les preguntó: "¿De qué cosas vienen hablando, tan llenos de tristeza?"

Uno de ellos, llamado Cleofás, le respondió: "¿Eres tú el único forastero que no sabe lo que ha sucedido estos días en Jerusalén?" Él les preguntó: "¿Qué cosa?" Ellos le respondieron: "Lo de Jesús el nazareno, que era un profeta poderoso en obras y palabras, ante Dios y ante todo el pueblo. Cómo los sumos sacerdotes y nuestros jefes lo entregaron para que lo condenaran a muerte, y lo crucificaron. Nosotros esperábamos que él sería el libertador de Israel, y sin embargo, han pasado ya tres días desde que estas cosas sucedieron. Es cierto que algunas mujeres de nuestro grupo nos han desconcertado, pues fueron de madrugada al sepulcro, no encontraron el cuerpo y llegaron contando que se les habían aparecido unos ángeles, que les dijeron que estaba vivo. Algunos de nuestros compañeros fueron al sepulcro y hallaron todo como habían dicho las mujeres, pero a él no lo vieron".

Entonces Jesús les dijo: "¡Qué insensatos son ustedes y qué duros de corazón para creer todo lo anunciado por los profetas! ¿Acaso no era necesario que el Mesías padeciera todo esto y así entrara en su gloria?" Y comenzando por Moisés y siguiendo con todos los profetas, les explicó todos los pasajes de la Escritura que se referían a él.

Ya cerca del pueblo a donde se dirigían, él hizo como que iba más lejos; pero ellos le insistieron, diciendo: "Quédate con nosotros, porque ya es tarde y pronto va a oscurecer". Y entró para quedarse con ellos. Cuando estaban a la mesa, tomó un pan, pronunció la bendición, lo partió y se lo dio. Entonces se les abrieron los ojos y lo reconocieron, pero él se les desapareció. Y ellos se decían el uno al otro: "¡Con razón nuestro corazón ardía, mientras nos hablaba por el camino y nos explicaba las Escrituras!"

Se levantaron inmediatamente y regresaron a Jerusalén, donde encontraron reunidos a los Once con sus compañeros, los cuales les dijeron: "De veras ha resucitado el Señor y se le ha aparecido a Simón". Entonces ellos contaron lo que les había pasado en el camino y cómo lo habían reconocido al partir el pan.

Palabra del Señor. ℟. **Gloria a ti, Señor Jesús.**

ORACIÓN SOBRE LAS OFRENDAS

Acepta, Señor, los dones que te presentamos llenos de júbilo por la resurrección de tu Hijo, y concédenos participar con él, un día, de la felicidad eterna. Por Jesucristo, nuestro Señor.

ANTÍFONA DE LA COMUNIÓN
Lc 24, 35

Al atardecer del día de la resurrección, los discípulos reconocieron al Señor cuando partió el pan. Aleluya.

ORACIÓN DESPUÉS DE LA COMUNIÓN

Mira, Señor, con bondad a estos hijos tuyos que has renovado por medio de los sacramentos, y condúcelos al gozo eterno de la resurrección. Por Jesucristo, nuestro Señor.

NOSOTROS ESPERÁBAMOS...

- Los discípulos de Emaús esperaban que Cristo fuera el libertador de Israel.
- Nosotros prendemos una veladora o una vela cada mes en honor de la Divina Providencia... y esperamos que nunca nos falte el dinero necesario...
- Le prometemos a Dios repartir el diez por ciento del premio "gordo" de la lotería o de la bolsa de "progol" o del "melate" entre los pobres... y esperamos que nos conceda alguno de estos premios.
- Le prometemos ir de rodillas a la Villa o hacer una peregrinación a Chalma o al santuario de Lagos... y esperamos sanar de esa enfermedad que nos aflige...
- Colocamos una de las palmas bendecidas el Domingo de Ramos en la puerta de nuestra casa... y esperamos que no vuelvan a entrar en ella los ladrones.

- Y no es que esté mal que le pidamos a Dios y esperemos de él la solución de todos nuestros problemas, como lo esperaban los discípulos de Emaús.
- Lo que no está nada bien es que si Dios no nos concede lo que esperamos, nos alejemos de él, como nuestros amigos de Emaús.

Si era necesario que Cristo padeciera todo esto para entrar en su gloria, también es necesario que nosotros suframos algo para entrar en ella junto con él.

13 de abril   **4° Domingo de Pascua**
(Blanco)

ANTÍFONA DE ENTRADA   Sal 32, 5-6
Alabemos al Señor llenos de gozo, porque la tierra está llena de su amor y su palabra hizo los cielos. Aleluya.

ORACIÓN COLECTA
Dios omnipotente y misericordioso, guíanos a la felicidad eterna de tu Reino, a fin de que el pequeño rebaño de tu Hijo pueda llegar seguro a donde ya está su Pastor, resucitado, que vive y reina...

Jesús fue constituido por Dios como Señor y pastor de nuestras almas. Fue el "siervo doliente" del que hablaba Isaías y, "cargando con nuestros pecados subió a la cruz" (SEGUNDA LECTURA). Por medio de aquel sacrificio nos abrió las fuentes de la vida (EVANGELIO), puesto que, por haber sido bautizados en su nombre, recibimos el perdón de nuestros pecados y el don del Espíritu Santo (PRIMERA LECTURA).

PRIMERA LECTURA
Dios lo ha constituido Señor y Mesías.

Del libro de los Hechos de los Apóstoles
2, 14. 36-41

E l día de Pentecostés, se presentó Pedro, junto con los Once, ante la multitud, y levantando la voz, dijo: "Sepa todo Israel con absoluta certeza, que Dios ha constituido Señor y Mesías al mismo Jesús, a quien ustedes han crucificado".

Estas palabras les llegaron al corazón y preguntaron a Pedro y a los demás apóstoles: "¿Qué tenemos que hacer, hermanos?" Pedro les contestó: "Conviértanse y bautícense en el nombre de Jesucristo para el perdón de sus pecados y recibirán el Espíritu Santo. Porque las promesas de Dios valen para ustedes y para sus hijos y también para todos los paganos que el Señor, Dios nuestro, quiera llamar, aunque estén lejos".

Con éstas y otras muchas razones, los instaba y exhortaba, diciéndoles: "Pónganse a salvo de este mundo corrompido". Los que aceptaron sus palabras se bautizaron, y aquel día se les agregaron unas tres mil personas.

Palabra de Dios.   ℞. **Te alabamos, Señor.**

SALMO RESPONSORIAL
Del salmo 22

H. Hernández B.P. 1535

El Se-ñor es mi pas-tor, na-da me fal-ta-rá. A-le-lu-ya.

℞.   El Señor es mi pastor, nada me faltará. Aleluya.

El Señor es mi pastor, nada me falta;
en verdes praderas me hace reposar
y hacia fuentes tranquilas me conduce
para reparar mis fuerzas. ℞.

Por ser un Dios fiel a sus promesas,
me guía por el sendero recto;
así, aunque camine por cañadas oscuras,
nada temo, porque tú estás conmigo,
tu vara y tu cayado me dan seguridad. ℞.

Tú mismo me preparas la mesa,
a despecho de mis adversarios;
me unges la cabeza con perfume
y llenas mi copa hasta los bordes. ℞.

Tu bondad y tu misericordia me acompañarán
todos los días de mi vida;
y viviré en la casa del Señor
por años sin término. ℞.

SEGUNDA LECTURA
Han vuelto ustedes al pastor y guardián de sus vidas.

De la primera carta del apóstol san Pedro
2, 20-25

Hermanos: Soportar con paciencia los sufrimientos que les vienen a ustedes por hacer el bien, es cosa agradable a los ojos de Dios, pues a esto han sido llamados, ya que también Cristo sufrió por ustedes y les dejó así un ejemplo para que sigan sus huellas.

Él no cometió pecado ni hubo engaño en su boca; insultado, no devolvió los insultos; maltratado, no profería amenazas, sino que encomendaba su causa al único que juzga con justicia; cargado con nuestros pecados, subió al madero de la cruz, para que, muertos al pecado, vivamos para la justicia.

Por sus llagas ustedes han sido curados, porque ustedes eran como ovejas descarriadas, pero ahora han vuelto al pastor y guardián de sus vidas.

Palabra de Dios. ℟. **Te alabamos, Señor.**

ACLAMACIÓN ANTES DEL EVANGELIO
Jn 10, 14

B.P. 1032 – J. Sosa

A-le- lu- ya, a-le- lu- ya, a-le- lu- ya.

℟. Aleluya, aleluya.
Yo soy el buen pastor, dice el Señor;
yo conozco a mis ovejas y ellas me conocen a mí.
℟. Aleluya, aleluya.

EVANGELIO
Yo soy la puerta de las ovejas.

✠ Del santo Evangelio según san Juan
10, 1-10

En aquel tiempo, Jesús dijo a los fariseos: "Yo les aseguro que el que no entra por la puerta del redil de las ovejas, sino que salta por otro lado, es un ladrón, un bandido; pero el que entra por la puerta, ése es el pastor de las ovejas. A ése le abre el que cuida la puerta, y las ovejas reconocen su voz; él llama a cada una por su nombre y las conduce afuera. Y cuando ha sacado a todas sus ovejas, camina delante de ellas, y ellas lo siguen, porque conocen su voz. Pero a un extraño no lo seguirán, sino que huirán de él, porque no conocen la voz de los extraños".

Jesús les puso esta comparación, pero ellos no entendieron lo que les quería decir. Por eso añadió: "Les aseguro que yo soy la puerta de las ovejas. Todos los que han venido antes que yo, son ladrones y bandidos; pero mis ovejas no los han escuchado.

Yo soy la puerta; quien entre por mí se salvará, podrá entrar y salir y encontrará pastos. El ladrón sólo viene a robar, a matar y a destruir. Yo he venido para que tengan vida y la tengan en abundancia".

Palabra del Señor.   R. **Gloria a ti, Señor Jesús.**

ORACIÓN SOBRE LAS OFRENDAS

Concédenos, Señor, que este sacrificio pascual que vamos a ofrecerte, nos llene siempre de alegría, prosiga en nosotros tu obra redentora y nos obtenga de ti la felicidad eterna. Por Jesucristo, nuestro Señor.

ANTÍFONA DE LA COMUNIÓN

Ha resucitado Jesús, el Buen Pastor, que dio la vida por sus ovejas y que se dignó morir para salvarnos. Aleluya.

ORACIÓN DESPUÉS DE LA COMUNIÓN

Vela, Señor, con solicitud, por las ovejas que rescataste con la Sangre preciosa de tu Hijo, para que puedan alcanzar, un día, la felicidad eterna de tu Reino. Por Jesucristo, nuestro Señor.

"YO HE VENIDO PARA QUE TENGAN VIDA"

✴ Cristo ha venido para que sus ovejas tengan vida y la tengan en abundancia.

✴ Otros, en cambio, parece que han venido para todo lo contrario: para que no tengan vida o la tengan reducidísima (apenas unas cuantas semanas):

– los que han pedido el aborto y han luchado tanto por su legalización, que no es más que el asesinato de **la ovejita,** antes de que pueda valerse por sí misma...

– los y las que aconsejan el aborto como una solución a un problema de honor, de salud, de dinero o de simple comodidad...

Cristo ha venido para que sus ovejas tengan vida y la tengan en abundancia. Otros (como el mismo Cristo lo dice) "sólo vienen a robar, a matar y a destruir".

20 de abril

5° Domingo de Pascua
(Blanco)

ANTÍFONA DE ENTRADA   Sal 97, 1-2

Canten al Señor un cántico nuevo, porque ha hecho maravillas y todos los pueblos han presenciado su victoria. Aleluya.

ORACIÓN COLECTA

Señor, tú que te has dignado redimirnos y has querido hacernos hijos tuyos, míranos siempre con amor de Padre y haz que cuantos creemos en Cristo obtengamos la verdadera libertad y la herencia eterna. Por nuestro Señor Jesucristo...

San Juan nos hace oír las palabras que Jesús dirigió a sus discípulos la tarde del Jueves Santo: "Yo soy el camino, la verdad y la vida" (EVANGELIO); pero al oírlas nos parece escuchar a Cristo resucitado en la noche de Pascua. Luego se nos dicta una enseñanza que es la consecuencia de las palabras de Jesús: la Iglesia es el pueblo de Dios, cuyos miembros siguen el camino trazado por Jesús y componen un "sacerdocio real" (SEGUNDA LECTURA). También se nos enseña que, dentro de la Iglesia hay diversos ministerios para el servicio de la comunidad (PRIMERA LECTURA).

PRIMERA LECTURA
Eligieron a siete hombres llenos del Espíritu Santo.

Del libro de los Hechos de los Apóstoles
6, 1-7

En aquellos días, como aumentaba mucho el número de los discípulos, hubo ciertas quejas de los judíos griegos contra los hebreos, de que no se atendía bien a sus viudas en el servicio de caridad de todos los días.

Los Doce convocaron entonces a la multitud de los discípulos y les dijeron: "No es justo que, dejando el ministerio de la palabra de Dios, nos dediquemos a administrar los bienes. Escojan entre ustedes a siete hombres de buena reputación, llenos del Espíritu Santo y de sabiduría, a los cuales encargaremos este servicio. Nosotros nos dedicaremos a la oración y al servicio de la palabra".

Todos estuvieron de acuerdo y eligieron a Esteban, hombre lleno de fe y del Espíritu Santo, a Felipe, Prócoro, Nicanor, Timón, Pármenas y Nicolás, prosélito de Antioquía. Se los presentaron a los apóstoles, y éstos, después de haber orado, les impusieron las manos.

Mientras tanto, la palabra de Dios iba cundiendo. En Jerusalén se multiplicaba grandemente el número de los discípulos. Incluso un grupo numeroso de sacerdotes había aceptado la fe.

Palabra de Dios.   ℟. **Te alabamos, Señor.**

SALMO RESPONSORIAL
Del salmo 32

B. Carrillo B.P. 1536

El Se-ñor cui - da de_a - que-llos que lo te-men. A - le - lu - ya.

℟.   El Señor cuida de aquellos que lo temen. Aleluya.

Que los justos aclamen al Señor;
es propio de los justos alabarlo.
Demos gracias a Dios al son del arpa,
que la lira acompañe nuestros cantos. ℟.

　　Sincera es la palabra del Señor
y todas sus acciones son leales.
Él ama la justicia y el derecho,
la tierra llena está de sus bondades. ℟.

　　Cuida el Señor de aquellos que lo temen
y en su bondad confían;
los salva de la muerte
y en épocas de hambre les da vida. ℟.

SEGUNDA LECTURA
Ustedes son estirpe elegida, sacerdocio real.

De la primera carta del apóstol san Pedro
2, 4-9

Hermanos: Acérquense al Señor Jesús, la piedra viva, rechazada por los hombres, pero escogida y preciosa a los ojos de Dios; porque ustedes también son piedras vivas, que van entrando en la edificación del templo espiritual, para formar un sacerdocio santo, destinado a ofrecer sacrificios espirituales, agradables a Dios, por medio de Jesucristo. Tengan presente que está escrito: *He aquí que pongo en Sión una piedra angular, escogida y preciosa; el que crea en ella no quedará defraudado.*

Dichosos, pues, ustedes, los que han creído. En cambio, para aquellos que se negaron a creer, vale lo que dice la Escritura: *La piedra que rechazaron los constructores ha llegado a ser la piedra angular, y también tropiezo y roca de escándalo.* Tropiezan en ella los que no creen en la palabra, y en esto se cumple un designio de Dios.

Ustedes, por el contrario, son *estirpe elegida, sacerdocio real, nación consagrada a Dios y pueblo de su propiedad,* para que proclamen las obras maravillosas de aquel que los llamó de las tinieblas a su luz admirable.

Palabra de Dios.   ℟. **Te alabamos, Señor.**

ACLAMACIÓN ANTES DEL EVANGELIO
Jn 14, 6

B.P. 1032 – J. Sosa

A-le- lu-   ya, a-le- lu-   ya, a-le- lu-   ya.

℟. Aleluya, aleluya.
Yo soy el camino, la verdad y la vida;
nadie va al Padre si no es por mí, dice el Señor.
℟. Aleluya, aleluya.

EVANGELIO
Yo soy el camino, la verdad y la vida.

✠ Del santo Evangelio según san Juan
14, 1-12

En aquel tiempo, Jesús dijo a sus discípulos: "No pierdan la paz. Si creen en Dios, crean también en mí. En la casa de mi Padre hay muchas habitaciones. Si no fuera así, yo se lo habría dicho a ustedes, porque ahora voy a prepararles un lugar. Cuando me haya ido y les haya preparado un lugar, volveré y los llevaré conmigo, para que donde yo esté, estén también ustedes. Y ya saben el camino para llegar al lugar a donde voy".

Entonces Tomás le dijo: "Señor, no sabemos a dónde vas, ¿cómo podemos saber el camino?" Jesús le respondió: "Yo soy el camino, la verdad y la vida. Nadie va al Padre si no es por mí. Si ustedes me conocen a mí, conocen también a mi Padre. Ya desde ahora lo conocen y lo han visto".

Le dijo Felipe: "Señor, muéstranos al Padre y eso nos basta". Jesús le replicó: "Felipe, tanto tiempo hace que estoy con ustedes, ¿y todavía no me conoces? Quien me ve a mí, ve al Padre. ¿Entonces por qué dices: 'Muéstranos al Padre'? ¿O no crees que yo estoy en el Padre y que el Padre está en mí? Las palabras que yo les digo, no las digo por mi propia cuenta. Es el Padre, que permanece en mí, quien hace las obras. Créanme: yo estoy en el Padre y el Padre está en mí. Si no me dan fe a mí, créanlo por las obras. Yo les aseguro: el que crea en mí, hará las obras que hago yo y las hará aun mayores, porque yo me voy al Padre".

Palabra del Señor.   ℟. **Gloria a ti, Señor Jesús.**

ORACIÓN SOBRE LAS OFRENDAS

Dios nuestro, que por medio de estos dones que vas a convertir en el Cuerpo y la Sangre de tu Hijo, nos haces participar de tu misma vida divina, concédenos que nuestra conducta ponga de manifiesto las verdades que nos has revelado. Por Jesucristo, nuestro Señor.

ANTÍFONA DE LA COMUNIÓN   Jn 15, 1. 5

Yo soy la vid verdadera y ustedes los sarmientos, dice el Señor; si permanecen en mí y yo en ustedes, darán fruto abundante. Aleluya.

ORACIÓN DESPUÉS DE LA COMUNIÓN

Señor, tú que nos has concedido participar en esta Eucaristía, míranos con bondad y ayúdanos a vencer nuestra fragilidad humana, para poder vivir como hijos tuyos. Por Jesucristo, nuestro Señor.

¿CUÁNTO TIEMPO HACE...

❖ ...que conoces a tu esposa o a tu esposo?

❖ ...que viste por primera vez a esos chavitos que llevan tu apellido y el de tu consorte?

❖ ...que quedó solo o inválido en una silla de ruedas aquel familiar tuyo?

❖ ...que tu sirvienta entró a prestar sus servicios en tu casa?

❖ ...que laboran en tu empresa o en tu fábrica tus trabajadores?

❖ ...que llegaron a tu calle o a tu barrio tus vecinos?

❖ ...que llegó ese enfermo al hospital donde prestas tus servicios de enfermera o de médico?

❖ ...que trabajas en el mismo taller que fulano, mengano o zutano?

❖ ...que conoces a ese cieguito o a esa ancianita que pide limosna a la puerta de la iglesia o a la entrada del mercado?

❖ ...que pasas todos los días frente al portero o al policía del edificio donde trabajas?

❖ ...que llegó a tu parroquia el actual señor cura o el padre X o Z?

❖ ...que trabajas con el mismo jefe de ahora?

...Y TODAVÍA (por favor ponga mentalmente aquí su nombre) **NO ME CONOCES?**

27 de abril

6° Domingo de Pascua
(Blanco)

ORACIÓN COLECTA

Concédenos, Dios todopoderoso, continuar celebrando con amor y alegría la victoria de Cristo resucitado, y que el misterio de su Pascua transforme nuestra vida y se manifieste en nuestras obras. Por nuestro Señor Jesucristo...

En la Misa de hoy se nos informa sobre la expansión inicial de la Iglesia, porque el diácono Felipe ha conquistado para la nueva fe la región de Samaria, y los apóstoles Pedro y Juan fueron a confirmar a la comunidad y a conferir a sus miembros el Espíritu Santo (PRIMERA LECTURA). Por su parte, san Juan nos recuerda que Jesucristo rogó al Padre por los que él le había dado para que conocieran al Padre (EVANGELIO), mientras que san Pedro nos exhorta a vivir el misterio pascual de Cristo, que "murió en la carne y volvió a la vida por el Espíritu" (SEGUNDA LECTURA).

PRIMERA LECTURA
Les impusieron las manos y recibieron el Espíritu Santo.

Del libro de los Hechos de los Apóstoles
8, 5-8. 14-17

En aquellos días, Felipe bajó a la ciudad de Samaria y predicaba allí a Cristo. La multitud escuchaba con atención lo que decía Felipe, porque habían oído hablar de los milagros que hacía y los estaban viendo: de muchos poseídos salían los espíritus inmundos, lanzando gritos, y muchos paralíticos y lisiados quedaban curados. Esto despertó gran alegría en aquella ciudad.

Cuando los apóstoles que estaban en Jerusalén se enteraron de que Samaria había recibido la palabra de Dios, enviaron allá a Pedro y a Juan. Éstos, al llegar, oraron por los que se habían convertido, para que recibieran el Espíritu Santo, porque aún no lo habían recibido y solamente habían sido bautizados en el nombre del Señor Jesús. Entonces Pedro y Juan impusieron las manos sobre ellos, y ellos recibieron el Espíritu Santo.

Palabra de Dios.   ℟. **Te alabamos, Señor.**

SALMO RESPONSORIAL
Del salmo 65

B. Carrillo B.P. 1537

Las o-bras del Se-ñor son ad-mi-ra-bles. A-le-lu-ya.

℟. Las obras del Señor son admirables. Aleluya.

Que aclame al Señor toda la tierra.
Celebremos su gloria y su poder,
cantemos un himno de alabanza,
digamos al Señor: "Tu obra es admirable". ℟.

Que se postre ante ti la tierra entera
y celebre con cánticos tu nombre.
Admiremos las obras del Señor,
los prodigios que ha hecho por los hombres. ℟.

Él transformó el Mar Rojo en tierra firme
y los hizo cruzar el Jordán a pie enjuto.
Llenémonos por eso de gozo y gratitud:
el Señor es eterno y poderoso. ℟.

Cuantos temen a Dios, vengan y escuchen,
y les diré lo que ha hecho por mí.
Bendito sea Dios, que no rechazó mi súplica,
ni me retiró su gracia. ℟.

SEGUNDA LECTURA

Murió en su cuerpo y resucitó glorificado.

De la primera carta del apóstol san Pedro
3, 15-18

Hermanos: Veneren en sus corazones a Cristo, el Señor, dispuestos siempre a dar, al que las pidiere, las razones de la esperanza de ustedes. Pero háganlo con sencillez y respeto y estando en paz con su conciencia. Así quedarán avergonzados los que denigran la conducta cristiana de ustedes, pues mejor es padecer haciendo el bien, si tal es la voluntad de Dios, que padecer haciendo el mal. Porque también Cristo murió, una sola vez y para siempre, por los pecados de los hombres; él, el justo, por nosotros, los injustos, para llevarnos a Dios; murió en su cuerpo y resucitó glorificado.

Palabra de Dios.   ℟. **Te alabamos, Señor.**

ACLAMACIÓN ANTES DEL EVANGELIO
Jn 14, 23

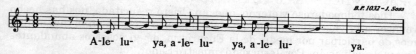

A-le- lu- ya, a-le- lu- ya, a-le- lu- ya.

℟.   Aleluya, aleluya.
El que me ama, cumplirá mi palabra, dice el Señor;
y mi Padre lo amará y vendremos a él.
℟.   Aleluya, aleluya.

EVANGELIO

Yo le rogaré al Padre y él les dará otro Paráclito.

Del santo Evangelio según san Juan
14, 15-21

En aquel tiempo, Jesús dijo a sus discípulos: "Si me aman, cumplirán mis mandamientos; yo le rogaré al Padre y él les dará otro Paráclito para que esté siempre con ustedes, el Espíritu de la verdad. El mundo no puede recibirlo, porque no lo ve ni lo conoce; ustedes, en cambio, sí lo conocen, porque habita entre ustedes y estará en ustedes.

No los dejaré desamparados, sino que volveré a ustedes. Dentro de poco, el mundo no me verá más, pero ustedes sí me verán, porque yo permanezco vivo y ustedes también vivirán. En aquel día entenderán que yo estoy en mi Padre, ustedes en mí y yo en ustedes.

El que acepta mis mandamientos y los cumple, ése me ama. Al que me ama a mí, lo amará mi Padre, yo también lo amaré y me manifestaré a él".

Palabra del Señor.   ℞. **Gloria a ti, Señor Jesús.**

ORACIÓN SOBRE LAS OFRENDAS

Acepta, Señor, las ofrendas que te presentamos, y purifica nuestros corazones para que podamos participar dignamente en este sacramento de tu amor. Por Jesucristo, nuestro Señor.

ANTÍFONA DE LA COMUNIÓN   Jn 14, 15-16

Si me aman, cumplan mis mandamientos, dice el Señor; y yo rogaré al Padre, y él les dará otro Abogado, que permanecerá con ustedes para siempre. Aleluya.

ORACIÓN DESPUÉS DE LA COMUNIÓN

Dios todopoderoso y eterno, que, en Cristo resucitado, nos has hecho renacer a la vida eterna, haz que este misterio pascual en el que acabamos de participar por medio de la Eucaristía, dé en nosotros abundantes frutos de salvación. Por Jesucristo, nuestro Señor.

SI ME AMAN, CUMPLIRÁN MIS MANDAMIENTOS

☆ "Traten a los demás como ustedes quieren que ellos los traten a ustedes. En esto se resumen la ley y los profetas" *(Mt 7, 12).*

☆ "Ustedes, en cambio, amen a sus enemigos, hagan el bien y presten sin esperar recompensa" *(Lc 6, 35).*

☆ "Sean misericordiosos, como su Padre celestial es misericordioso" *(Lc 6, 36).*

☆ "Perdonen y serán perdonados" *(Lc 6, 37).*

☆ "Les doy un mandamiento nuevo: que se amen los unos a los otros como yo los he amado, y por ese amor reconocerán todos que ustedes son mis discípulos" *(Jn 13, 34-35).*

4 de mayo

La Ascensión del Señor

(Blanco)

San Lucas, al principio de los Hechos de los Apóstoles nos describe la partida del Señor hacia el cielo (PRIMERA LECTURA). San Mateo (EVANGELIO), refiere los términos de la misión confiada por Jesús a sus apóstoles, después de su última manifestación. San Pablo, por su parte (SEGUNDA LECTURA), se adentra más allá de la nube que escondió a Cristo y contempla al Señor, "sentado a la derecha de Dios en el cielo", como cabeza de toda la Iglesia y Señor del universo.

PRIMERA LECTURA

Se fue elevando a la vista de sus apóstoles.

Del libro de los Hechos de los Apóstoles
1, 1-11

E n mi primer libro, querido Teófilo, escribí acerca de todo lo que Jesús hizo y enseñó, hasta el día en que ascendió al cielo, después de dar sus instrucciones, por medio del Espíritu Santo, a los apóstoles que había elegido. A ellos se les apareció después de la pasión, les dio numerosas pruebas de que estaba vivo y durante cuarenta días se dejó ver por ellos y les habló del Reino de Dios.

Un día, estando con ellos a la mesa, les mandó: "No se alejen de Jerusalén. Aguarden aquí a que se cumpla la promesa de mi Padre, de la que ya les he hablado: Juan bautizó con agua; dentro de pocos días ustedes serán bautizados con el Espíritu Santo".

Los ahí reunidos le preguntaban: "Señor, ¿ahora sí vas a restablecer la soberanía de Israel?" Jesús les contestó: "A ustedes no les toca conocer el tiempo y la hora que el Padre ha determinado con su autoridad; pero cuando el Espíritu Santo descienda sobre ustedes, los llenará de fortaleza y serán mis testigos en Jerusalén, en toda Judea, en Samaria y hasta los últimos rincones de la tierra".

Dicho esto, se fue elevando a la vista de ellos, hasta que una nube lo ocultó a sus ojos. Mientras miraban fijamente al cielo, viéndolo alejarse, se les presentaron dos hombres vestidos de blanco, que les dijeron: "Galileos, ¿qué hacen allí parados, mirando al cielo? Ese mismo Jesús que los ha dejado para subir al cielo, volverá como lo han visto alejarse".

Palabra de Dios.   ℟. **Te alabamos, Señor.**

SALMO RESPONSORIAL
Del salmo 46

E. Loarca B.P. 1538

℟.   Entre voces de júbilo, Dios asciende a su trono. Aleluya.

Aplaudan, pueblos todos;
aclamen al Señor, de gozo llenos;
que el Señor, el Altísimo, es terrible
y de toda la tierra, rey supremo. ℟.

Entre voces de júbilo y trompetas,
Dios, el Señor, asciende hasta su trono.

Cantemos en honor de nuestro Dios,
al rey honremos y cantemos todos. ℟.

Porque Dios es el rey del universo,
cantemos el mejor de nuestros cantos.
Reina Dios sobre todas las naciones
desde su trono santo. ℟.

SEGUNDA LECTURA

Lo hizo sentar a su derecha en el cielo.

De la carta del apóstol san Pablo a los efesios
1, 17-23

Hermanos: Pido al Dios de nuestro Señor Jesucristo, el Padre de la gloria, que les conceda espíritu de sabiduría y de revelación para conocerlo.

Le pido que les ilumine la mente para que comprendan cuál es la esperanza que les da su llamamiento, cuán gloriosa y rica es la herencia que Dios da a los que son suyos y cuál la extraordinaria grandeza de su poder para con nosotros, los que confiamos en él, por la eficacia de su fuerza poderosa.

Con esta fuerza resucitó a Cristo de entre los muertos y lo hizo sentar a su derecha en el cielo, por encima de todos los ángeles, principados, potestades, virtudes y dominaciones, y por encima de cualquier persona, no sólo del mundo actual sino también del futuro.

Todo lo puso bajo sus pies y a él mismo lo constituyó cabeza suprema de la Iglesia, que es su cuerpo, y la plenitud del que lo consuma todo en todo.

Palabra de Dios. ℟. **Te alabamos, Señor.**

ACLAMACIÓN ANTES DEL EVANGELIO
Mt 28, 19. 20

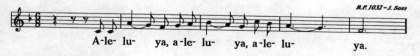

A-le- lu- ya, a-le- lu- ya, a-le- lu- ya.

℟. Aleluya, aleluya.
Vayan y enseñen a todas las naciones, dice el Señor,
y sepan que yo estaré con ustedes todos los días,
hasta el fin del mundo.
℟. Aleluya, aleluya.

EVANGELIO
Me ha sido dado todo poder en el cielo y en la tierra.

Del santo Evangelio según san Mateo
28, 16-20

En aquel tiempo, los once discípulos se fueron a Galilea y subieron al monte en el que Jesús los había citado. Al ver a Jesús, se postraron, aunque algunos titubeaban.

Entonces, Jesús se acercó a ellos y les dijo: "Me ha sido dado todo poder en el cielo y en la tierra. Vayan, pues, y enseñen a todas las naciones, bautizándolas en el nombre del Padre y del Hijo y del Espíritu Santo, y enseñándolas a cumplir todo cuanto yo les he mandado; y sepan que yo estaré con ustedes todos los días, hasta el fin del mundo".

Palabra del Señor. ℟. **Gloria a ti, Señor Jesús.**

ORACIÓN SOBRE LAS OFRENDAS
Acepta, Señor, este sacrificio que vamos a ofrecerte en acción de gracias por la ascensión de tu Hijo, y concédenos que esta Eucaristía eleve nuestro espíritu a los bienes del cielo. Por Jesucristo, nuestro Señor.

ANTÍFONA DE LA COMUNIÓN   Mt 28, 20
Yo estaré con ustedes todos los días hasta el fin del mundo. Aleluya.

ORACIÓN DESPUÉS DE LA COMUNIÓN
Dios todopoderoso, que ya desde este mundo nos haces participar de tu vida divina, aviva en nosotros el deseo de la patria eterna, donde nos aguarda Cristo, Hijo tuyo y hermano nuestro. Él, que vive y reina por los siglos de los siglos.

LA MISIÓN DE LA IGLESIA DOMÉSTICA

(es decir, de la familia)

❀ La misión de la "Iglesia doméstica" es exactamente la misma que la de la Iglesia universal, sólo que en menor escala. A saber:
- bautizar en el nombre del Padre y del Hijo y del Espíritu Santo.
- y enseñar a cumplir todo lo que Cristo nos ha enseñado.

❀ Las familias mexicanas solemos llevar a cabo bastante bien el primer punto de nuestra misión: llevar a bautizar a nuestros hijos.

❀ En lo que andamos más fallas (las familias) es en el segundo punto: enseñarles a nuestros hijos a cumplir lo que Cristo nos ha mandado.

❀ Esto porque:
- muchas veces no sabemos bien a bien qué es lo que Cristo nos ha mandado (por ejemplo, lo relacionado con lo de que lo que Dios ha unido, no lo separe el hombre, o lo de que no se puede servir a Dios y al dinero, o lo de que hay que perdonar 70 veces 7…);
- otras veces, porque lo sabemos, pero los papás y las mamás somos los primeros en no cumplirlo y, así, no hay enseñanza que valga…
- otras más, porque ingenuamente creemos que eso les toca a los padres de la parroquia en las clases de catecismo (a las que casi nunca mandamos a nuestros hijos).

❀ Día de la Ascensión, día para recordar la parte de la misión de la Iglesia universal que Dios le ha confiado a la Iglesia doméstica, es decir, a la familia, especialmente el segundo punto, porque si nosotros no lo hacemos, no lo va a hacer nadie.

11 de mayo

Domingo de Pentecostés
(Rojo)

ANTÍFONA DE ENTRADA Sab 1, 7

El Espíritu del Señor ha llenado toda la tierra; él da unidad a todas las cosas y se hace comprender en todas las lenguas. Aleluya.

ORACIÓN COLECTA

Dios nuestro, que por el misterio de Pentecostés santificas a tu Iglesia extendida por todas las naciones, concede al mundo entero los dones del Espíritu Santo y continúa realizando entre los fieles la unidad y el amor de la primitiva Iglesia. Por nuestro Señor Jesucristo...

En el pasaje de los Hechos de los Apóstoles (PRIMERA LECTURA), se nos describe en detalle el acontecimiento del día de Pentecostés, aquel día en que el Espíritu Santo descendió sobre los apóstoles, reunidos con María, para que cumplieran con la misión que les había sido encomendada, como nos lo dice san Juan (EVANGELIO). También san Pablo (SEGUNDA LECTURA) se refiere a la venida del Espíritu Santo como principio de la unidad de la Iglesia en la diversidad de sus ministerios.

PRIMERA LECTURA

Todos quedaron llenos del Espíritu Santo y empezaron a hablar.

Del libro de los Hechos de los Apóstoles
2, 1-11

El día de Pentecostés, todos los discípulos estaban reunidos en un mismo lugar. De repente se oyó un gran ruido que venía del cielo, como cuando sopla un viento fuerte, que resonó por toda la casa donde se encontraban. Entonces aparecieron lenguas de fuego, que se distribuyeron y se posaron sobre ellos; se llenaron todos del Espíritu Santo y empezaron a hablar en otros idiomas, según el Espíritu los inducía a expresarse.

En esos días había en Jerusalén judíos devotos, venidos de todas partes del mundo. Al oír el ruido, acudieron en masa y quedaron desconcertados, porque cada uno los oía hablar en su propio idioma.

Atónitos y llenos de admiración, preguntaban: "¿No son galileos todos estos que están hablando? ¿Cómo, pues, los oímos hablar en nuestra lengua nativa? Entre nosotros hay medos, partos y elamitas; otros vivimos en Mesopotamia, Judea, Capadocia, en el Ponto y en Asia, en Frigia y en Panfilia, en Egipto o en la zona de Libia que limita con Cirene. Algunos somos visitantes, venidos de Roma, judíos y prosélitos; también hay cretenses y árabes. Y sin embargo, cada quien los oye hablar de las maravillas de Dios en su propia lengua".

Palabra de Dios.   ℟. **Te alabamos, Señor.**

SALMO RESPONSORIAL
Del salmo 103

E. Loarca B.P. 1540

℟. Envía, Señor, tu Espíritu a renovar la tierra. Aleluya.

Bendice al Señor, alma mía;
Señor y Dios mío, inmensa es tu grandeza.
¡Qué numerosas son tus obras, Señor!
La tierra llena está de tus creaturas. ℟.

Si retiras tu aliento,
toda creatura muere y vuelve al polvo.
Pero envías tu espíritu, que da vida,
y renuevas el aspecto de la tierra. ℟.

[R. Envía, Señor, tu Espíritu a renovar la tierra. Aleluya.]

Que Dios sea glorificado para siempre
y se goce en sus creaturas.
Ojalá que le agraden mis palabras
y yo me alegraré en el Señor. R.

SEGUNDA LECTURA

Hemos sido bautizados en un mismo Espíritu para formar un solo cuerpo.

De la primera carta del apóstol san Pablo a los corintios
12, 3-7. 12-13

Hermanos: Nadie puede llamar a Jesús "Señor", si no es bajo la acción del Espíritu Santo.

Hay diferentes dones, pero el Espíritu es el mismo. Hay diferentes servicios, pero el Señor es el mismo. Hay diferentes actividades, pero Dios, que hace todo en todos, es el mismo.

En cada uno se manifiesta el Espíritu para el bien común. Porque así como el cuerpo es uno y tiene muchos miembros y todos ellos, a pesar de ser muchos, forman un solo cuerpo, así también es Cristo. Porque todos nosotros, seamos judíos o no judíos, esclavos o libres, hemos sido bautizados en un mismo Espíritu para formar un solo cuerpo, y a todos se nos ha dado a beber del mismo Espíritu.

Palabra de Dios.   R. **Te alabamos, Señor.**

SECUENCIA

Ven, Dios Espíritu Santo,
y envíanos desde el cielo
tu luz, para iluminarnos.

Ven ya, padre de los pobres,
luz que penetra en las almas,
dador de todos los dones.

Fuente de todo consuelo,
amable huésped del alma,
paz en las horas de duelo.

Eres pausa en el trabajo;
brisa, en un clima de fuego;
consuelo, en medio del llanto.

Ven, luz santificadora,
y entra hasta el fondo del alma
de todos los que te adoran.

Sin tu inspiración divina
los hombres nada podemos
y el pecado nos domina.

Lava nuestras inmundicias,
fecunda nuestros desiertos
y cura nuestras heridas.

Doblega nuestra soberbia,
calienta nuestra frialdad,
endereza nuestras sendas.

Concede a aquellos que ponen
en ti su fe y su confianza
tus siete sagrados dones.

Danos virtudes y méritos,
danos una buena muerte
y contigo el gozo eterno.

ACLAMACIÓN ANTES DEL EVANGELIO

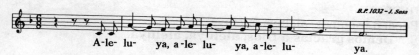

℟. Aleluya, aleluya.
Ven, Espíritu Santo, llena los corazones de tus fieles
y enciende en ellos el fuego de tu amor.
℟. Aleluya, aleluya.

EVANGELIO

Como el Padre me ha enviado, así también los envío yo: Reciban el Espíritu Santo.

✠ Del santo Evangelio según san Juan
20, 19-23

Al anochecer del día de la resurrección, estando cerradas las puertas de la casa donde se hallaban los discípulos, por miedo a los judíos, se presentó Jesús en medio de ellos y les dijo: "La paz esté con ustedes". Dicho esto, les mostró las manos y el costado. Cuando los discípulos vieron al Señor, se llenaron de alegría.

De nuevo les dijo Jesús: "La paz esté con ustedes. Como el Padre me ha enviado, así también los envío yo". Después de decir esto, sopló sobre ellos y les dijo: "Reciban el Espíritu Santo. A los que les perdonen los pecados, les quedarán perdonados; y a los que no se los perdonen, les quedarán sin perdonar".

Palabra del Señor.   ℟. **Gloria a ti, Señor Jesús.**

ORACIÓN SOBRE LAS OFRENDAS

Señor, que el Espíritu Santo nos haga comprender mejor, según la promesa de tu Hijo, el misterio de este sacrificio y toda la profundidad del Evangelio. Por Jesucristo, nuestro Señor.

ANTÍFONA DE LA COMUNIÓN
Hechos 2, 4. 11

Todos quedaron llenos del Espíritu Santo, y proclamaban las maravillas de Dios. Aleluya.

ORACIÓN DESPUÉS DE LA COMUNIÓN

Señor, tú que nos concedes participar de la vida divina por medio de tus sacramentos, conserva en nosotros el don de tu amor y la presencia viva del Espíritu Santo, para que esta comunión nos ayude a obtener nuestra salvación eterna. Por Jesucristo, nuestro Señor.

DESPEDIDA

Pueden ir en paz, aleluya, aleluya.

℟.   **Demos gracias a Dios, aleluya, aleluya.**

¡VEN, ESPÍRITU SANTO!

• Para que nos comuniques el gusto por las cosas de Dios, a las que cada día les encontramos menos sabor, porque las cosas de aquí abajo nos han estragado el paladar **(Don de Sabiduría).**

• Para que nos comuniques un conocimiento más profundo de las verdades de la fe y luego no nos enreden con su prédica los Testigos de Jehová, los Mormones o los Evangélicos... **(Don de Entendimiento).**

• Para que nos enseñes a darle a las cosas terrenas su verdadero valor de medios y no de fines **(Don de Ciencia).**

• Para que nos ayudes a resolver con criterios cristianos los pequeños o grandes conflictos de nuestra vida y a saber discernir lo que está bien y lo que no lo está, porque luego, cada metidota de pata... **(Don de Consejo).**

• Para que sepamos relacionarnos con Dios como verdadero Padre nuestro y sepamos amarlo y confiar en él como verdaderos hijos suyos, porque a veces creemos equivocadamente que Dios está esperándonos a la vuelta de la esquina para darnos nuestro merecido... **(Don de Piedad).**

• Para que nos impulses a huir de cualquier cosa que pueda ofender a Dios, no porque nos puede mandar al infierno, sino por ser él quien es **(Don de Temor de Dios).**

• Para que despiertes en nosotros la audacia que nos impulse al apostolado con entusiasmo y podamos superar el desaliento, la crítica y el miedo a meternos en líos por defender los derechos de Dios y de los demás **(Don de Fortaleza).**

Y LLÉNANOS DE TUS DONES.

18 de mayo

La Santísima Trinidad
(Blanco)

Bendito sea Dios, Padre, Hijo y Espíritu Santo, porque nos ha mostrado un amor inmenso.

ORACIÓN COLECTA

Dios Padre, que al enviar al mundo al Verbo de verdad y al Espíritu de santidad, revelaste a los hombres tu misterio admirable, concédenos que al profesar la fe verdadera, reconozcamos la gloria de la eterna Trinidad y adoremos la unidad de su majestad omnipotente. Por nuestro Señor Jesucristo...

Siguiendo a Moisés (PRIMERA LECTURA), vamos a encontrarnos con el Dios Altísimo que es también el Dios comprensivo y misericordioso. Tan inmensa es la misericordia de Dios, que entregó a su Hijo único por amor al mundo (EVANGELIO) y el Hijo de Dios, hecho hombre, nos envió a su vez al Espíritu Santo. De esta manera nos encontramos frente a la Santísima Trinidad, al contemplar en nuestro interior la gracia del Hijo, nuestro Señor Jesucristo, el amor del Padre y la comunión del Espíritu Santo, como lo dice san Pablo (SEGUNDA LECTURA).

PRIMERA LECTURA
Yo soy el Señor, el Señor Dios, compasivo y clemente.

Del libro del Éxodo
34, 4-6. 8-9

En aquellos días, Moisés subió de madrugada al Monte Sinaí, llevando en la mano las dos tablas de piedra, como le había mandado el Señor. El Señor descendió en una nube y se le hizo presente.

Moisés pronunció entonces el nombre del Señor, y el Señor, pasando delante de él, proclamó: "Yo soy el Señor, el Señor Dios, compasivo y clemente, paciente, misericordioso y fiel".

Al instante, Moisés se postró en tierra y lo adoró, diciendo: "Si de veras he hallado gracia a tus ojos, dígnate venir ahora con nosotros, aunque este pueblo sea de cabeza dura; perdona nuestras iniquidades y pecados, y tómanos como cosa tuya".

Palabra de Dios.   ℟. **Te alabamos, Señor.**

SALMO RESPONSORIAL

Daniel 3

B.P. 1573

Ben - di - to, ben - di - to se - a el Se - ñor pa - ra siem - pre.

℟.   Bendito seas para siempre, Señor.

Bendito seas, Señor, Dios de nuestros padres.
Bendito sea tu nombre santo y glorioso. ℟.
Bendito seas en el templo santo y glorioso.
Bendito seas en el trono de tu reino. ℟.
Bendito eres tú, Señor,
que penetras con tu mirada los abismos
y te sientas en un trono rodeado de querubines.
Bendito seas, Señor, en la bóveda del cielo. ℟.

SEGUNDA LECTURA

Que la gracia de nuestro Señor Jesucristo, el amor del Padre y la comunión del Espíritu Santo estén siempre con ustedes.

De la segunda carta del apóstol san Pablo a los corintios
13, 11-13

Hermanos: Estén alegres, trabajen por su perfección, anímense mutuamente, vivan en paz y armonía. Y el Dios del amor y de la paz estará con ustedes.

Salúdense los unos a los otros con el saludo de paz.

Los saludan todos los fieles.

La gracia de nuestro Señor Jesucristo, el amor del Padre y la comunión del Espíritu Santo estén siempre con ustedes.

Palabra de Dios.   ℟. **Te alabamos, Señor.**

ACLAMACIÓN ANTES DEL EVANGELIO
Cfr Apoc 1, 8

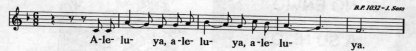

℟.   Aleluya, aleluya.
Gloria al Padre y al Hijo y al Espíritu Santo.
Al Dios que es, que era y que vendrá.
℟.   Aleluya, aleluya.

EVANGELIO
Dios envió a su Hijo al mundo para que el mundo se salvara por él.

✠ Del santo Evangelio según san Juan
3, 16-18

"Tanto amó Dios al mundo, que le entregó a su Hijo único, para que todo el que crea en él no perezca, sino que tenga la vida eterna. Porque Dios no envió a su Hijo para condenar al mundo, sino para que el mundo se salvara por él. El que cree en él no será condenado; pero el que no cree ya está condenado, por no haber creído en el Hijo único de Dios".

Palabra del Señor.   ℟. **Gloria a ti, Señor Jesús.**

ORACIÓN SOBRE LAS OFRENDAS
Por la invocación de tu nombre, santifica, Señor, estos dones que te presentamos y transfórmanos por ellos en una continua oblación a ti. Por Jesucristo, nuestro Señor.

ANTÍFONA DE LA COMUNIÓN
Gál 4, 6
Porque ustedes son hijos de Dios, Dios infundió en sus corazones el Espíritu de su Hijo, que clama: Padre.

ORACIÓN DESPUÉS DE LA COMUNIÓN
Que la recepción de este sacramento y nuestra profesión de fe en la Trinidad santa y eterna, y en su unidad indivisible, nos aprovechen, Señor, Dios nuestro, para la salvación del cuerpo y el alma. Por Jesucristo, nuestro Señor.

DIOS NO ENVIÓ A SU HIJO PARA CONDENAR AL MUNDO

→ ni para andar descubriendo pajas en los ojos ajenos…

→ ni para encabezar grupos de personas "buenas" que apedreen a las "malas"…

→ ni para aprovecharse de la gente que no tiene comida y hacer negocio con los panes y los pescados…

→ ni para cerrarles las puertas del hogar –y las del corazón– a los hijos pródigos, a los cónyuges pródigos, a los familiares pródigos…

→ ni para apagar las mechas que aún están humeando…

→ ni para hacer bajar fuego del cielo sobre todos los que no pensaban como él…

→ ni para cortar orejas a sus enemigos…

→ ni para pasar por todos los caminos haciendo como que no veía a los pobres, a los enfermos, a las viudas, a los desempleados, a los drogadictos, a los niños que andan como ovejas sin pastor…

SINO PARA QUE EL MUNDO SE SALVE POR MEDIO DE ÉL

Curiosamente, también a nosotros los cristianos, Dios nos ha enviado al mundo para lo mismo, es decir, para salvarlo.

22 de mayo
Jueves

El Cuerpo y la Sangre de Cristo
(Blanco)

ANTÍFONA DE ENTRADA
Sal 80, 17

Alimentó a su pueblo con lo mejor del trigo y lo sació con miel sacada de la roca.

ORACIÓN COLECTA

Señor nuestro Jesucristo, que en este sacramento admirable nos dejaste el memorial de tu pasión, concédenos venerar de tal modo los sagrados misterios de tu Cuerpo y de tu Sangre, que experimentemos constantemente en nosotros el fruto de tu redención. Tú que vives y reinas...

Mientras el pueblo de Israel caminaba por el desierto, Dios mismo lo alimentaba proporcionándole el maná (PRIMERA LECTURA). Aquel alimento sostenía el cuerpo, pero no evitaba la muerte de los que lo comían. En cambio, vino Jesús, el verdadero pan de la vida, y proclamó: "El que come mi carne y bebe mi sangre, tiene vida eterna" (EVANGELIO). San Pablo añade (SEGUNDA LECTURA) que todos los cristianos forman entre sí "un solo cuerpo" al participar todos del cuerpo del Señor y al compartir su cáliz.

PRIMERA LECTURA
Te di un alimento que ni tú ni tus padres conocían.

Del libro del Deuteronomio
8, 2-3. 14-16

En aquel tiempo, habló Moisés al pueblo y le dijo: "Recuerda el camino que el Señor, tu Dios, te ha hecho recorrer estos cuarenta años por el desierto, para afligirte, para ponerte a prueba y conocer si ibas a guardar sus mandamientos o no.

Él te afligió, haciéndote pasar hambre, y después te alimentó con el maná, que ni tú ni tus padres conocían, para enseñarte que no sólo de pan vive el hombre, sino también de toda palabra que sale de la boca de Dios.

No sea que te olvides del Señor, tu Dios, que te sacó de Egipto y de la esclavitud; que te hizo recorrer aquel desierto inmenso y terrible, lleno de serpientes y alacranes; que en una tierra árida hizo brotar para ti agua de la roca más dura, y que te alimentó en el desierto con un maná que no conocían tus padres".

Palabra de Dios.   ℞. **Te alabamos, Señor.**

SALMO RESPONSORIAL
Del salmo 147

M.T. Carrasco B.P. 1576

Ben - di - to   se - a_el Se - ñor,   ben - di - to   se - a_el Se - ñor.

℞.   Bendito sea el Señor.

Glorifica al Señor, Jerusalén,
a Dios ríndele honores, Israel.
Él refuerza el cerrojo de tus puertas
y bendice a tus hijos en tu casa. ℞.

    Él mantiene la paz en tus fronteras,
con su trigo mejor sacia tu hambre.
Él envía a la tierra su mensaje
y su palabra corre velozmente. ℞.

    Le muestra a Jacob sus pensamientos,
sus normas y designios a Israel.
No ha hecho nada igual con ningún pueblo
ni le ha confiado a otro sus proyectos. ℞.

SEGUNDA LECTURA
El pan es uno y los que comemos de ese pan formamos un solo cuerpo.

De la primera carta del apóstol san Pablo a los corintios
10, 16-17

Hermanos: El cáliz de la bendición con el que damos gracias, ¿no nos une a Cristo por medio de su sangre? Y el pan que partimos, ¿no nos une a Cristo por medio de su cuerpo? El pan es uno, y así nosotros, aunque somos muchos, formamos un solo cuerpo, porque todos comemos del mismo pan.

Palabra de Dios.   ℟. **Te alabamos, Señor.**

SECUENCIA

(Puede omitirse o puede recitarse en forma abreviada, comenzando por la estrofa: **"El pan que del cielo baja").*

Al Salvador alabemos,
que es nuestro pastor y guía.
Alabémoslo con himnos
y canciones de alegría.

Alabémoslo sin límites
y con nuestras fuerzas todas;
pues tan grande es el Señor,
que nuestra alabanza es poca.

Gustosos hoy aclamamos
a Cristo, que es nuestro pan,
pues él es el pan de vida,
que nos da vida inmortal.

Doce eran los que cenaban
y les dio pan a los doce.
Doce entonces lo comieron,
y, después, todos los hombres.

Sea plena la alabanza
y llena de alegres cantos;
que nuestra alma se desborde
en todo un concierto santo.

Hoy celebramos con gozo
la gloriosa institución
de este banquete divino,
el banquete del Señor.

Ésta es la nueva Pascua,
Pascua del único Rey,
que termina con la alianza
tan pesada de la ley.

Esto nuevo, siempre nuevo,
es la luz de la verdad,
que sustituye a lo viejo
con reciente claridad.

En aquella última cena
Cristo hizo la maravilla
de dejar a sus amigos
el memorial de su vida.

Enseñados por la Iglesia,
consagramos pan y vino,
que a los hombres nos redimen,
y dan fuerza en el camino.

Es un dogma del cristiano
que el pan se convierte en carne,
y lo que antes era vino
queda convertido en sangre.

Hay cosas que no entendemos,
pues no alcanza la razón;
mas si las vemos con fe,
entrarán al corazón.

ser62ok

Bajo símbolos diversos
y en diferentes figuras,
se esconden ciertas verdades
maravillosas, profundas.

Su sangre es nuestra bebida;
su carne, nuestro alimento;
pero en el pan o en el vino
Cristo está todo completo.

Quien lo come, no lo rompe,
no lo parte ni divide;
él es el todo y la parte;
vivo está en quien lo recibe.

Puede ser tan sólo uno
el que se acerca al altar,
o pueden ser multitudes:
Cristo no se acabará.

Lo comen buenos y malos,
con provecho diferente;
no es lo mismo tener vida
que ser condenado a muerte.

A los malos les da muerte
y a los buenos les da vida.
¡Qué efecto tan diferente
tiene la misma comida!

Si lo parten, no te apures;
sólo parten lo exterior;
en el mínimo fragmento
entero late el Señor.

Cuando parten lo exterior,
sólo parten lo que has visto;
no es una disminución
de la persona de Cristo.

*El pan que del cielo baja
es comida de viajeros.
Es un pan para los hijos.
¡No hay que tirarlo a los perros!

Isaac, el inocente,
es figura de este pan,
con el cordero de Pascua
y el misterioso maná.

Ten compasión de nosotros,
buen pastor, pan verdadero.
Apaciéntanos y cuídanos
y condúcenos al cielo.

Todo lo puedes y sabes,
pastor de ovejas, divino.
Concédenos en el cielo
gozar la herencia contigo. Amén.

ACLAMACIÓN ANTES DEL EVANGELIO
Jn 6, 51

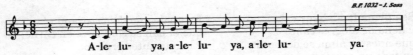

A-le- lu- ya, a-le- lu- ya, a-le- lu- ya.

℟. Aleluya, aleluya.
Yo soy el pan vivo que ha bajado del cielo, dice el Señor;
el que coma de este pan vivirá para siempre.
℟. Aleluya, aleluya.

EVANGELIO

Mi carne es verdadera comida y mi sangre es verdadera bebida.

✠ Del santo Evangelio según san Juan
6, 51-58

En aquel tiempo, Jesús dijo a los judíos: "Yo soy el pan vivo que ha bajado del cielo; el que coma de este pan vivirá para siempre. Y el pan que yo les voy a dar es mi carne para que el mundo tenga vida".

Entonces los judíos se pusieron a discutir entre sí: "¿Cómo puede éste darnos a comer su carne?"

Jesús les dijo: "Yo les aseguro: Si no comen la carne del Hijo del hombre y no beben su sangre, no podrán tener vida en ustedes. El que come mi carne y bebe mi sangre, tiene vida eterna y yo lo resucitaré el último día.

Mi carne es verdadera comida y mi sangre es verdadera bebida. El que come mi carne y bebe mi sangre, permanece en mí y yo en él. Como el Padre, que me ha enviado, posee la vida y yo vivo por él, así también el que me come vivirá por mí.

Éste es el pan que ha bajado del cielo; no es como el maná que comieron sus padres, pues murieron. El que come de este pan vivirá para siempre".

Palabra del Señor. ℟. **Gloria a ti, Señor Jesús.**

ORACIÓN SOBRE LAS OFRENDAS

Señor, concede a tu Iglesia los dones de la unidad y de la paz, simbolizados en las ofrendas sacramentales que te presentamos. Por Jesucristo, nuestro Señor.

PREFACIO DE LA EUCARISTÍA I

En verdad es justo y necesario, es nuestro deber y salvación darte gracias siempre y en todo lugar, Señor, Padre santo, Dios todopoderoso y eterno, por Cristo, Señor nuestro.

El cual, verdadero y eterno sacerdote, al instituir el sacrificio perdurable, se ofreció a ti como víctima salvadora y nos mandó que lo ofreciéramos como memorial suyo.

En efecto, cuando comemos su carne, inmolada por nosotros, quedamos fortalecidos; y cuando bebemos su sangre, derramada por nosotros, quedamos limpios de nuestros pecados.

Por eso, con los ángeles y los arcángeles y con todos los coros celestiales, cantamos sin cesar el himno de tu gloria: Santo...

ANTÍFONA DE LA COMUNIÓN

El que come mi carne y bebe mi sangre, permanece en mí y yo en él, dice el Señor.

ORACIÓN DESPUÉS DE LA COMUNIÓN

Concédenos, Señor, disfrutar eternamente del gozo de tu divinidad que ahora pregustamos, en la comunión de tu Cuerpo y de tu Sangre. Tú que vives y reinas por los siglos de los siglos.

SI NO COMEN USTEDES DE ESTE PAN, NO TENDRÁN VIDA

◆ esa **vida** sobrenatural que nos comunica Cristo y que nos permite sonreír, a pesar de lo caro que está todo, de los salarios que no alcanzan para nada, de la salud que no está como para echarle porras…

◆ esa **vida** que nos da fuerzas para seguir siendo honrados en los negocios y responsables en el trabajo…

◆ esa **vida** que conserva lozano o que hace que vuelva a florecer el amor conyugal y la armonía familiar…

◆ esa **vida** que nos hace llevadera una enfermedad o la pérdida de un ser querido…

◆ esa **vida** que nos ayuda a superar rencores y a perdonar ofensas…

◆ esa **vida** que hace posible la fidelidad conyugal y la castidad prematrimonial…

◆ esa **vida** que nos hace fácil el sacrificarnos por los demás…

◆ esa **vida** cuya ausencia nos hace desesperarnos, angustiarnos, llevar a cabo acciones u omisiones que luego lamentamos; portarnos en muchas ocasiones como todo… menos como cristianos…

"PORQUE EL QUE COME MI CARNE Y BEBE MI SANGRE, PERMANECE EN MÍ Y YO EN ÉL".

25 de mayo
8° Domingo Ordinario
(Verde)

ORACIÓN COLECTA

Concédenos, Señor, que el curso de los acontecimientos del mundo se desenvuelva, según tu voluntad, en la justicia y en la paz, y que tu Iglesia pueda servirte con tranquilidad y alegría. Por nuestro Señor Jesucristo...

San Mateo nos recalca en la Misa de hoy (EVANGELIO) las palabras del Señor contra la tendencia del hombre a poner su confianza en el dinero en vez de ponerla en Dios, que siempre cuida de sus hijos con amor inagotable. También el profeta Isaías (PRIMERA LECTURA) nos habla de ese amor de Dios por los hombres, más fuerte que el amor de una madre. San Pablo (SEGUNDA LECTURA) declara que él no acepta el juicio de los hombres, porque es servidor de Cristo y su único juez es el Señor.

PRIMERA LECTURA
Yo nunca me olvidaré de ti.

Del libro del profeta Isaías
49, 14-15

"Sión había dicho: 'El Señor me ha abandonado, el Señor me tiene en el olvido'.
¿Puede acaso una madre olvidarse de su criatura hasta dejar de enternecerse por el hijo de sus entrañas?
Aunque hubiera una madre que se olvidara, yo nunca me olvidaré de ti",
dice el Señor todopoderoso.

Palabra de Dios. ℟. **Te alabamos, Señor.**

SALMO RESPONSORIAL
Del salmo 61

E. Loarca B.P. 1547

Só - lo en Dios he pues-to mi con-fian-za, mi con-fian - za.

℟. Sólo en Dios he puesto mi confianza.

Sólo en Dios he puesto mi confianza,
porque de él vendrá el bien que espero.
Él es mi refugio y mi defensa,
ya nada me inquietará. ℟.

 Sólo Dios es mi esperanza,
mi confianza es el Señor:
es mi baluarte y firmeza,
es mi Dios y salvador. ℟.

 De Dios viene mi salvación y mi gloria;
él es mi roca firme y mi refugio.
Confía siempre en él, pueblo mío,
y desahoga tu corazón en su presencia. ℟.

SEGUNDA LECTURA
El Señor pondrá al descubierto las intenciones del corazón.

De la primera carta del apóstol san Pablo a los corintios
4, 1-5

Hermanos: Procuren que todos nos consideren como servidores de Cristo y administradores de los misterios de Dios.
 Ahora bien, lo que se busca en un administrador es que sea fiel. Por eso, lo que menos me preocupa es que me juzguen ustedes o un

tribunal humano; pues ni siquiera yo me juzgo a mí mismo. Es cierto que mi conciencia no me reprocha nada, pero no por eso he sido declarado inocente. El Señor es quien habrá de juzgarme. Por lo tanto, no juzguen antes de tiempo; esperen a que venga el Señor. Entonces él sacará a la luz lo que está oculto en las tinieblas, pondrá al descubierto las intenciones del corazón y dará a cada uno la alabanza que merezca.

Palabra de Dios.   ℟. **Te alabamos, Señor.**

ACLAMACIÓN ANTES DEL EVANGELIO
Heb 4, 12

℟. Aleluya, aleluya.
La palabra de Dios es viva y eficaz
y descubre los pensamientos e intenciones del corazón.
℟. Aleluya, aleluya.

EVANGELIO
No se preocupen por el día de mañana.

✠ Del santo Evangelio según san Mateo
6, 24-34

En aquel tiempo, Jesús dijo a sus discípulos: "Nadie puede servir a dos amos, porque odiará a uno y amará al otro, o bien obedecerá al primero y no le hará caso al segundo. En resumen, no pueden ustedes servir a Dios y al dinero.

Por eso les digo que no se preocupen por su vida, pensando qué comerán o con qué se vestirán. ¿Acaso no vale más la vida que el alimento, y el cuerpo más que el vestido? Miren las aves del cielo, que ni siembran, ni cosechan, ni guardan en graneros y, sin embargo, el Padre celestial las alimenta. ¿Acaso no valen ustedes más que ellas? ¿Quién de ustedes, a fuerza de preocuparse, puede prolongar su vida siquiera un momento?

¿Y por qué se preocupan del vestido? Miren cómo crecen los lirios del campo, que no trabajan ni hilan. Pues bien, yo les aseguro que ni Salomón, en todo el esplendor de su gloria, se vestía como uno de ellos. Y si Dios viste así a la hierba del campo, que hoy florece y mañana es echada al horno, ¿no hará mucho más por ustedes, hombres de poca fe?

No se inquieten, pues, pensando: ¿Qué comeremos o qué beberemos o con qué nos vestiremos? Los que no conocen a Dios se desviven por todas estas cosas; pero el Padre celestial ya sabe que ustedes tienen necesidad de ellas. Por consiguiente, busquen primero el Reino de Dios y su justicia, y todas estas cosas se les darán por añadidura. No se preocupen por el día de mañana, porque el día de mañana traerá ya sus propias preocupaciones. A cada día le bastan sus propios problemas".

Palabra del Señor.   ℟. **Gloria a ti, Señor Jesús.**

ORACIÓN SOBRE LAS OFRENDAS

Que este pan y este vino que tú mismo nos das para ofrecértelos nos ayuden, Señor, convertidos en el Cuerpo y Sangre de tu Hijo, a conseguir el premio de la felicidad eterna. Por Jesucristo, nuestro Señor.

ANTÍFONA DE LA COMUNIÓN   Mt 28, 20

Yo estaré con ustedes todos los días, hasta el fin del mundo, dice el Señor.

ORACIÓN DESPUÉS DE LA COMUNIÓN

Te pedimos, Padre misericordioso, que por este sacramento con que ahora nos fortaleces, nos hagas algún día participar de la vida eterna. Por Jesucristo, nuestro Señor.

NO SE INQUIETEN PENSANDO QUÉ COMERÁN O CON QUÉ SE VESTIRÁN

En nuestros tiempos estas palabras de Cristo parecen dichas en broma.

¡Que no nos inquietemos ni por la comida ni por el vestido!

Y sin embargo Cristo las dijo entonces –y nos las dice este domingo– con la misma seriedad con que dijo que se sentaran aquellos cinco mil hombres cuando multiplicó los panes.

Lo dijo –y lo repite hoy– con la misma seriedad con que dijo que resucitaría al tercer día, y resucitó.

Lo dijo –y lo sigue diciendo– con la misma seriedad que dijo que daría el Reino al que diera de comer al hambriento…

Claro que añadió: "Busquen primero el Reino de Dios y su justicia" y todo lo demás ya vendrá.

30 de mayo
Viernes

El Sagrado Corazón de Jesús
(Blanco)

ANTÍFONA DE ENTRADA   Sal 32, 11. 19

Los proyectos de su corazón subsisten de edad en edad, para librar de la muerte la vida de sus fieles y reanimarlos en tiempo de hambre.

ORACIÓN COLECTA

Al celebrarse hoy la solemnidad del Corazón de Jesús, en la que recordamos el inmenso amor de tu Hijo hacia nosotros, te suplicamos, Padre todopoderoso, que nos concedas alcanzar de esa fuente inagotable la abundancia de tu gracia. Por nuestro Señor Jesucristo...

Jesús fue manso y humilde de corazón (EVANGELIO) y aquella mansedumbre lo llevó hasta aceptar la humillación de la cruz y a dar muestras de su infinito amor hacia los hombres. Así lo indica san Juan (SEGUNDA LECTURA), al señalarnos que Dios envió, por amor a nosotros, a su Hijo único para redimirnos. Y ya desde muchos siglos antes, Dios había preparado a los hombres para la revelación de su amor, al liberar a su pueblo de los opresores (PRIMERA LECTURA).

PRIMERA LECTURA
El Señor te ha elegido por el amor que te tiene.

Del libro del Deuteronomio
7, 6-11

E n aquel tiempo, habló Moisés al pueblo y le dijo: "Eres un pueblo consagrado al Señor, tu Dios; él te ha elegido a ti para que seas pueblo suyo entre todos los pueblos de la tierra.

El Señor se ha comprometido contigo y te ha elegido, no por ser tú el más numeroso de todos los pueblos, ya que al contrario, eres el menos numeroso; más bien te ha elegido por el amor que te tiene y para cumplir el juramento hecho a tus padres. Por eso, el Señor, con mano firme, te sacó de la esclavitud y del poder del faraón, rey de Egipto.

Reconoce, pues, que el Señor, tu Dios, es el Dios verdadero y fiel. Él guarda su alianza y su misericordia hasta mil generaciones para los que lo aman y cumplen sus mandamientos; pero castiga a quienes lo odian, y los hace perecer sin demora.

Guarda, pues, los mandamientos, preceptos y leyes que yo te mando hoy poner en práctica".

Palabra de Dios.   ℟. **Te alabamos, Señor.**

SALMO RESPONSORIAL
Del salmo 102

℟. El Señor es compasivo y misericordioso.

Bendice al Señor, alma mía,
que todo mi ser bendiga su santo nombre.
Bendice al Señor, alma mía,
y no te olvides de sus beneficios. ℟.

El Señor perdona tus pecados
y cura tus enfermedades;
él rescata tu vida del sepulcro
y te colma de amor y de ternura. ℟.

El Señor hace justicia
y le da la razón al oprimido.
A Moisés le mostró su bondad
y sus prodigios al pueblo de Israel. ℟.

El Señor es compasivo y misericordioso,
lento para enojarse y generoso para perdonar.
No nos trata como merecen nuestras culpas,
ni nos paga según nuestros pecados. ℟.

SEGUNDA LECTURA
Dios nos amó.

De la primera carta del apóstol san Juan
4, 7-16

Queridos hijos: Amémonos los unos a los otros, porque el amor viene de Dios y todo el que ama ha nacido de Dios y conoce a Dios. El que no ama, no conoce a Dios, porque Dios es amor. El amor que Dios nos tiene, se ha manifestado en que envió al mundo a su Hijo unigénito para que vivamos por él.

El amor consiste en esto: no en que nosotros hayamos amado a Dios, sino en que él nos amó primero y nos envió a su Hijo, como víctima de expiación por nuestros pecados.

Si Dios nos ha amado tanto, también nosotros debemos amarnos los unos a los otros. A Dios nadie lo ha visto nunca; pero si nos amamos los unos a los otros, Dios permanece en nosotros y su amor en nosotros es perfecto.

En esto conocemos que permanecemos en él, y él en nosotros: en que nos ha dado su Espíritu. Nosotros hemos visto y de ello damos testimonio, que el Padre envió a su Hijo como salvador del mundo. Quien confiesa que Jesús es el Hijo de Dios, permanece en Dios y Dios en él.

Nosotros hemos conocido el amor que Dios nos tiene y hemos creído en ese amor. Dios es amor y quien permanece en el amor, permanece en Dios y Dios en él.

Palabra de Dios.   ℟. **Te alabamos, Señor.**

ACLAMACIÓN ANTES DEL EVANGELIO
Mt 11, 29

℟.   Aleluya, aleluya.
Tomen mi yugo sobre ustedes, dice el Señor,
y aprendan de mí, que soy manso y humilde de corazón.
℟.   Aleluya, aleluya.

EVANGELIO
Aprendan de mí, que soy manso y humilde de corazón.

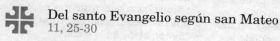 Del santo Evangelio según san Mateo
11, 25-30

En aquel tiempo, Jesús exclamó: "¡Te doy gracias, Padre, Señor del cielo y de la tierra, porque has escondido estas cosas a los sabios y entendidos, y las has revelado a la gente sencilla! Gracias, Padre, porque así te ha parecido bien.

El Padre ha puesto todas las cosas en mis manos. Nadie conoce al Hijo sino el Padre, y nadie conoce al Padre sino el Hijo y aquel a quien el Hijo se lo quiera revelar.

Vengan a mí, todos los que están fatigados y agobiados por la carga, y yo les daré alivio. Tomen mi yugo sobre ustedes y aprendan de mí, que soy manso y humilde de corazón, y encontrarán descanso, porque mi yugo es suave y mi carga ligera".

Palabra del Señor. ℟. **Gloria a ti, Señor Jesús.**

ORACIÓN SOBRE LAS OFRENDAS

Ten en cuenta, Señor, el inefable amor del corazón de tu Hijo, para que este don que te ofrecemos, sea agradable a tus ojos y sirva como expiación de nuestros pecados. Por Jesucristo, nuestro Señor.

ANTÍFONA DE LA COMUNIÓN   Jn 7, 37-38

Dice el Señor: Si alguno tiene sed, que venga a mí y beba. De aquel que cree en mí, brotarán ríos de agua viva.

ORACIÓN DESPUÉS DE LA COMUNIÓN

Señor, que este sacramento de caridad nos haga arder en un santo amor que, atrayéndonos siempre hacia tu Hijo, nos enseñe a reconocerlo en cada uno de nuestros hermanos. Por Jesucristo, nuestro Señor.

CONSAGRACIÓN DE LA TERCERA EDAD AL CORAZÓN DE JESÚS

⚘ Señor, queremos consagrar a tu Corazón, desde hoy y hasta el día de nuestra muerte, nuestros pequeños o grandes achaques de salud; nuestras alegrías con los hijos y los nietos; nuestras penas al ver sus problemas y no poder resolverlos; nuestras paulatinas desilusiones al ver cómo cada día encajamos menos en sus fiestas, en sus excursiones y en sus prioridades; nuestras comidas solitarias, nuestro natural pero no indoloro ir quedando cada vez más al margen de tantas cosas…

⚘ Sabemos que son cosas insignificantes pero que, unidas a tu sacríficio en la Misa y a las intenciones de tu Corazón, adquieren valor redentor.

⚘ Esta consagración considérala ratificada cada nuevo amanecer que nos concedas, cuando te digamos: "Señor, estoy en lo dicho".

1º de junio

9º Domingo Ordinario
(Verde)

ANTÍFONA DE ENTRADA
Sal 24, 16. 18

Tengo los ojos puestos en el Señor, porque él me libra de todo peligro. Mírame, Dios mío, y ten piedad de mí, que estoy solo y afligido.

ORACIÓN COLECTA

Nos acogemos, Señor, a tu providencia, que nunca se equivoca, y te pedimos humildemente que apartes de nosotros todo mal y nos concedas aquello que pueda contribuir a nuestro bien. Por nuestro Señor Jesucristo...

No basta atar los preceptos de Dios como signos en los brazaletes y en las manos, según dice el libro del Deuteronomio (PRIMERA LECTURA), sino que hay que ponerlos en práctica. La Palabra de Dios es un llamado constante a conseguir la fe verdadera, que se manifiesta en oraciones, ritos auténticos y obras de caridad y de santidad. Recordemos que lo que hace al hombre santo, no está en las obras externas que practica (EVANGELIO), sino en el corazón donde reside la fe. Pero esta fe no se puede justificar sin las "obras de la fe", como precisa san Pablo (SEGUNDA LECTURA), y nunca por una postura complaciente ante las "obras de la ley".

PRIMERA LECTURA
Hoy pongo ante ustedes la bendición y la maldición.

Del libro del Deuteronomio
11, 18. 26-28. 32

En aquellos días, Moisés habló al pueblo y le dijo: "Pongan en su corazón y en sus almas estas palabras mías; átenlas a su mano como una señal, llévenlas como un signo sobre la frente.

Miren: He aquí que yo pongo hoy delante de ustedes la bendición y la maldición. La bendición, si obedecen los mandamientos del Señor, su Dios, que yo les promulgo hoy; la maldición, si no obedecen los mandamientos del Señor, su Dios, y se apartan del camino que les señalo hoy, para ir en pos de otros dioses que ustedes no conocen.

Así pues, esfuércense en cumplir todos los mandamientos y decretos que hoy promulgo ante ustedes".

Palabra de Dios.   ℞. **Te alabamos, Señor.**

SALMO RESPONSORIAL
Del salmo 30

B. Carrillo B.P. 1548

Sé tú, Se - ñor, mi for-ta-le-za y mi re-fu-gio.

℞.   Sé tú, Señor, mi fortaleza y mi refugio.

A ti, Señor, me acojo,
que no quede yo nunca defraudado.
Tú que eres justo, ponme a salvo;
escúchame y ven pronto a librarme. ℞.

Sé tú, Señor, mi fortaleza y mi refugio,
la muralla que me salve.
Tú, que eres mi fortaleza y mi defensa,
por tu nombre, dirígeme y guíame. ℞.

Vuelve, Señor, tus ojos a tu siervo
y sálvame, por tu misericordia.
Sean fuertes y valientes de corazón,
ustedes, los que en el Señor esperan. ℞.

SEGUNDA LECTURA
El hombre es justificado por la fe y no por cumplir la ley de Moisés.

De la carta del apóstol san Pablo a los romanos
3, 21-25. 28

Hermanos: La actividad salvadora de Dios, atestiguada por la ley y los profetas, se ha manifestado ahora independientemente de la ley. Por medio de la fe en Jesucristo, la actividad salvadora de Dios llega, sin distinción alguna, a todos los que creen en él.

En efecto, como todos pecaron, todos están privados de la presencia salvadora de Dios; pero todos son justificados gratuitamente por su gracia, en virtud de la redención llevada a cabo por medio de Cristo Jesús, al cual Dios expuso públicamente como la víctima que nos consigue el perdón por la ofrenda de su sangre, por medio de la fe.

Sostenemos, pues, que el hombre es justificado por la fe y no por hacer lo que prescribe la ley de Moisés.

Palabra de Dios.   ℟. **Te alabamos, Señor.**

ACLAMACIÓN ANTES DEL EVANGELIO
Jn 15, 5

A-le- lu- ya,   a-le- lu- ya,   a-le- lu-   ya.

℟. Aleluya, aleluya.
Yo soy la vid y ustedes los sarmientos;
el que permanece en mí y yo en él,
ése da fruto abundante.
℟. Aleluya, aleluya.

EVANGELIO
La casa edificada sobre roca y la casa edificada sobre arena.

✠ Del santo Evangelio según san Mateo
7, 21-27

En aquel tiempo, Jesús dijo a sus discípulos: "No todo el que me diga: '¡Señor, Señor!', entrará en el Reino de los cielos, sino el que cumpla la voluntad de mi Padre, que está en los cielos. Aquel día muchos me dirán: '¡Señor, Señor!, ¿no hemos hablado y arrojado demonios en tu nombre y no hemos hecho, en tu nombre, muchos milagros?' Entonces yo les diré en su cara: 'Nunca los he conocido. Aléjense de mí, ustedes, los que han hecho el mal'.

El que escucha estas palabras mías y las pone en práctica, se parece a un hombre prudente, que edificó su casa sobre roca. Vino la lluvia, bajaron las crecientes, se desataron los vientos y dieron contra aquella casa; pero no se cayó, porque estaba construida sobre roca.

El que escucha estas palabras mías y no las pone en práctica, se parece a un hombre imprudente, que edificó su casa sobre arena. Vino la lluvia, bajaron las crecientes, se desataron los vientos, dieron contra aquella casa y la arrasaron completamente".

Palabra del Señor. ℟. **Gloria a ti, Señor Jesús.**

ORACIÓN SOBRE LAS OFRENDAS

Confiados en tu misericordia, Señor, venimos a tu altar con nuestros dones a fin de que te dignes purificarnos por este memorial que estamos celebrando. Por Jesucristo, nuestro Señor.

ANTÍFONA DE LA COMUNIÓN   Mc 11, 23-24

Yo les aseguro, dice el Señor, que todo cuanto pidan en la oración, si tienen fe en obtenerlo, les será concedido.

ORACIÓN DESPUÉS DE LA COMUNIÓN

Padre santo, tú que nos has alimentado con el Cuerpo y la Sangre de tu Hijo, guíanos por medio de tu Espíritu a fin de que, no sólo con palabras, sino con toda nuestra vida podamos demostrarte nuestro amor y así merezcamos entrar al Reino de los cielos. Por Jesucristo, nuestro Señor.

VINO LA LLUVIA SOBRE AQUELLA CASA... PERO NO SE CAYÓ

⚹ Tuvieron un niño de esos que nunca dejarán de ser niños... y no se amargaron.

⚹ A él lo despidieron de su trabajo sin culpa suya... y ella no se lo estuvo restregando en la cara noche y día.

⚹ Ella, por enfermedad, tuvo que estar "poco atractiva" unos meses y él siguió queriéndola y siendo fiel.

⚹ La familia de uno de ellos se metió más de la cuenta... y no lograron dividirlos.

⚹ Comprobaron que no era tan fácil eso de la plena satisfacción sexual... y encontraron también otras alegrías.

⚹ Día a día palparon lo diferente que es el otro cuando ya no es novio o novia... y lo aceptaron con alegría, respeto a la persona y unión de fuerzas para mejorar la conducta.

PORQUE HABÍAN EDIFICADO SU CASA SOBRE LA ROCA DE LAS PALABRAS DE CRISTO.

8 de junio

10° Domingo Ordinario
(Verde)

El Señor es mi luz y mi salvación, ¿a quién temeré? El Señor es la defensa de mi vida, ¿quién me hará temblar? Cuando me asaltan mis enemigos, tropiezan y caen.

ORACIÓN COLECTA

Dios nuestro, de quien todo bien procede, inspíranos propósitos de justicia y santidad y concédenos tu ayuda para poder cumplirlos. Por nuestro Señor Jesucristo...

Mateo ejercía una profesión que implicaba "una falta de tipo religioso": colaboraba con las autoridades romanas. Cuando Jesús lo invita a seguirlo, da a entender que no ha venido a llamar a los justos sino a los pecadores (EVANGELIO). El Señor explica su actitud haciendo alusión a un texto del profeta Oseas (PRIMERA LECTURA) acerca de la misericordia. En la SEGUNDA LECTURA san Pablo ilustra su doctrina acerca de la salvación por la fe, aduciendo el ejemplo de Abraham. Tanto nosotros, los cristianos, como los judíos y los musulmanes, honramos a Abraham como padre de los creyentes.

PRIMERA LECTURA
Yo quiero amor y no sacrificios.

Del libro del profeta Oseas
6, 3-6

Esforcémonos por conocer al Señor;
tan cierta como la aurora es su aparición
y su juicio surge como la luz;
bajará sobre nosotros como lluvia temprana,
como lluvia de primavera que empapa la tierra.
   "¿Qué voy a hacer contigo, Efraín?
¿Qué voy a hacer contigo, Judá?
Tu amor es como nube mañanera,
como rocío matinal que se evapora.
Por eso los he azotado por medio de los profetas
y les he dado muerte con mis palabras.
Porque yo quiero amor y no sacrificios,
conocimiento de Dios, más que holocaustos".

Palabra de Dios.   ℟. **Te alabamos, Señor.**

SALMO RESPONSORIAL
Del salmo 49

B. Carrillo B.P. 1549

℟.   Dios salva al que cumple su voluntad.

Habla el Dios de los dioses, el Señor,
y convoca a cuantos moran en la tierra
del oriente al poniente:
"No voy a reclamarte sacrificios,
pues ante mí están siempre tus ofrendas. ℟.
   Si yo estuviera hambriento,
nunca iría a decírtelo a ti, pues todo es mío.
¿O acaso yo como carne de toros
y bebo sangre de cabritos? ℟.
   Mejor ofrece a Dios tu gratitud
y cumple tus promesas al Altísimo,
pues yo te libraré cuando me invoques
y tú me darás gloria, agradecido". ℟.

SEGUNDA LECTURA
Su fe se robusteció y dio con ello gloria a Dios.

De la carta del apóstol san Pablo a los romanos
4, 18-25

Hermanos: Abraham, esperando contra toda esperanza, creyó que habría de ser padre de muchos pueblos, conforme a lo que Dios le había prometido: *Así de numerosa será tu descendencia.*

Y su fe no se debilitó a pesar de que a la edad de casi cien años, su cuerpo ya no tenía vigor, y además, Sara, su esposa, no podía tener hijos. Ante la firme promesa de Dios no dudó ni tuvo desconfianza, antes bien su fe se fortaleció y dio con ello gloria a Dios, convencido de que él es poderoso para cumplir lo que promete. Por eso, Dios le acreditó esta fe como justicia.

Ahora bien, no sólo por él está escrito que "se le acreditó", sino también por nosotros, a quienes se nos acreditará, si creemos en aquel que resucitó de entre los muertos, en nuestro Señor Jesucristo, que fue entregado a la muerte por nuestros pecados y resucitó para nuestra justificación.

Palabra de Dios.   ℟. **Te alabamos, Señor.**

ACLAMACIÓN ANTES DEL EVANGELIO
Lc 4, 18

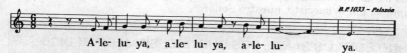

B.P. 1033 – Palazón

A-le- lu- ya,   a -le- lu- ya,   a -le- lu-   ya.

℟. Aleluya, aleluya.
El Señor me ha enviado
para anunciar a los pobres la buena nueva
y proclamar la liberación a los cautivos.
℟. Aleluya, aleluya.

EVANGELIO
No he venido a llamar a los justos, sino a los pecadores.

✠ Del santo Evangelio según san Mateo
9, 9-13

En aquel tiempo, Jesús vio a un hombre llamado Mateo, sentado a su mesa de recaudador de impuestos, y le dijo: "Sígueme". Él se levantó y lo siguió.

Después, cuando estaba a la mesa en casa de Mateo, muchos publicanos y pecadores se sentaron también a comer con Jesús y sus discípulos. Viendo esto, los fariseos preguntaron a los discípulos: "¿Por qué su Maestro come con publicanos y pecadores?" Jesús los oyó y les dijo: "No son los sanos los que necesitan de médico, sino los enfermos. Vayan, pues, y aprendan lo que significa: *Yo quiero misericordia y no sacrificios.* Yo no he venido a llamar a los justos, sino a los pecadores".

Palabra del Señor.   ℟. **Gloria a ti, Señor Jesús.**

ORACIÓN SOBRE LAS OFRENDAS

Mira, Señor, con bondad, estos dones que te presentamos humildemente, para que sean gratos a tus ojos y nos hagan crecer en tu amor. Por Jesucristo, nuestro Señor.

ANTÍFONA DE LA COMUNIÓN   1 Jn 4, 16

Dios es amor y el que permanece en el amor permanece en Dios y Dios en él.

ORACIÓN DESPUÉS DE LA COMUNIÓN

Que la fuerza redentora de esta Eucaristía nos proteja, Señor, de nuestras malas inclinaciones y nos guíe siempre por el camino de tus mandamientos. Por Jesucristo, nuestro Señor.

NO SON LOS SANOS LOS QUE NECESITAN DE MÉDICO...

- ni los hijos dóciles y obedientes los que más necesitan cariño, sino los rebeldes y difíciles...
- ni los amigos "bien situados" los que necesitan visitas, sino los pobretones, los enfermos, los que viven casi solos...
- ni los que llevan muchas recomendaciones son los que necesitan más aquel trabajo, sino los que no tienen quien los recomiende...
- ni los compañeros de trabajo simpáticos y "jaladores" los que más necesitan un amigo, sino los que

"no nos caen tan bien" y los retraídos y no tan brillantes...

"YO QUIERO MISERICORDIA Y NO SACRIFICIOS".

15 de junio

11º Domingo Ordinario
(Verde)

ANTÍFONA DE ENTRADA   Sal 26, 7. 9

Escucha, Señor, mi voz y mis clamores y ven en mi ayuda; no me rechaces, ni me abandones, Dios, salvador mío.

ORACIÓN COLECTA

Dios nuestro, fuerza de todos los que en ti confían, ayúdanos con tu gracia, sin la cual nada puede nuestra humana debilidad, para que podamos serte fieles en la observancia de tus mandamientos. Por nuestro Señor Jesucristo...

Ya en el Antiguo Testamento, el Señor había escogido a su pueblo y "lo había levantado en alas de águila" (PRIMERA LECTURA). Nuestro Señor, en el EVANGELIO, escoge a doce apóstoles para que vayan a proclamar el Reino de los cielos. Los envía con un poder gratuito que ellos han de ejercer gratuitamente. San Pablo, en la SEGUNDA LECTURA, nos habla de la prueba suprema que Dios nos ha dado cuando éramos pecadores: Cristo murió por nosotros. Y concluye que ahora, que hemos sido ya reconciliados, participaremos más abundantemente de la vida de su Hijo.

PRIMERA LECTURA

Serán para mí un reino de sacerdotes y una nación consagrada.

Del libro del Éxodo
19, 2-6

E n aquellos días, el pueblo de Israel salió de Refidim, llegó al desierto del Sinaí y acampó frente al monte. Moisés subió al monte para hablar con Dios. El Señor lo llamó desde el monte y le dijo: "Esto dirás a la casa de Jacob, esto anunciarás a los hijos de Israel: 'Ustedes han visto cómo castigué a los egipcios y de qué manera los he levantado a ustedes sobre alas de águila y los he traído a mí. Ahora bien, si escuchan mi voz y guardan mi alianza, serán mi especial tesoro entre todos los pueblos, aunque toda la tierra es mía. Ustedes serán para mí un reino de sacerdotes y una nación consagrada'".

Palabra de Dios.   ℟. **Te alabamos, Señor.**

SALMO RESPONSORIAL
Del salmo 99

El Se-ñor es nues-tro Dios y no-so-tros su pue - blo.

℟.   El Señor es nuestro Dios y nosotros su pueblo.

Alabemos a Dios todos los hombres,
sirvamos al Señor con alegría
y con júbilo entremos en su templo. ℟.

     Reconozcamos que el Señor es Dios,
que él fue quien nos hizo y somos suyos,
que somos su pueblo y su rebaño. ℟.

     Porque el Señor es bueno, bendigámoslo,
porque es eterna su misericordia
y su fidelidad nunca se acaba. ℟.

SEGUNDA LECTURA
Si la muerte de Cristo nos reconcilió con Dios, mucho más nos reconciliará su vida.

De la carta del apóstol san Pablo a los romanos
5, 6-11

Hermanos: Cuando todavía no teníamos fuerzas para salir del pecado, Cristo murió por los pecadores en el tiempo señalado. Difícilmente habrá alguien que quiera morir por un justo, aunque puede haber alguno que esté dispuesto a morir por una persona sumamente buena. Y la prueba de que Dios nos ama está en que Cristo murió por nosotros, cuando aún éramos pecadores.

Con mayor razón, ahora que ya hemos sido justificados por su sangre, seremos salvados por él del castigo final. Porque, si cuando éramos enemigos de Dios, fuimos reconciliados con él por la muerte de su Hijo, con mucho más razón, estando ya reconciliados, recibiremos la salvación participando de la vida de su Hijo. Y no sólo esto, sino que también nos gloriamos en Dios, por medio de nuestro Señor Jesucristo, por quien hemos obtenido ahora la reconciliación.

Palabra de Dios. ℟. **Te alabamos, Señor.**

ACLAMACIÓN ANTES DEL EVANGELIO
Mc 1, 15

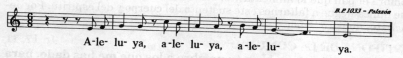

A-le- lu- ya, a-le- lu- ya, a-le- lu- ya.

℟. Aleluya, aleluya.
El Reino de Dios está cerca, dice el Señor;
arrepiéntanse y crean en el Evangelio.
℟. Aleluya, aleluya.

EVANGELIO
Jesús envió a sus doce apóstoles con instrucciones.

✠ Del santo Evangelio según san Mateo
9, 36–10, 8

En aquel tiempo, al ver Jesús a las multitudes, se compadecía de ellas, porque estaban extenuadas y desamparadas, como ovejas sin pastor. Entonces dijo a sus discípulos: "La cosecha es mucha y los trabajadores, pocos. Rueguen, por lo tanto, al dueño de la mies que envíe trabajadores a sus campos".

Después, llamando a sus doce discípulos, les dio poder para expulsar a los espíritus impuros y curar toda clase de enfermedades y dolencias.

Éstos son los nombres de los doce apóstoles: el primero de todos, Simón, llamado Pedro, y su hermano Andrés; Santiago y su hermano Juan, hijos de Zebedeo; Felipe y Bartolomé; Tomás y Mateo, el publicano; Santiago, hijo de Alfeo, y Tadeo; Simón, el cananeo, y Judas Iscariote, que fue el traidor.

A estos doce los envió Jesús con estas instrucciones: "No vayan a tierra de paganos ni entren en ciudades de samaritanos. Vayan más bien en busca de las ovejas perdidas de la casa de Israel. Vayan y proclamen por el camino que ya se acerca el Reino de los cielos. Curen a los leprosos y demás enfermos; resuciten a los muertos y echen fuera a los demonios. Gratuitamente han recibido este poder; ejérzanlo, pues, gratuitamente".

Palabra del Señor.   ℟. **Gloria a ti, Señor Jesús.**

ORACIÓN SOBRE LAS OFRENDAS

Dios nuestro, que en estos dones que te presentamos has otorgado al hombre el pan que lo alimenta y el sacramento que le da nueva vida, haz que nunca llegue a faltarnos este sustento del cuerpo y del espíritu. Por Jesucristo, nuestro Señor.

ANTÍFONA DE LA COMUNIÓN   Jn 17, 11

Padre santo, guarda en tu nombre a los que me has dado, para que, como nosotros, sean uno, dice el Señor.

ORACIÓN DESPUÉS DE LA COMUNIÓN

Que nuestra participación en este sacramento, signo de la unión de los fieles en ti, contribuya, Señor, a la unidad de tu Iglesia. Por Jesucristo, nuestro Señor.

¡SE SOLICITAN APÓSTOLES!

- ☞ Señora que no sólo trate con justicia y cariño a la persona que la ayuda con los quehaceres de la casa, sino que la ayude a instruirse religiosa y humanamente y la prepare a formar su propio hogar…
- ☞ Muchacha que no por mojigatería, sino por honradez y convicción, se proponga hacerle comprender a su novio la importancia del amor y la dignidad de la mujer…
- ☞ Médico que, además de sus consultas a personas pudientes, establezca un horario para dar consulta (y medicinas) gratis a los pobres…
- ☞ Empresario que no sólo se preocupe de los problemas de su fá-

brica, sino también de los de sus obreros (su salud, su familia…).
- ☞ Personas que se ofrezcan en sus respectivas parroquias o iglesias para ir a acompañar un rato a los enfermos de la colonia…

LA MIES ES MUCHA… Y LOS TRABAJADORES, POCOS.

22 de junio

12° Domingo Ordinario
(Verde)

ANTÍFONA DE ENTRADA

Sal 27, 8-9

Firmeza es el Señor para su pueblo, defensa y salvación para sus fieles. Sálvanos, Señor, vela sobre nosotros y guíanos siempre.

ORACIÓN COLECTA

Padre misericordioso, que nunca dejas de tu mano a quienes has hecho arraigar en tu amistad, concédenos vivir siempre movidos por tu amor y un filial temor de ofenderte. Por nuestro Señor Jesucristo...

Cuando nuestro Señor envía a los apóstoles a predicar el Evangelio, les dice que no teman, pues él será su apoyo ante el Padre (EVANGELIO). Del mismo modo había prometido Dios, "que libró a su pobre de las manos de los malvados", ser el amparo de Jeremías contra sus enemigos (PRIMERA LECTURA). La fe de la Iglesia en lo referente al pecado original está esencialmente fundada sobre el texto de la SEGUNDA LECTURA. En ella san Pablo subraya nuestra solidaridad en la condenación, a fin de exaltar nuestra solidaridad en la gracia, que se nos ha dado en Jesucristo.

PRIMERA LECTURA
El Señor ha salvado la vida de su pobre de la mano de los malvados.

Del libro del profeta Jeremías
20, 10-13

En aquel tiempo, dijo Jeremías:
"Yo oía el cuchicheo de la gente que decía:
'Denunciemos a Jeremías,
denunciemos al profeta del terror'.
Todos los que eran mis amigos espiaban mis pasos,
esperaban que tropezara y me cayera, diciendo:
'Si se tropieza y se cae, lo venceremos
y podremos vengarnos de él'.

    Pero el Señor, guerrero poderoso, está a mi lado;
por eso mis perseguidores caerán por tierra
y no podrán conmigo;
quedarán avergonzados de su fracaso
y su ignominia será eterna e inolvidable.

    Señor de los ejércitos, que pones a prueba al justo
y conoces lo más profundo de los corazones,
haz que yo vea tu venganza contra ellos,
porque a ti he encomendado mi causa.

    Canten y alaben al Señor,
porque él ha salvado la vida de su pobre
de la mano de los malvados".

Palabra de Dios.   ℟. **Te alabamos, Señor.**

SALMO RESPONSORIAL
Del salmo 68

W. Íñiguez B.P. 1551

Es-cú - cha-me, Se - ñor, por - que e - res bue - no.

℟.   Escúchame, Señor, porque eres bueno.

Por ti he sufrido oprobios
y la vergüenza cubre mi semblante.
Extraño soy y advenedizo,
aun para aquellos de mi propia sangre;
pues me devora el celo de tu casa,
el odio del que te odia, en mí recae. ℟.

    A ti, Señor, elevo mi plegaria,
ven en mi ayuda pronto;
escúchame conforme a tu clemencia,
Dios fiel en el socorro.

Escúchame, Señor, pues eres bueno
y en tu ternura vuelve a mí tus ojos. ℟.

Se alegrarán, al verlo, los que sufren;
quienes buscan a Dios tendrán más ánimo,
porque el Señor jamás desoye al pobre
ni olvida al que se encuentra encadenado.
Que lo alaben por esto cielo y tierra,
el mar y cuanto en él habita. ℟.

SEGUNDA LECTURA

El don de Dios supera con mucho al delito.

De la carta del apóstol san Pablo a los romanos
5, 12-15

Hermanos: Así como por un solo hombre entró el pecado en el mundo y por el pecado entró la muerte, así la muerte llegó a todos los hombres, por cuanto todos pecaron.

Antes de la ley de Moisés ya había pecado en el mundo y, si bien es cierto que el pecado no se imputa cuando no hay ley, sin embargo, la muerte reinó desde Adán hasta Moisés aun sobre aquellos que no pecaron con una transgresión semejante a la de Adán, el cual es figura del que había de venir.

Ahora bien, con el don no sucede como con el delito, porque si por el delito de uno solo murieron todos, ¡cuánto más la gracia de Dios y el don otorgado por la gracia de un solo hombre, Jesucristo, se ha desbordado sobre todos!

Palabra de Dios.   ℟. **Te alabamos, Señor.**

ACLAMACIÓN ANTES DEL EVANGELIO
Jn 15, 26. 27

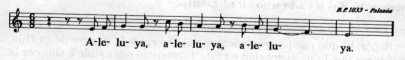

A-le- lu- ya,   a-le- lu- ya,   a-le- lu-   ya.

℟. Aleluya, aleluya.

El Espíritu de la verdad dará testimonio de mí, dice el Señor,
y también ustedes serán mis testigos.

℟. Aleluya, aleluya.

EVANGELIO

No tengan miedo a los que matan el cuerpo.

✠ Del santo Evangelio según san Mateo
10, 26-33

E n aquel tiempo, Jesús dijo a sus apóstoles: "No teman a los hombres. No hay nada oculto que no llegue a descubrirse; no hay nada secreto que no llegue a saberse. Lo que les digo de noche, repítanlo en pleno día, y lo que les digo al oído, pregónenlo desde las azoteas.

No tengan miedo a los que matan el cuerpo, pero no pueden matar el alma. Teman, más bien, a quien puede arrojar al lugar de castigo el alma y el cuerpo.

¿No es verdad que se venden dos pajarillos por una moneda? Sin embargo, ni uno solo de ellos cae por tierra si no lo permite el Padre. En cuanto a ustedes, hasta los cabellos de su cabeza están contados. Por lo tanto, no tengan miedo, porque ustedes valen mucho más que todos los pájaros del mundo.

A quien me reconozca delante de los hombres, yo también lo reconoceré ante mi Padre, que está en los cielos; pero al que me niegue delante de los hombres, yo también lo negaré ante mi Padre, que está en los cielos".

Palabra del Señor.   ℟. **Gloria a ti, Señor Jesús.**

ORACIÓN SOBRE LAS OFRENDAS

Acepta, Señor, este sacrificio de reconciliación y alabanza que vamos a ofrecerte, a fin de que purifique nuestros corazones y podamos corresponder a tu amor con nuestro amor. Por Jesucristo, nuestro Señor.

ANTÍFONA DE LA COMUNIÓN   Sal 144, 15

Los ojos de todos los hombres te miran, Señor, llenos de esperanza, y tú das a cada uno su alimento.

ORACIÓN DESPUÉS DE LA COMUNIÓN

Señor, tú que nos has renovado con el Cuerpo y la Sangre de tu Hijo, concédenos que la participación en esta Eucaristía nos ayude a obtener la plenitud de la redención. Por Jesucristo, nuestro Señor.

AL QUE ME RECONOZCA DELANTE DE LOS HOMBRES...

☞al que no le dé vergüenza decir (cuando venga a cuento, por supuesto) que es católico, sin añadir en descargo que "pero no mucho", "pero no fanático", "pero no practico"...

☞al que no le dé miedo defender a la Iglesia o al Papa o a los obispos o a los sacerdotes y religiosos cuando se hace mofa de ellos o se les calumnia...

☞al que sea capaz de reconocer a Cristo y defenderlo en la persona de los tratados injustamente, de los oprimidos, de los dejados al margen de cualquier consideración...

☞al que no oculta sus principios cristianos cuando habla en público o escribe para orientar a la opinión pública...

☞al que no deja de ir a Misa o de comulgar, por el simple hecho de desempeñar un cargo público o de andar en campaña política...

☞al que al salir de la Misa dominical no cuelga su "saco" de cristiano en el perchero y no se lo vuelve a poner sino hasta el domingo siguiente...

**YO TAMBIÉN
LO RECONOCERÉ
DELANTE DE MI PADRE.**

29 de junio
Domingo

San Pedro y san Pablo, apóstoles
(Rojo)

Los Hechos de los Apóstoles cuentan la liberación milagrosa de Pedro, como respuesta a la oración de toda la Iglesia, cuando el apóstol se hallaba preso en Jerusalén (PRIMERA LECTURA). San Mateo, por su parte, nos muestra cómo la fe inquebrantable en Cristo, convierte a Simón Pedro en la "piedra fundamental de la Iglesia" (EVANGELIO). Se reproduce también (SEGUNDA LECTURA) el último mensaje de san Pablo a su discípulo Timoteo, cuando estaba prisionero en Roma, dispuesto a recibir el martirio.

PRIMERA LECTURA

Ahora sí estoy seguro de que el Señor envió a su ángel, para librarme de las manos de Herodes.

Del libro de los Hechos de los Apóstoles
12, 1-11

En aquellos días, el rey Herodes mandó apresar a algunos miembros de la Iglesia para maltratarlos. Mandó pasar a cuchillo a Santiago, hermano de Juan, y viendo que eso agradaba a los judíos, también hizo apresar a Pedro. Esto sucedió durante los días de la fiesta de los panes Ázimos. Después de apresarlo, lo hizo encarcelar y lo puso bajo la vigilancia de cuatro turnos de guardia, de cuatro soldados cada turno. Su intención era hacerlo comparecer ante el pueblo después de la Pascua. Mientras Pedro estaba en la cárcel, la comunidad no cesaba de orar a Dios por él.

La noche anterior al día en que Herodes iba a hacerlo comparecer ante el pueblo, Pedro estaba durmiendo entre dos soldados, atado con dos cadenas y los centinelas cuidaban la puerta de la prisión. De pronto apareció el ángel del Señor y el calabozo se llenó de luz. El ángel tocó a Pedro en el costado, lo despertó y le dijo: "Levántate pronto". Entonces las cadenas que le sujetaban las manos se le cayeron. El ángel le dijo: "Cíñete la túnica y ponte las sandalias", y Pedro obedeció. Después le dijo: "Ponte el manto y sígueme". Pedro salió detrás de él, sin saber si era verdad o no lo que el ángel hacía, y le parecía más bien que estaba soñando. Pasaron el primero y el segundo puesto de guardia y llegaron a la puerta de hierro que daba a la calle. La puerta se abrió sola delante de ellos. Salieron y caminaron hasta la esquina de la calle y de pronto el ángel desapareció.

Entonces, Pedro se dio cuenta de lo que pasaba y dijo: "Ahora sí estoy seguro de que el Señor envió a su ángel para librarme de las manos de Herodes y de todo cuanto el pueblo judío esperaba que me hicieran".

Palabra de Dios.   ℟. **Te alabamos, Señor.**

SALMO RESPONSORIAL
Del salmo 33

H. Ramírez B.P. 1581

El Se - ñor me li - bró de to-dos mis te - mo - res, mis te - mo - res.

℟.   El Señor me libró de todos mis temores.

Bendeciré al Señor a todas horas,
no cesará mi boca de alabarlo.
Yo me siento orgulloso del Señor,
que se alegre su pueblo al escucharlo. ℟.

[℟. El Señor me libró de todos mis temores.]

Proclamemos la grandeza del Señor
y alabemos todos juntos su poder.
Cuando acudí al Señor, me hizo caso
y me libró de todos mi temores. ℟.
Confía en el Señor y saltarás de gusto,
jamás te sentirás decepcionado,
porque el Señor escucha el clamor de los pobres
y los libra de todas sus angustias. ℟.
Junto a aquellos que temen al Señor
el ángel del Señor acampa y los protege.
Haz la prueba y verás qué bueno es el Señor.
Dichoso el hombre que se refugia en él. ℟.

SEGUNDA LECTURA
Ahora sólo espero la corona merecida.

De la segunda carta del apóstol san Pablo a Timoteo
4, 6-8. 17-18

Querido hermano: Ha llegado para mí la hora del sacrificio y se acerca el momento de mi partida. He luchado bien en el combate, he corrido hasta la meta, he perseverado en la fe. Ahora sólo espero la corona merecida, con la que el Señor, justo juez, me premiará en aquel día, y no solamente a mí, sino a todos aquellos que esperan con amor su glorioso advenimiento.

Cuando todos me abandonaron, el Señor estuvo a mi lado y me dio fuerzas para que, por mi medio, se proclamara claramente el mensaje de salvación y lo oyeran todos los paganos. Y fui librado de las fauces del león. El Señor me seguirá librando de todos los peligros y me llevará sano y salvo a su Reino celestial.

Palabra de Dios.   ℟. **Te alabamos, Señor.**

ACLAMACIÓN ANTES DEL EVANGELIO
Mt 16, 18

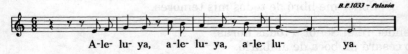

B.P 1033 - Palazón

A-le- lu- ya,   a -le- lu- ya,   a -le- lu-   ya.

℟. Aleluya, aleluya.

Tú eres Pedro y sobre esta piedra edificaré mi Iglesia,
y los poderes del infierno
no prevalecerán sobre ella, dice el Señor.
℟.   Aleluya, aleluya.

EVANGELIO

Tú eres Pedro y yo te daré las llaves del Reino de los cielos.

✠ Del santo Evangelio según san Mateo
16, 13-19

En aquel tiempo, cuando llegó Jesús a la región de Cesarea de Filipo, hizo esta pregunta a sus discípulos: "¿Quién dice la gente que es el Hijo del hombre?" Ellos le respondieron: "Unos dicen que eres Juan el Bautista; otros, que Elías; otros, que Jeremías o alguno de los profetas".

Luego les preguntó: "Y ustedes, ¿quién dicen que soy yo?" Simón Pedro tomó la palabra y le dijo: "Tú eres el Mesías, el Hijo de Dios vivo".

Jesús le dijo entonces: "¡Dichoso tú, Simón, hijo de Juan, porque esto no te lo ha revelado ningún hombre, sino mi Padre, que está en los cielos! Y yo te digo a ti que tú eres Pedro y sobre esta piedra edificaré mi Iglesia. Los poderes del infierno no prevalecerán sobre ella. Yo te daré las llaves del Reino de los cielos; todo lo que ates en la tierra quedará atado en el cielo, y todo lo que desates en la tierra quedará desatado en el cielo".

Palabra del Señor.   ℟. **Gloria a ti, Señor Jesús.**

ORACIÓN SOBRE LAS OFRENDAS

Acepta, Señor, los dones que te presentamos y, por intercesión de san Pedro y san Pablo, concédenos celebrar este sacrificio íntimamente unidos a ti en la fe y en el amor. Por Jesucristo, nuestro Señor.

ANTÍFONA DE LA COMUNIÓN
Mt 16, 16. 18

Dijo Pedro a Jesús: Tú eres el Mesías, el Hijo de Dios vivo. Jesús le respondió: Tú eres Pedro y sobre esta piedra edificaré mi Iglesia.

ORACIÓN DESPUÉS DE LA COMUNIÓN

Tú que nos has alimentado con esta Eucaristía, haz, Señor, que la participación perseverante en el memorial de la muerte y resurrección de tu Hijo, y la fidelidad a la doctrina de los apóstoles nos conserven unidos en tu amor. Por Jesucristo, nuestro Señor.

TÚ ERES PEDRO,
Y SOBRE ESTA PIEDRA EDIFICARÉ MI IGLESIA

- Esto se lo dijo Jesús a Simón Pedro, hijo de Juan.
- Y no se lo dijo al fundador de los Testigos de Jehová.
- Ni al fundador de los Mormones.
- Ni al fundador de la Iglesia Evangélica.
- Ni al fundador de los Hare Krishna.
- Ni al fundador de la Iglesia de la Cienciología, disfrazada en los países de habla hispana de "Dianética".
- Ni —para acabar pronto— a ninguno de los fundadores de las innumerables sectas o grupos parareligiosos que se cobijan bajo el manto de la **"New Age"** o **"Nueva Era"**.

☞ Por consiguiente, la verdadera Iglesia de Cristo, aquella que tiene las llaves del Reino de los cielos y contra la cual no prevalecerá el poder del infierno, es la que se funda en Pedro y en sus sucesores legítimos, los Papas.

☞ Así pues, por muy respetables que sean las personas que se nos acercan para hablar de otras Iglesias que no sea la fundada por Cristo sobre Pedro, no les hagamos caso.

☞ A Pedro y a los diez apóstoles que quedaban luego de la traición de Judas, fue a los que Jesús, antes de subir al cielo, les dijo: **"Y sepan que yo estaré con ustedes hasta el fin del mundo"** (Mt 28, 20).

6 de julio

14º Domingo Ordinario
(Verde)

ANTÍFONA DE ENTRADA   Sal 47, 10-11

Recordaremos, Señor, los dones de tu amor, en medio de tu templo. Que todos los hombres de la tierra te conozcan y alaben, porque es infinita tu justicia.

ORACIÓN COLECTA

Dios nuestro, que por medio de la muerte de tu Hijo has redimido al mundo de la esclavitud del pecado, concédenos participar ahora de una santa alegría y, después en el cielo, de la felicidad eterna. Por nuestro Señor Jesucristo...

Jesús se muestra como Hijo de Dios, el único que conoce al Padre, y como el Señor manso y humilde de corazón que nos invita a seguirlo (EVANGELIO). De acuerdo con la profecía de Zacarías, ése es el mismo Señor que un día entrará en Jerusalén, "humilde y montado en un burrito" (PRIMERA LECTURA). Después de haber participado en el misterio pascual de Cristo, por el bautismo, debemos vivir según el espíritu de Cristo, que habita en nosotros, como lo indica san Pablo (SEGUNDA LECTURA).

PRIMERA LECTURA
Mira a tu rey que viene humilde hacia ti.

Del libro del profeta Zacarías
9, 9-10

sto dice el Señor:
"Alégrate sobremanera, hija de Sión;
da gritos de júbilo, hija de Jerusalén;
mira a tu rey que viene a ti,
justo y victorioso,
humilde y montado en un burrito.
Él hará desaparecer de la tierra de Efraín los carros de guerra,
y de Jerusalén, los caballos de combate.
Romperá el arco del guerrero
y anunciará la paz a las naciones.
Su poder se extenderá de mar a mar
y desde el gran río hasta los últimos rincones de la tierra".

Palabra de Dios.   ℟. **Te alabamos, Señor.**

SALMO RESPONSORIAL
Del salmo 144

A. Zermeño B.P. 1552

A - cuér - da - te, Se - ñor, de tu mi - se - ri - cor - di - a.

℟.   Acuérdate, Señor, de tu misericordia.

Dios y rey mío, yo te alabaré,
bendeciré tu nombre siempre y para siempre.
Un día tras otro bendeciré tu nombre
y no cesará mi boca de alabarte. ℟.

El Señor es compasivo y misericordioso,
lento para enojarse y generoso para perdonar.
Bueno es el Señor para con todos
y su amor se extiende a todas sus creaturas. ℟.

El Señor es siempre fiel a sus palabras,
y lleno de bondad en sus acciones.
Da su apoyo el Señor al que tropieza
y al agobiado alivia. ℟.

Que te alaben, Señor, todas tus obras,
y que todos tus fieles te bendigan.
Que proclamen la gloria de tu reino
y den a conocer tus maravillas. ℟.

SEGUNDA LECTURA

Si con la ayuda del Espíritu dan muerte a los bajos deseos del cuerpo, vivirán.

De la carta del apóstol san Pablo a los romanos
8, 9. 11-13

Hermanos: Ustedes no viven conforme al desorden egoísta del hombre, sino conforme al Espíritu, puesto que el Espíritu de Dios habita verdaderamente en ustedes. Quien no tiene el Espíritu de Cristo, no es de Cristo. Si el Espíritu del Padre, que resucitó a Jesús de entre los muertos, habita en ustedes, entonces el Padre, que resucitó a Jesús de entre los muertos, también les dará vida a sus cuerpos mortales, por obra de su Espíritu, que habita en ustedes.

Por lo tanto, hermanos, no estamos sujetos al desorden egoísta del hombre, para hacer de ese desorden nuestra regla de conducta. Pues si ustedes viven de ese modo, ciertamente serán destruidos. Por el contrario, si con la ayuda del Espíritu destruyen sus malas acciones, entonces vivirán.

Palabra de Dios.   ℟. **Te alabamos, Señor.**

ACLAMACIÓN ANTES DEL EVANGELIO
Cfr Mt 11, 25

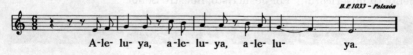

B.P. 1033 - Palazón

A-le- lu- ya,   a -le- lu- ya,   a -le- lu-   ya.

℟. Aleluya, aleluya.
Yo te alabo, Padre, Señor del cielo y de la tierra,
porque has revelado los misterios del Reino
a la gente sencilla.
℟. Aleluya, aleluya.

EVANGELIO

Soy manso y humilde de corazón.

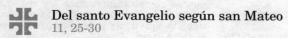 **Del santo Evangelio según san Mateo**
11, 25-30

En aquel tiempo, Jesús exclamó: "¡Te doy gracias, Padre, Señor del cielo y de la tierra, porque has escondido estas cosas a los sabios y entendidos, y las has revelado a la gente sencilla! Gracias, Padre, porque así te ha parecido bien.

El Padre ha puesto todas las cosas en mis manos. Nadie conoce al Hijo sino el Padre, y nadie conoce al Padre sino el Hijo y aquel a quien el Hijo se lo quiera revelar.

Vengan a mí, todos los que están fatigados y agobiados por la carga, y yo les daré alivio. Tomen mi yugo sobre ustedes y aprendan de mí, que soy manso y humilde de corazón, y encontrarán descanso, porque mi yugo es suave y mi carga, ligera".

Palabra del Señor.   R. **Gloria a ti, Señor Jesús.**

ORACIÓN SOBRE LAS OFRENDAS

Que el sacrificio que vamos a ofrecerte nos purifique, Señor, y nos ayude a conformar cada día más nuestra vida con los ejemplos de tu Hijo Jesucristo, que vive y reina por los siglos de los siglos.

ANTÍFONA DE LA COMUNIÓN   Mt 11, 28

Vengan a mí todos los que están agobiados y oprimidos y yo les daré alivio, dice el Señor.

ORACIÓN DESPUÉS DE LA COMUNIÓN

Dios omnipotente y eterno, que nos has alimentado con el sacramento de tu amor, concédenos vivir siempre en tu amistad y agradecer continuamente tu misericordia. Por Jesucristo, nuestro Señor.

VENGAN A MÍ... Y YO LES DARÉ ALIVIO

En el evangelio de hoy Cristo se refiere a los que estamos fatigados y agobiados por la carga:
* por el alza en los precios, que ha puesto fuera de nuestro alcance aun las cosas más necesarias...
* por la falta de trabajo o por la posibilidad de perderlo en cualquier momento,
* porque el negocio se ha venido para abajo...
* porque quizá las deudas se han ido para arriba...
* porque quizá la salud y el ánimo se han ido para abajo...
* por el hijo o la hija que andan en problemas...

Ante todo esto, ¿Cristo quiere decir que nos va a hacer el milagrito de que los precios bajen, los salarios suban, nuestras enfermedades se curen y se resuelvan nuestros problemas?

¿O va a darnos en medio de todos estos problemas la paz necesaria para no vivir angustiados, que nace de saber que Dios es nuestro Padre y que sabe mejor que nosotros lo que necesitamos? No lo sabemos. Lo único que sabemos —eso sí con absoluta certeza— es que Cristo no está bromeando cuando nos dice: "Vengan a mí y yo les daré alivio". Él sabrá cómo.

13 de julio

15º Domingo Ordinario
(Verde)

ORACIÓN COLECTA

Señor, tú que iluminas a los extraviados con la luz de tu Evangelio para que vuelvan al camino de la verdad, concede a cuantos nos llamamos cristianos imitar fielmente a Cristo y rechazar lo que pueda alejarnos de él. Por nuestro Señor Jesucristo...

San Mateo nos relata hoy la parábola del sembrador, cuya explicación nos da el mismo Cristo: la semilla es la Palabra de Dios (EVANGELIO). Antes (PRIMERA LECTURA) se nos prepara para recibir las enseñanzas del Señor, haciendo alusión al sembrador y afirmando la eficacia de la Palabra de Dios. San Pablo (SEGUNDA LECTURA) se refiere a las dimensiones enormes de la redención, al decirnos que la creación entera, destrozada por el pecado, espera participar en la gloria de la resurrección.

PRIMERA LECTURA
La lluvia hará germinar la tierra.

Del libro del profeta Isaías
55, 10-11

Esto dice el Señor:
"Como bajan del cielo la lluvia y la nieve
y no vuelven allá, sino después de empapar la tierra,

de fecundarla y hacerla germinar,
a fin de que dé semilla para sembrar y pan para comer,
así será la palabra que sale de mi boca:
no volverá a mí sin resultado,
sino que hará mi voluntad
y cumplirá su misión".

Palabra de Dios.   R. **Te alabamos, Señor.**

SALMO RESPONSORIAL
Del salmo 64

M. Aguilar BP 1553

Da - nos, Se - ñor, siem-pre de tu a - gua.

R.   Señor, danos siempre de tu agua.

Señor, tú cuidas de la tierra,
la riegas y la colmas de riqueza.
Las nubes del Señor van por los campos,
rebosantes de agua, como acequias. R.

Tú preparas las tierras para el trigo:
riegas los surcos, aplanas los terrenos,
reblandeces el suelo con la lluvia,
bendices los renuevos. R.

Tú coronas el año con tus bienes,
tus senderos derraman abundancia,
están verdes los pastos del desierto,
las colinas con flores adornadas. R.

Los prados se visten de rebaños,
de trigales los valles se engalanan.
Todo aclama al Señor.
Todo le canta. R.

SEGUNDA LECTURA
Toda la creación espera la revelación de la gloria de los hijos de Dios.

De la carta del apóstol san Pablo a los romanos
8, 18-23

Hermanos: Considero que los sufrimientos de esta vida no se pueden comparar con la gloria que un día se manifestará en noso-

tros; porque toda la creación espera, con seguridad e impaciencia, la revelación de esa gloria de los hijos de Dios.

La creación está ahora sometida al desorden, no por su querer, sino por voluntad de aquel que la sometió. Pero dándole al mismo tiempo esta esperanza: que también ella misma va a ser liberada de la esclavitud de la corrupción, para compartir la gloriosa libertad de los hijos de Dios.

Sabemos, en efecto, que la creación entera gime hasta el presente y sufre dolores de parto; y no sólo ella, sino también nosotros, los que poseemos las primicias del Espíritu, gemimos interiormente, anhelando que se realice plenamente nuestra condición de hijos de Dios, la redención de nuestro cuerpo.

Palabra de Dios.   ℟. **Te alabamos, Señor.**

ACLAMACIÓN ANTES DEL EVANGELIO

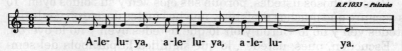

B.P.1033 – Palazón

A-le- lu- ya,   a -le- lu- ya,   a -le- lu-   ya.

℟.   Aleluya, aleluya.
La semilla es la palabra de Dios y el sembrador es Cristo;
todo aquel que lo encuentra vivirá para siempre.
℟.   Aleluya, aleluya.

EVANGELIO
Una vez salió un sembrador a sembrar.

✠ Del santo Evangelio según san Mateo
13, 1-23

Un día salió Jesús de la casa donde se hospedaba y se sentó a la orilla del mar. Se reunió en torno suyo tanta gente, que él se vio obligado a subir a una barca, donde se sentó, mientras la gente permanecía en la orilla. Entonces Jesús les habló de muchas cosas en parábolas y les dijo:

"Una vez salió un sembrador a sembrar, y al ir arrojando la semilla, unos granos cayeron a lo largo del camino; vinieron los pájaros y se los comieron. Otros granos cayeron en terreno pedregoso, que tenía poca tierra; ahí germinaron pronto, porque la tierra no era gruesa; pero cuando subió el sol, los brotes se marchitaron, y como no tenían raíces, se secaron. Otros cayeron entre espinos, y cuando los espinos crecieron, sofocaron las plantitas. Otros granos cayeron en tierra buena y dieron fruto: unos, ciento por uno; otros, sesenta; y otros, treinta. El que tenga oídos, que oiga".

Después se le acercaron sus discípulos y le preguntaron: "¿Por qué les hablas en parábolas?" Él les respondió: "A ustedes se les ha concedido conocer los misterios del Reino de los cielos, pero a ellos no. Al que tiene, se le dará más y nadará en la abundancia; pero al que tiene poco, aun eso poco se le quitará. Por eso les hablo en parábolas, porque viendo no ven y oyendo no oyen ni entienden.

En ellos se cumple aquella profecía de Isaías que dice: *Oirán una y otra vez y no entenderán; mirarán y volverán a mirar, pero no verán; porque este pueblo ha endurecido su corazón, ha cerrado sus ojos y tapado sus oídos, con el fin de no ver con los ojos, ni oír con los oídos, ni comprender con el corazón. Porque no quieren convertirse ni que yo los salve.*

Pero, dichosos ustedes, porque sus ojos ven y sus oídos oyen. Yo les aseguro que muchos profetas y muchos justos desearon ver lo que ustedes ven y no lo vieron y oír lo que ustedes oyen y no lo oyeron.

Escuchen, pues, ustedes, lo que significa la parábola del sembrador.

A todo hombre que oye la palabra del Reino y no la entiende, le llega el diablo y le arrebata lo sembrado en su corazón. Esto es lo que significan los granos que cayeron a lo largo del camino.

Lo sembrado sobre terreno pedregoso significa al que oye la palabra y la acepta inmediatamente con alegría; pero, como es inconstante, no la deja echar raíces, y apenas le viene una tribulación o una persecución por causa de la palabra, sucumbe.

Lo sembrado entre los espinos representa a aquel que oye la palabra, pero las preocupaciones de la vida y la seducción de las riquezas la sofocan y queda sin fruto.

En cambio, lo sembrado en tierra buena representa a quienes oyen la palabra, la entienden y dan fruto: unos, el ciento por uno; otros, el sesenta; y otros, el treinta".

Palabra del Señor.   R. **Gloria a ti, Señor Jesús.**

ORACIÓN SOBRE LAS OFRENDAS

Mira bondadosamente, Señor, las ofrendas de tu Iglesia suplicante y conviértelas en alimento espiritual que ayude a crecer en santidad a todos tus fieles. Por Jesucristo, nuestro Señor.

ANTÍFONA DE LA COMUNIÓN

Sal 83, 4-5

Dichosos los que se acercan a tu altar, Señor. Dichosos los que viven en tu casa y pueden alabarte siempre, Rey mío y Dios mío.

ORACIÓN DESPUÉS DE LA COMUNIÓN

Te suplicamos, Señor, que esta Eucaristía, que hemos recibido, nos ayude a amarte más y a servirte mejor cada día. Por Jesucristo, nuestro Señor.

¡MUCHO OJO CON LOS "PÁJAROS"!

- ◆ con las telenovelas que nos van acostumbrando poco a poco a considerar la "trigonometría" matrimonial como la cosa más natural del mundo...
- ◆ con la propaganda que quiere convencernos de que la felicidad matrimonial consiste en limitar lo más posible el número de los hijos...
- ◆ con la campaña dizque para prevenir el sida o evitar el embarazo, que en vez de promover el uso responsable del sexo, fomenta el libertinaje y la promiscuidad...
- ◆ con la amiga, esa de voz meliflua, que a la señora que está esperando niño le dice, como quien no quiere la cosa, que ella conoce a un "doctor" que, hasta eso, no cobra muy caro...
- ◆ con los anuncios de televisión que quieren convencernos de que la felicidad consiste en tener cosas y más cosas...
- ◆ con las telenovelas y las películas que, poco a poco, nos van haciendo ver como "aceptables" criterios, situaciones y soluciones evangélicamente inaceptables...
- ◆ con las revistas que prácticamente todo lo reducen a sexo, y el sexo prácticamente lo reducen a sus aspectos genitales...
- ◆ con las películas que nos muestran "lo bien" que se vive sin Dios, sin valores espirituales, sin tabúes, sin normas elementales de moral...
- ◆ con la propaganda de las sectas que reparten a manos llenas en las estaciones de autobuses y otros lugares públicos...

PORQUE VIENEN Y SE COMEN LA SEMILLA DE LA PALABRA DE DIOS.

20 de julio

16º Domingo Ordinario
(Verde)

ANTÍFONA DE ENTRADA   Sal 53, 6. 8
Señor Dios, tú eres mi auxilio y el único apoyo de mi vida; te ofreceré de corazón un sacrificio y te daré gracias, Señor, porque eres bueno.

ORACIÓN COLECTA
Míranos, Señor, con amor y multiplica en nosotros los dones de tu gracia para que, llenos de fe, esperanza y caridad, permanezcamos siempre fieles en el cumplimiento de tus mandatos. Por nuestro Señor Jesucristo...

La narración de la parábola de la cizaña nos descubre una de las posibles razones de los males que afligen al mundo. Si Dios no castiga inmediatamente a los que obran el mal, no es porque su amor impida que entre en funciones su justicia, sino porque él espera que cada uno tenga que rendir cuentas de su vida (EVANGELIO). El libro de la Sabiduría nos ofrece una reflexión parecida (PRIMERA LECTURA), al decirnos que Dios castiga al malvado, pero es paciente y le da oportunidad para que se arrepienta. San Pablo (SEGUNDA LECTURA) nos asegura que el Espíritu Santo actúa en cada uno de los bautizados y orienta nuestra vida hacia Dios.

PRIMERA LECTURA
Al pecador le das tiempo para que se arrepienta.

Del libro de la Sabiduría
12, 13. 16-19

No hay más Dios que tú, Señor, que cuidas de todas las cosas.
No hay nadie a quien tengas que rendirle cuentas
de la justicia de tus sentencias.
Tu poder es el fundamento de tu justicia,
y por ser el Señor de todos,
eres misericordioso con todos.

Tú muestras tu fuerza
a los que dudan de tu poder soberano
y castigas a quienes, conociéndolo, te desafían.
Siendo tú el dueño de la fuerza,
juzgas con misericordia y nos gobiernas con delicadeza,
porque tienes el poder y lo usas cuando quieres.

Con todo esto has enseñado a tu pueblo
que el justo debe ser humano,
y has llenado a tus hijos de una dulce esperanza,
ya que al pecador le das tiempo para que se arrepienta.

Palabra de Dios.   ℟. **Te alabamos, Señor.**

SALMO RESPONSORIAL
Del salmo 85

B.P. 1554

Tú, Se - ñor, e - res bue - no y cle - men - te.

℟.   Tú, Señor, eres bueno y clemente.

Puesto que eres, Señor, bueno y clemente
y todo amor con quien tu nombre invoca,
escucha mi oración
y a mi súplica da respuesta pronta. ℟.

Señor, todos los pueblos
vendrán para adorarte y darte gloria,
pues sólo tú eres Dios,
y tus obras, Señor, son portentosas. ℟.

Dios entrañablemente compasivo,
todo amor y lealtad, lento a la cólera,
ten compasión de mí,
pues clamo a ti, Señor, a toda hora. ℟.

SEGUNDA LECTURA

El Espíritu intercede por nosotros con gemidos que no pueden expresarse con palabras.

De la carta del apóstol san Pablo a los romanos
8, 26-27

Hermanos: El Espíritu nos ayuda en nuestra debilidad, porque nosotros no sabemos pedir lo que nos conviene; pero el Espíritu mismo intercede por nosotros con gemidos que no pueden expresarse con palabras. Y Dios, que conoce profundamente los corazones, sabe lo que el Espíritu quiere decir, porque el Espíritu ruega conforme a la voluntad de Dios, por los que le pertenecen.

Palabra de Dios.   ℞. **Te alabamos, Señor.**

ACLAMACIÓN ANTES DEL EVANGELIO
Cfr Mt 11, 25

A-le- lu- ya,   a-le- lu- ya,   a-le- lu-   ya.

℞.   Aleluya, aleluya.
Yo te alabo, Padre, Señor del cielo y de la tierra,
porque has revelado los misterios del Reino
a la gente sencilla.
℞.   Aleluya, aleluya.

EVANGELIO

Dejen que crezcan juntos hasta el tiempo de la cosecha.

✠ Del santo Evangelio según san Mateo
13, 24-43

En aquel tiempo, Jesús propuso esta parábola a la muchedumbre: "El Reino de los cielos se parece a un hombre que sembró buena semilla en su campo; pero mientras los trabajadores dormían, llegó un enemigo del dueño, sembró cizaña entre el trigo y se marchó. Cuando crecieron las plantas y se empezaba a formar la espiga, apareció también la cizaña.

Entonces los trabajadores fueron a decirle al amo: 'Señor, ¿qué no sembraste buena semilla en tu campo? ¿De dónde, pues, salió esta cizaña?' El amo les respondió: 'De seguro lo hizo un enemigo mío'. Ellos le dijeron: '¿Quieres que vayamos a arrancarla?' Pero él les contestó: 'No. No sea que al arrancar la cizaña, arranquen también el trigo. Dejen que crezcan juntos hasta el tiempo de la cosecha y, cuando llegue la cosecha, diré a los segadores: Arranquen primero la cizaña y átenla en gavillas para quemarla; y luego almacenen el trigo en mi granero' ".

Luego les propuso esta otra parábola: "El Reino de los cielos es semejante a la semilla de mostaza que un hombre siembra en un huerto. Ciertamente es la más pequeña de todas las semillas, pero cuando crece, llega a ser más grande que las hortalizas y se convierte en un arbusto, de manera que los pájaros vienen y hacen su nido en las ramas".

Les dijo también otra parábola: "El Reino de los cielos se parece a un poco de levadura que tomó una mujer y la mezcló con tres medidas de harina, y toda la masa acabó por fermentar".

Jesús decía a la muchedumbre todas estas cosas con parábolas, y sin parábolas nada les decía, para que se cumpliera lo que dijo el profeta: *Abriré mi boca y les hablaré con parábolas; anunciaré lo que estaba oculto desde la creación del mundo.*

Luego despidió a la multitud y se fue a su casa. Entonces se le acercaron sus discípulos y le dijeron: "Explícanos la parábola de la cizaña sembrada en el campo".

Jesús les contestó: "El sembrador de la buena semilla es el Hijo del hombre, el campo es el mundo, la buena semilla son los ciudadanos del Reino, la cizaña son los partidarios del maligno, el enemigo que la siembra es el diablo, el tiempo de la cosecha es el fin del mundo, y los segadores son los ángeles.

Y así como recogen la cizaña y la queman en el fuego, así sucederá al fin del mundo: el Hijo del hombre enviará a sus ángeles para que arranquen de su Reino a todos los que inducen a otros al pecado y a todos los malvados, y los arrojen en el horno encendido. Allí será el llanto y la desesperación. Entonces los justos brillarán como el sol en el Reino de su Padre. El que tenga oídos, que oiga".

Palabra del Señor.   ℟. **Gloria a ti, Señor Jesús.**

ORACIÓN SOBRE LAS OFRENDAS

Dios nuestro, que con la muerte de tu Hijo llevaste a término y perfección los sacrificios de la antigua alianza, acepta y bendice estos dones, como aceptaste y bendijiste los de Abel, para que lo que cada uno te ofrece, sea de provecho para la salvación de todos. Por Jesucristo, nuestro Señor.

ANTÍFONA DE LA COMUNIÓN
Sal 110, 4-5

Para perpetuar su amor, el Señor nos ha dejado el memorial de sus prodigios, y ha dado a sus amigos el signo de un banquete que les recuerde para siempre su alianza.

ORACIÓN DESPUÉS DE LA COMUNIÓN

Señor, tú que nos has concedido participar en esta Eucaristía, míranos con bondad y ayúdanos a vencer nuestra fragilidad humana para poder vivir como hijos tuyos. Por Jesucristo, nuestro Señor.

LA LEVADURA ES... PARA FERMENTAR

* Esto lo sabe cualquier señora o señorita aficionada a hacer pasteles.
* Esto se sabía muchos años antes de Jesucristo y lo sabían aquellos a quienes Jesús les dijo que el Reino de los cielos es semejante a un poco de levadura que tomó una mujer para hacer fermentar tres medidas de harina.
* Esto lo sabemos ahora todos, pero a muchos católicos como que se nos olvida que estamos en el mundo para hacer que el Evangelio fermente en todo el mundo.
* A muchos matrimonios se nos olvida, por ejemplo, que debemos vivir de tal manera, que nuestros hijos crezcan no sólo como seres humanos, sino como verdaderos cristianos, preocupados por ayudar en todo lo que podamos a los demás.
* A muchas familias como que no nos entra en la cabeza que nuestros condóminos o nuestros vecinos no son alguien de quien hay que cuidarse, sino alguien a quien podemos prestar algún servicio.
* A muchos católicos como que no nos acaba "de caer el veinte" de que tenemos que dar un testimonio creíble de nuestra religión mediante una vida recta, el cumplimiento fiel de nuestras obligaciones y un interés efectivo por cuantos nos rodean.
* A muchos empresarios católicos nos ocurre que en vez de fermentar con nuestras ideas cristianas el mundo de los negocios, nos dejamos aplastar por la masa de los que piensan que de lo único que se trata es de hacer dinero y no justicia social.
* A muchos trabajadores católicos se nos olvidan nuestros principios y al poco tiempo nos hacemos a los modos que reinan en las oficinas o en las fábricas...

"EL QUE TENGA OÍDOS PARA OÍR, QUE OIGA".

27 de julio

17° Domingo Ordinario
(Verde)

ANTÍFONA DE ENTRADA
Sal 67, 6. 7. 36

Adoremos a Dios en su santo templo. Él nos hace habitar juntos en su casa. Él es la fuerza y el poder de su pueblo.

ORACIÓN COLECTA

Padre santo y todopoderoso, protector de los que en ti confían, ten misericordia de nosotros y enséñanos a usar con sabiduría de los bienes de la tierra, a fin de que no nos impidan alcanzar los del cielo. Por nuestro Señor Jesucristo...

Jesús nos relata hoy la parábola de aquel hombre que encontró un tesoro y que lo sacrificó todo para poder conseguirlo (EVANGELIO). Lo mismo podría decirse del tesoro que es la amistad con Dios. El rey Salomón descubrió desde niño que ninguna riqueza supera a la sabiduría que viene de Dios (PRIMERA LECTURA). San Pablo nos recuerda que Dios nos ama y quiere que reproduzcamos en nosotros la imagen de su Hijo para poder llamarnos a compartir su gloria (SEGUNDA LECTURA).

PRIMERA LECTURA
Por haberme pedido sabiduría.

Del primer libro de los Reyes
3, 5-13

En aquellos días, el Señor se le apareció al rey Salomón en sueños y le dijo: "Salomón, pídeme lo que quieras, y yo te lo daré".

Salomón le respondió: "Señor, tú trataste con misericordia a tu siervo David, mi padre, porque se portó contigo con lealtad, con justicia y rectitud de corazón. Más aún, también ahora lo sigues tratando con misericordia, porque has hecho que un hijo suyo lo suceda en el trono. Sí, tú quisiste, Señor y Dios mío, que yo, tu siervo, sucediera en el trono a mi padre, David. Pero yo no soy más que un muchacho y no sé cómo actuar. Soy tu siervo y me encuentro perdido en medio de este pueblo tuyo, tan numeroso, que es imposible contarlo. Por eso te pido que me concedas sabiduría de corazón para que sepa gobernar a tu pueblo y distinguir entre el bien y el mal. Pues sin ella, ¿quién será capaz de gobernar a este pueblo tuyo tan grande?"

Al Señor le agradó que Salomón le hubiera pedido sabiduría y le dijo: "Por haberme pedido esto, y no una larga vida, ni riquezas, ni la muerte de tus enemigos, sino sabiduría para gobernar, yo te concedo lo que me has pedido. Te doy un corazón sabio y prudente, como no lo ha habido antes, ni lo habrá después de ti. Te voy a conceder, además, lo que no me has pedido: tanta gloria y riqueza, que no habrá rey que se pueda comparar contigo".

Palabra de Dios.   ℟. **Te alabamos, Señor.**

SALMO RESPONSORIAL
Del salmo 118

B.P. 1555

Cuán - to   a - mo,   Se - ñor,   tus   man - da - mien - tos.

℟.   Yo amo, Señor, tus mandamientos.

A mí, Señor, lo que me toca
es cumplir tus preceptos.
Para mí valen más tus enseñanzas
que miles de monedas de oro y plata. ℟.

Señor, que tu amor me consuele,
conforme a las promesas que me has hecho.
Muéstrame tu ternura y viviré,
porque en tu ley he puesto mi contento. ℟.

Amo, Señor, tus mandamientos
más que el oro purísimo;
por eso tus preceptos son mi guía
y odio toda mentira. ℟.

Tus preceptos, Señor, son admirables,
por eso yo los sigo.
La explicación de tu palabra
da luz y entendimiento a los sencillos. ℟.

SEGUNDA LECTURA

Nos predestina para que reproduzcamos en nosotros mismos la imagen de su Hijo.

De la carta del apóstol san Pablo a los romanos
8, 28-30

Hermanos: Ya sabemos que todo contribuye para bien de los que aman a Dios, de aquellos que han sido llamados por él, según su designio salvador.

En efecto, a quienes conoce de antemano, los predestina para que reproduzcan en sí mismos la imagen de su propio Hijo, a fin de que él sea el primogénito entre muchos hermanos. A quienes predestina, los llama; a quienes llama, los justifica; y a quienes justifica, los glorifica.

Palabra de Dios. ℟. **Te alabamos, Señor.**

ACLAMACIÓN ANTES DEL EVANGELIO
Cfr Mt 11, 25

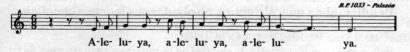

A-le- lu- ya,   a-le- lu- ya,   a-le- lu-   ya.

℟. Aleluya, aleluya.
Yo te alabo, Padre, Señor del cielo y de la tierra,
porque has revelado los misterios del Reino
a la gente sencilla.
℟. Aleluya, aleluya.

EVANGELIO
Vende cuanto tiene y compra aquel campo.

✠ Del santo Evangelio según san Mateo
13, 44-52

En aquel tiempo, Jesús dijo a sus discípulos: "El Reino de los cielos se parece a un tesoro escondido en un campo. El que lo encuentra lo vuelve a esconder y, lleno de alegría, va y vende cuanto tiene y compra aquel campo.

El Reino de los cielos se parece también a un comerciante en perlas finas que, al encontrar una perla muy valiosa, va y vende cuanto tiene y la compra.

También se parece el Reino de los cielos a la red que los pescadores echan en el mar y recoge toda clase de peces. Cuando se llena la red, los pescadores la sacan a la playa y se sientan a escoger los pescados; ponen los buenos en canastos y tiran los malos. Lo mismo sucederá al final de los tiempos: vendrán los ángeles, separarán a los malos de los buenos y los arrojarán al horno encendido. Allí será el llanto y la desesperación.

¿Han entendido todo esto?" Ellos le contestaron: "Sí". Entonces él les dijo: "Por eso, todo escriba instruido en las cosas del Reino de los cielos es semejante al padre de familia, que va sacando de su tesoro cosas nuevas y cosas antiguas".

Palabra del Señor.   ℟. **Gloria a ti, Señor Jesús.**

ORACIÓN SOBRE LAS OFRENDAS

Acepta, Señor, estos dones que tu generosidad ha puesto en nuestras manos, y concédenos que este sacrificio santifique toda nuestra vida y nos conduzca a la felicidad eterna. Por Jesucristo, nuestro Señor.

ANTÍFONA DE LA COMUNIÓN   Sal 102, 2
Bendice, alma mía, al Señor y no olvides sus muchos beneficios.

ORACIÓN DESPUÉS DE LA COMUNIÓN

Señor, que esta Eucaristía, memorial de la muerte y resurrección de tu Hijo, nos ayude a corresponder al don inefable de su amor y a procurar cada día nuestra salvación eterna. Por Jesucristo, nuestro Señor.

UN EVANGELIO PARA "PECES GRANDES"

Es decir, un evangelio que nos tiene que hacer pensar a todos nosotros los **"peces grandes"** que nos comemos a los **"peces chicos"**:

- los que nos aprovechamos de nuestro tamaño y de nuestra fuerza para imponernos a las personas más pequeñas y débiles que nosotros (los hermanos mayores que les pegamos a los hermanos menores, los **malditillos** de la escuela, los **porros** de las universidades, los **pandilleros** de las colonias, los **guaruras**)…

- los que nos aprovechamos de nuestro puesto en el trabajo para hacerles la vida difícil a los de abajo, para fastidiar al que nos cae mal, para cargarles nuestro trabajo a otros, para impedir ascensos merecidos o crear divisiones…

- los que aprovechamos nuestras **influencias** para torcer la justicia, para hacer aparecer como culpables a inocentes, para acallar justas demandas, para eliminar contrincantes, para realizar impunemente cuanta injusticia se nos ocurre…

- los que aprovechamos nuestro dinero para arruinar competidores, para comprar testigos falsos, para prostituir cuerpos y conciencias, para obtener privilegios injustos…

Y decimos que éste, el de hoy, es un evangelio para **"peces grandes"**, porque esta clase de peces son de los que van a quedar fuera de la cesta cuando llegue la hora de que los pescadores saquen la red a la playa y separen los peces buenos de los malos.

Y no es cosa de que vayamos a ser arrojados "al horno encendido".

3 de agosto

18° Domingo Ordinario
(Verde)

ANTÍFONA DE ENTRADA
Sal 69, 2. 6

Dios mío, ven en mi ayuda; Señor, date prisa en socorrerme. Tú eres mi auxilio y mi salvación; Señor, no tardes.

ORACIÓN COLECTA

Señor, tú que eres nuestro creador y quien amorosamente dispone toda nuestra vida, renuévanos conforme a la imagen de tu Hijo y ayúdanos a conservar siempre tu gracia. Por nuestro Señor Jesucristo...

San Mateo (EVANGELIO), lo mismo que los otros evangelistas, describe la multiplicación de los panes en relación con la institución de la Eucaristía. Pero el servicio sacramental de la Iglesia es incompleto si no va acompañado del servicio de la caridad. Sólo el amor fraternal puede hacer de este mundo injusto una nueva creación en la abundancia (SEGUNDA LECTURA). Tampoco podemos repartir ese pan sin crear al mismo tiempo una insatisfacción que haga desear alimentos más sustanciosos (PRIMERA LECTURA).

PRIMERA LECTURA
Vengan a comer.

Del libro del profeta Isaías
55, 1-3

Esto dice el Señor:
"Todos ustedes, los que tienen sed, vengan por agua;
y los que no tienen dinero,
vengan, tomen trigo y coman;
tomen vino y leche sin pagar.
    ¿Por qué gastar el dinero en lo que no es pan
y el salario, en lo que no alimenta?
    Escúchenme atentos y comerán bien,
saborearán platillos sustanciosos.
Préstenme atención, vengan a mí,
escúchenme y vivirán.
Sellaré con ustedes una alianza perpetua,
cumpliré las promesas que hice a David".

Palabra de Dios. ℟. **Te alabamos, Señor.**

SALMO RESPONSORIAL
Del salmo 144

B.P. 1556

A-bres, Se-ñor, tu   ma - no   y nos sa-cias de fa - vo - res.

℟. Abres, Señor, tu mano y nos sacias de favores.

El Señor es compasivo y misericordioso,
lento para enojarse y generoso para perdonar.
Bueno es el Señor para con todos
y su amor se extiende a todas sus creaturas. ℟.

    A ti, Señor, sus ojos vuelven todos
y tú los alimentas a su tiempo.
Abres, Señor, tus manos generosas
y cuantos viven quedan satisfechos. ℟.

    Siempre es justo el Señor en sus designios
y están llenas de amor todas sus obras.
No está lejos de aquellos que lo buscan;
muy cerca está el Señor, de quien lo invoca. ℟.

SEGUNDA LECTURA

Nada podrá apartarnos del amor que Dios nos ha manifestado en Cristo Jesús.

De la carta del apóstol san Pablo a los romanos
8, 35. 37-39

Hermanos: ¿Qué cosa podrá apartarnos del amor con que nos ama Cristo? ¿Las tribulaciones? ¿Las angustias? ¿La persecución? ¿El hambre? ¿La desnudez? ¿El peligro? ¿La espada?

Ciertamente de todo esto salimos más que victoriosos, gracias a aquel que nos ha amado; pues estoy convencido de que ni la muerte ni la vida, ni los ángeles ni los demonios, ni el presente ni el futuro, ni los poderes de este mundo, ni lo alto ni lo bajo, ni creatura alguna podrá apartarnos del amor que nos ha manifestado Dios en Cristo Jesús.

Palabra de Dios. ℟. **Te alabamos, Señor.**

ACLAMACIÓN ANTES DEL EVANGELIO
Mt 4, 4

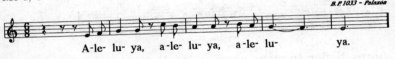

B.P. 1033 – Palazón

A-le- lu- ya, a-le- lu- ya, a-le- lu- ya.

℟. Aleluya, aleluya.
No sólo de pan vive el hombre,
sino también de toda palabra
que sale de la boca de Dios.
℟. Aleluya, aleluya.

EVANGELIO

Comieron todos hasta saciarse.

✠ Del santo Evangelio según san Mateo
14, 13-21

En aquel tiempo, al enterarse Jesús de la muerte de Juan el Bautista, subió a una barca y se dirigió a un lugar apartado y solitario. Al saberlo la gente, lo siguió por tierra desde los pueblos. Cuando Jesús desembarcó, vio aquella muchedumbre, se compadeció de ella y curó a los enfermos.

Como ya se hacía tarde, se acercaron sus discípulos a decirle: "Estamos en despoblado y empieza a oscurecer. Despide a la gente para que vayan a los caseríos y compren algo de comer". Pero Jesús les replicó: "No hace falta que vayan. Denles ustedes de comer". Ellos le contestaron: "No tenemos aquí más que cinco panes y dos pescados". Él les dijo: "Tráiganmelos".

Luego mandó que la gente se sentara sobre el pasto. Tomó los cinco panes y los dos pescados, y mirando al cielo, pronunció una bendición, partió los panes y se los dio a los discípulos para que los distribuyeran a la gente. Todos comieron hasta saciarse, y con los pedazos que habían sobrado se llenaron doce canastos. Los que comieron eran unos cinco mil hombres, sin contar a las mujeres y a los niños.

Palabra del Señor.   ℟. **Gloria a ti, Señor Jesús.**

ORACIÓN SOBRE LAS OFRENDAS

Santifica, Señor, estos dones y por medio del sacrificio de tu Hijo, transforma toda nuestra vida en una continua ofrenda. Por Jesucristo, nuestro Señor.

ANTÍFONA DE LA COMUNIÓN   Jn 6, 35

Yo soy el pan de vida, dice el Señor; el que venga a mí, no tendrá hambre; y el que crea en mí, no tendrá sed.

ORACIÓN DESPUÉS DE LA COMUNIÓN

Protege, Señor, continuamente a quienes renuevas y fortaleces con esta Eucaristía y hazlos dignos de alcanzar la salvación eterna. Por Jesucristo, nuestro Señor.

"¡DENLES USTEDES DE COMER!"

- ✓ a esas familias de indígenas que deambulan por nuestras calles, arrastrando a sus niños y su desgarrante miseria...
- ✓ a esos ancianos y ancianas que nos tienden la mano a la puerta de nuestras iglesias...
- ✓ al hombre –ya maduro la mayor de las veces– que se detiene frente a cualquier puerta y lanza un solo de saxofón o de trompeta...

10 de agosto

19° Domingo Ordinario
(Verde)

ANTÍFONA DE ENTRADA   Sal 73, 20. 19. 22. 23

Acuérdate, Señor, de tu alianza; no olvides por más tiempo la suerte de tus pobres. Levántate, Señor, a defender tu causa; no olvides las voces de los que te buscan.

ORACIÓN COLECTA

Dios eterno y todopoderoso, a quien confiadamente podemos llamar ya Padre nuestro, haz crecer en nuestros corazones el espíritu de hijos adoptivos tuyos, para que podamos gozar, después de esta vida, de la herencia que nos has prometido. Por nuestro Señor Jesucristo...

Vemos hoy a los discípulos, asustados y llenos de asombro al descubrir que Jesús es el Señor todopoderoso, el Hijo de Dios (EVANGELIO). También el profeta Elías había sentido un miedo semejante cuando se encontró con el Señor en el monte donde Dios se había revelado a Moisés (PRIMERA LECTURA). San Pablo (SEGUNDA LECTURA) vuelve sobre el tema del destino de los judíos, señalando que, a pesar de que no han reconocido a Jesús como el Salvador, siguen siendo el pueblo que recibió las promesas de Dios y del que nació Jesucristo.

PRIMERA LECTURA
Quédate en el monte, porque el Señor va a pasar.

Del primer libro de los Reyes
19, 9. 11-13

Al llegar al monte de Dios, el Horeb, el profeta Elías entró en una cueva y permaneció allí. El Señor le dijo: "Sal de la cueva y quédate en el monte para ver al Señor, porque el Señor va a pasar".

Así lo hizo Elías, y al acercarse el Señor, vino primero un viento huracanado, que partía las montañas y resquebrajaba las rocas; pero el Señor no estaba en el viento. Se produjo después un terremoto; pero el Señor no estaba en el terremoto. Luego vino un fuego; pero el Señor no estaba en el fuego. Después del fuego se escuchó el murmullo de una brisa suave. Al oírlo, Elías se cubrió el rostro con el manto y salió a la entrada de la cueva.

Palabra de Dios. ℟. **Te alabamos, Señor.**

SALMO RESPONSORIAL
Del salmo 84

T. Carrasco B.P. 1557

Mués - tra - nos, Se - ñor, tu mi - se - ri - cor - dia.

℟. Muéstranos, Señor, tu misericordia.

Escucharé las palabras del Señor,
palabras de paz para su pueblo santo.
Está ya cerca nuestra salvación
y la gloria del Señor habitará en la tierra. ℟.

La misericordia y la verdad se encontraron,
la justicia y la paz se besaron,
la fidelidad brotó en la tierra
y la justicia vino del cielo. ℟.

Cuando el Señor nos muestre su bondad,
nuestra tierra producirá su fruto.
La justicia le abrirá camino al Señor
e irá siguiendo sus pisadas. ℟.

SEGUNDA LECTURA
Hasta quisiera verme separado de Cristo, si esto fuera para bien de mis hermanos.

De la carta del apóstol san Pablo a los romanos
9, 1-5

Hermanos: Les hablo con toda verdad en Cristo; no miento. Mi conciencia me atestigua, con la luz del Espíritu Santo, que tengo una infinita tristeza y un dolor incesante tortura mi corazón.

Hasta aceptaría verme separado de Cristo, si esto fuera para bien de mis hermanos, los de mi raza y de mi sangre, los israelitas, a quienes pertenecen la adopción filial, la gloria, la alianza, la ley, el culto y las promesas. Ellos son descendientes de los patriarcas; y de su raza, según la carne, nació Cristo, el cual está por encima de todo y es Dios bendito por los siglos de los siglos. Amén.

Palabra de Dios.   ℟. **Te alabamos, Señor.**

ACLAMACIÓN ANTES DEL EVANGELIO
Sal 129, 5

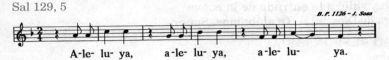

A-le- lu- ya,   a-le- lu- ya,   a-le- lu-   ya.

℟.   Aleluya, aleluya.
Confío en el Señor,
mi alma espera y confía en su palabra.
℟.   Aleluya, aleluya.

EVANGELIO
Mándame ir a ti caminando sobre el agua.

✠   Del santo Evangelio según san Mateo
    14, 22-33

En aquel tiempo, inmediatamente después de la multiplicación de los panes, Jesús hizo que sus discípulos subieran a la barca y se dirigieran a la otra orilla, mientras él despedía a la gente. Después de despedirla, subió al monte a solas para orar. Llegada la noche, estaba él solo allí.

Entretanto, la barca iba ya muy lejos de la costa y las olas la sacudían, porque el viento era contrario. A la madrugada, Jesús fue hacia ellos, caminando sobre el agua. Los discípulos, al verlo andar sobre el agua, se espantaron, y decían: "¡Es un fantasma!" Y daban gritos de terror. Pero Jesús les dijo enseguida: "Tranquilícense y no teman. Soy yo".

Entonces le dijo Pedro: "Señor, si eres tú, mándame ir a ti caminando sobre el agua". Jesús le contestó: "Ven". Pedro bajó de la barca y comenzó a caminar sobre el agua hacia Jesús; pero al sentir la fuerza del viento, le entró miedo, comenzó a hundirse y gritó: "¡Sálvame, Señor!" Inmediatamente Jesús le tendió la mano, lo sostuvo y le dijo: "Hombre de poca fe, ¿por qué dudaste?"

En cuanto subieron a la barca, el viento se calmó. Los que estaban en la barca se postraron ante Jesús diciendo: "Verdaderamente tú eres el Hijo de Dios".

Palabra del Señor.   ℟. **Gloria a ti, Señor Jesús.**

ORACIÓN SOBRE LAS OFRENDAS

Acepta, Señor, con bondad, estos dones que has puesto en manos de tu Iglesia, y con tu poder conviértelos en el sacramento de nuestra salvación. Por Jesucristo, nuestro Señor.

ANTÍFONA DE LA COMUNIÓN   Sal 147, 12. 14

Alaba, Jerusalén, al Señor, porque te alimenta con lo mejor de su trigo.

ORACIÓN DESPUÉS DE LA COMUNIÓN

Que la recepción de esta Eucaristía nos confirme, Señor, en tu amor y nos ayude a conseguir la vida eterna. Por Jesucristo, nuestro Señor.

¡TRANQUILÍCENSE Y NO TEMAN: SOY YO!

❖ Cristo, con el sacramento de la Unción de los Enfermos, no viene ni a anunciarnos la muerte ni a asustar a nuestros enfermos.

❖ Con el poder de su Espíritu, Jesús viene:
 – a quitarnos cualquier residuo de pecado;
 – a librarnos de angustias y temores;
 – a darnos paz y serenidad interiores;
 – a comunicarnos vigor espiritual;
 – a vencer nuestra rebeldía ("¿Por qué Dios…?").

❖ Con todo lo cual, además, quedamos en las mejores condiciones para colaborar a nuestro restablecimiento corporal.

Nota: La Unción de los Enfermos puede recibirse cada vez que caemos gravemente enfermos, antes de una operación peligrosa, antes de un parto… cuando por la edad se han debilitado nuestras fuerzas o si dentro de la enfermedad se agravara más el enfermo.

¡NO PRIVEMOS A NUESTROS ENFERMOS DE ESTA PRESENCIA SALVADORA DE CRISTO!

15 de agosto
Viernes

La Asunción de la Santísima Virgen María
(Blanco)

ANTÍFONA DE ENTRADA

Un gran signo apareció en el cielo: una mujer vestida del sol, con la luna bajo sus pies y una corona de doce estrellas sobre su cabeza.

Se dice Gloria

ORACIÓN COLECTA

Dios todopoderoso y eterno, que hiciste subir al cielo en cuerpo y alma a la inmaculada Virgen María, Madre de tu Hijo, concédenos vivir en este mundo sin perder de vista los bienes del cielo y con la esperanza de disfrutar eternamente de su gloria. Por nuestro Señor Jesucristo...

El pasaje del Apocalipsis se refiere al combate de la Iglesia de Cristo contra las fuerzas del mal. Nos habla de la señal de la mujer, porque es en la Virgen María en donde la Iglesia ha triunfado sobre el pecado y sobre la muerte (PRIMERA LECTURA). San Pablo nos recuerda la resurrección de Cristo y nuestra resurrección, señalando que entre una y otra se encuentra María, nuestra medianera y la primogénita de los cristianos (SEGUNDA LECTURA). Después oímos el cántico de la propia María que, al saber que es Madre de Dios, exclama: "Ha hecho en mí grandes cosas el que todo lo puede" (EVANGELIO).

PRIMERA LECTURA
Una mujer envuelta por el sol, con la luna bajo sus pies.

Del libro del Apocalipsis del apóstol san Juan
11, 19; 12, 1-6. 10

Se abrió el templo de Dios en el cielo y dentro de él se vio el arca
de la alianza. Apareció entonces en el cielo una figura prodigiosa:
una mujer envuelta por el sol, con la luna bajo sus pies y con una
corona de doce estrellas en la cabeza. Estaba encinta y a punto de
dar a luz y gemía con los dolores del parto.

Pero apareció también en el cielo otra figura: un enorme dra-
gón, color de fuego, con siete cabezas y diez cuernos, y una corona
en cada una de sus siete cabezas. Con su cola barrió la tercera parte
de las estrellas del cielo y las arrojó sobre la tierra. Después se detuvo delante de la mujer que iba a dar a luz, para devorar a su hijo,
en cuanto éste naciera. La mujer dio a luz un hijo varón, destinado
a gobernar todas las naciones con cetro de hierro; y su hijo fue llevado hasta Dios y hasta su trono. Y la mujer huyó al desierto, a un
lugar preparado por Dios.

Entonces oí en el cielo una voz poderosa, que decía: "Ha sonado
la hora de la victoria de nuestro Dios, de su dominio y de su reinado,
y del poder de su Mesías".

Palabra de Dios.   ℟. **Te alabamos, Señor.**

SALMO RESPONSORIAL
Del salmo 44

E. Estrella B.P. 1583

De pie, a tu de-re-cha, es-tá la rei-na, la rei - na.

℟.   De pie, a tu derecha, está la reina.

Hijas de reyes salen a tu encuentro.
De pie, a tu derecha, está la reina,
enjoyada con oro de Ofir. ℟.

Escucha, hija, mira y pon atención:
olvida a tu pueblo y la casa paterna;
el rey está prendado de tu belleza;
ríndele homenaje, porque él es tu señor. ℟.

Entre alegría y regocijo
van entrando en el palacio real.
A cambio de tus padres, tendrás hijos,
que nombrarás príncipes por toda la tierra. ℟.

SEGUNDA LECTURA

Resucitó primero Cristo, como primicia; después, los que son de Cristo.

De la primera carta del apóstol san Pablo a los corintios
15, 20-27

Hermanos: Cristo resucitó, y resucitó como la primicia de todos los muertos. Porque si por un hombre vino la muerte, también por un hombre vendrá la resurrección de los muertos.

En efecto, así como en Adán todos mueren, así en Cristo todos volverán a la vida; pero cada uno en su orden: primero Cristo, como primicia; después, a la hora de su advenimiento, los que son de Cristo.

Enseguida será la consumación, cuando, después de haber aniquilado todos los poderes del mal, Cristo entregue el Reino a su Padre. Porque él tiene que reinar hasta que el Padre ponga bajo sus pies a todos sus enemigos. El último de los enemigos en ser aniquilado, será la muerte, porque todo lo ha sometido Dios bajo los pies de Cristo.

Palabra de Dios.   ℟. **Te alabamos, Señor.**

ACLAMACIÓN ANTES DEL EVANGELIO

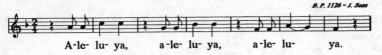

B. P. 1126 - J. Sosa

A-le- lu- ya,   a-le- lu- ya,   a-le- lu-   ya.

℟. Aleluya, aleluya.
María fue llevada al cielo
y todos los ángeles se alegran.
℟. Aleluya, aleluya.

EVANGELIO

Ha hecho en mí grandes cosas el que todo lo puede. Exaltó a los humildes.

✠ Del santo Evangelio según san Lucas
1, 39-56

En aquellos días, María se encaminó presurosa a un pueblo de las montañas de Judea, y entrando en la casa de Zacarías, saludó a Isabel. En cuanto ésta oyó el saludo de María, la criatura saltó en su seno.

Entonces Isabel quedó llena del Espíritu Santo, y levantando la voz, exclamó: "¡Bendita tú entre las mujeres y bendito el fruto de tu vientre! ¿Quién soy yo, para que la madre de mi Señor venga a verme? Apenas llegó tu saludo a mis oídos, el niño saltó de gozo en mi seno. Dichosa tú, que has creído, porque se cumplirá cuanto te fue anunciado de parte del Señor".

Entonces dijo María:

"Mi alma glorifica al Señor
y *mi espíritu se llena de júbilo en Dios, mi salvador,*
porque *puso sus ojos en la humildad de su esclava.*

Desde ahora me llamarán dichosa todas las generaciones,
porque ha hecho en mí grandes cosas el que todo lo puede.
Santo es su nombre
y su misericordia llega de generación en generación
a los que lo temen.

Ha hecho sentir el poder de su brazo:
dispersó a los de corazón altanero,
destronó a los potentados
y exaltó a los humildes.
A los hambrientos los colmó de bienes
y a los ricos los despidió sin nada.

Acordándose de su misericordia,
vino en ayuda de Israel, su siervo,
como lo había prometido a nuestros padres,
a Abraham y a su descendencia
para siempre".

María permaneció con Isabel unos tres meses, y luego regresó a su casa.

Palabra del Señor.   ℟. **Gloria a ti, Señor Jesús.**

ORACIÓN SOBRE LAS OFRENDAS

Acepta, Señor, este sacrificio que vamos a ofrecerte para celebrar la Asunción de la Virgen María y ayúdanos, por su intercesión, a buscarte y a vivir siempre en tu amor. Por Jesucristo, nuestro Señor.

ANTÍFONA DE LA COMUNIÓN
Lc 1, 48-49

Desde ahora me llamarán dichosa todas las generaciones, porque ha hecho en mí grandes cosas el que todo lo puede. Santo es su nombre.

ORACIÓN DESPUÉS DE LA COMUNIÓN

Tú que nos has hecho partícipes de este sacramento de vida eterna, concédenos, Señor, por intercesión de la Virgen María, en este día de su Asunción al cielo, alcanzar la gloria de la resurrección. Por Jesucristo, nuestro Señor.

¡DICHOSA TÚ, QUE HAS CREÍDO!

♥ Dichosa tú, que creíste que el Niño que nacería de ti iba a ser llamado –y era– Hijo de Dios.

♥ Dichosas también todas las madres cristianas que han creído que el niño que han concebido y que llevan todavía en su seno va a ser llamado –y será– hijo de Dios y que, por consiguiente, tiene pleno derecho a la vida.

♥ Dichosa tú, que creíste, la primera, en el Corazón de Jesús, cuando en las bodas de Caná, al ver que a aquella pareja de esposos les faltaba vino, le dijiste a tu Hijo: **"No tienen vino"**, que fue otra forma de decir: **"Sagrado Corazón de Jesús, en ti confío"**.

♥ Dichosos también todos los que creemos en el Corazón de Jesús, es decir, en el amor que Jesús nos tiene, y acudimos a él.

♥ Dichosos todos aquellos que, aun sin alcanzarlo a comprender plenamente, creemos:
– que Jesús es el verdadero pan de vida, y nos acercamos a comulgar;
– que Jesús tomará como hecho a sí mismo lo que hagamos por cualquiera de sus hermanos, cuando actuemos en consecuencia;
– que Pedro es la piedra sobre la que Jesús quiso fundar su Iglesia y que estará con él (y sus sucesores) hasta la consumación de los siglos.

"PORQUE SE CUMPLIRÁ TODO CUANTO NOS HA SIDO ANUNCIADO POR PARTE DEL SEÑOR".

17 de agosto

20º Domingo Ordinario
(Verde)

ANTÍFONA DE ENTRADA
Sal 83, 10-11

Dios nuestro y protector nuestro, un solo día en tu casa es más valioso para tus elegidos, que mil días en cualquier otra parte.

ORACIÓN COLECTA

Enciende, Señor, nuestros corazones con el fuego de tu amor a fin de que, amándote en todo y sobre todo, podamos obtener aquellos bienes que no podemos nosotros ni siquiera imaginar y has prometido tú a los que te aman. Por nuestro Señor Jesucristo...

El tema de las lecturas en la Misa de hoy es el mismo: el llamado de Dios a los hombres que no pertenecen al pueblo judío. Por boca del profeta, Dios declara: "Mi templo será la casa de oración para todos los pueblos" (PRIMERA LECTURA). Jesús alaba la fe de una mujer extranjera al pueblo judío y cura a su hija (EVANGELIO). San Pablo dice que por desobediencia de los judíos, los paganos obtuvieron misericordia (SEGUNDA LECTURA), pero Israel sigue ocupando un puesto de preferencia dentro del plan de Dios.

PRIMERA LECTURA
Conduciré a los extranjeros a mi monte santo.

Del libro del profeta Isaías
56, 1. 6-7

Esto dice el Señor:
"Velen por los derechos de los demás,
practiquen la justicia,

porque mi salvación está a punto de llegar
y mi justicia a punto de manifestarse.

    A los extranjeros que se han adherido al Señor
para servirlo, amarlo y darle culto,
a los que guardan el sábado sin profanarlo
y se mantienen fieles a mi alianza,
los conduciré a mi monte santo
y los llenaré de alegría en mi casa de oración.
Sus holocaustos y sacrificios serán gratos en mi altar,
porque mi templo será la casa de oración
para todos los pueblos".
Palabra de Dios.   ℟. **Te alabamos, Señor.**

SALMO RESPONSORIAL

Del salmo 66

T. Carrasco B.P. 1558

℟.   Que te alaben, Señor, todos los pueblos.

Ten piedad de nosotros y bendícenos;
vuelve, Señor, tus ojos a nosotros.
que conozca la tierra tu bondad
y los pueblos tu obra salvadora. ℟.

    Las naciones con júbilo te canten,
porque juzgas al mundo con justicia;
con equidad tú juzgas a los pueblos
y riges en la tierra a las naciones. ℟.

    Que te alaben, Señor, todos los pueblos,
que los pueblos te aclamen todos juntos.
Que nos bendiga Dios
y que le rinda honor el mundo entero. ℟.

SEGUNDA LECTURA

Dios no se arrepiente de sus dones ni de su elección.

De la carta del apóstol san Pablo a los romanos
11, 13-15. 29-32

Hermanos: Tengo algo que decirles a ustedes, los que no son judíos, y trato de desempeñar lo mejor posible este ministerio. Pero esto lo hago también para ver si provoco los celos de los de mi raza y logro salvar a algunos de ellos. Pues, si su rechazo ha sido reconciliación para el mundo, ¿qué no será su reintegración, sino resurrección de entre los muertos? Porque Dios no se arrepiente de sus dones ni de su elección.

Así como ustedes antes eran rebeldes contra Dios y ahora han alcanzado su misericordia con ocasión de la rebeldía de los judíos, en la misma forma, los judíos, que ahora son los rebeldes y que fueron la ocasión de que ustedes alcanzaran la misericordia de Dios, también ellos la alcanzarán. En efecto, Dios ha permitido que todos cayéramos en la rebeldía, para manifestarnos a todos su misericordia.

Palabra de Dios.   ℟. **Te alabamos, Señor.**

ACLAMACIÓN ANTES DEL EVANGELIO
Cfr Mt 4, 23

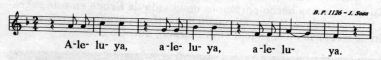

A-le- lu- ya,   a-le- lu- ya,   a-le- lu-   ya.

℟.   Aleluya, aleluya.
Jesús predicaba el Evangelio del Reino
y curaba las enfermedades y dolencias del pueblo.
℟.   Aleluya, aleluya.

EVANGELIO
Mujer, ¡qué grande es tu fe!

✠   Del santo Evangelio según san Mateo
15, 21-28

En aquel tiempo, Jesús se retiró a la comarca de Tiro y Sidón. Entonces una mujer cananea le salió al encuentro y se puso a gritar: "Señor, hijo de David, ten compasión de mí. Mi hija está terriblemente atormentada por un demonio". Jesús no le contestó una sola palabra; pero los discípulos se acercaron y le rogaban: "Atiéndela, porque viene gritando detrás de nosotros". Él les contestó: "Yo no he sido enviado sino a las ovejas descarriadas de la casa de Israel".

Ella se acercó entonces a Jesús, y postrada ante él, le dijo: "¡Señor, ayúdame!" Él le respondió: "No está bien quitarles el pan a los hijos para echárselo a los perritos". Pero ella replicó: "Es cierto, Señor; pero también los perritos se comen las migajas que caen de la mesa de sus amos". Entonces Jesús le respondió: "Mujer, ¡qué grande es tu fe! Que se cumpla lo que deseas". Y en aquel mismo instante quedó curada su hija.

Palabra del Señor.   ℟. **Gloria a ti, Señor Jesús.**

ORACIÓN SOBRE LAS OFRENDAS

Acepta, Señor, los dones que te presentamos para esta Eucaristía a fin de que, a cambio de ofrecerte lo que tú nos has dado, podamos recibir de ti, tu misma vida. Por Jesucristo, nuestro Señor.

ANTÍFONA DE LA COMUNIÓN   Sal 6, 51

Yo soy el pan vivo que ha bajado del cielo, dice el Señor; el que coma de este pan, vivirá eternamente.

ORACIÓN DESPUÉS DE LA COMUNIÓN

Tú que nos has hecho partícipes de la vida de Cristo en este sacramento, transfórmanos, Señor, a imagen de tu Hijo, para que participemos también de su gloria en el cielo. Por Jesucristo, nuestro Señor.

VELEN POR LOS DERECHOS DE LOS DEMÁS *(Primera lectura)*

☞ el derecho inalienable a la vida que tiene todo niño concebido, haya sido deseado o no, tenga el peligro de nacer con un defecto o no, venga a complicar la economía familiar o no...

☞ el derecho que toda mujer tiene a que no se la considere como un objeto de consumo...

☞ el derecho que los padres tienen (y no los gobiernos) a decidir el número de sus hijos...

☞ el derecho que la esposa tiene a que la fidelidad de su marido sea igual a la que éste exige de ella...

☞ el derecho del trabajador a ser tratado como persona y no como un objeto más del inventario de la empresa...

☞ el derecho del patrón a que se le trabaje responsablemente todo el tiem-

po por el que paga y a ser respetado también como ser humano...

☞ el derecho de nuestros indígenas a ser tratados y a poder vivir como seres humanos...

☞ el derecho de nuestros ancianos a nuestro cariño, comprensión y ayuda económica...

"PORQUE MI JUSTICIA ESTÁ A PUNTO DE MANIFESTARSE", DICE EL SEÑOR.

24 de agosto

21er Domingo Ordinario
(Verde)

ORACIÓN COLECTA

Dios nuestro, tú que puedes darnos un mismo querer y un mismo sentir, concédenos a todos amar lo que nos mandas y anhelar lo que nos prometes para que, en medio de las preocupaciones de esta vida, pueda encontrar nuestro corazón la felicidad verdadera. Por nuestro Señor Jesucristo...

San Pedro hizo una profesión de fe tan completa y tan profunda, que Jesús le prometió enseguida confiarle "las llaves del Reino de los cielos" (EVANGELIO). De aquel episodio hay una imagen en el Antiguo Testamento, cuando el profeta Isaías habla del siervo de Dios, a quien el Señor dará la llave del palacio de David (PRIMERA LECTURA). Todo esto significa que Cristo, por voluntad propia, delegó en san Pedro la carga de su pueblo. San Pablo (SEGUNDA LECTURA) entona un himno a la infinita sabiduría de Dios.

PRIMERA LECTURA
Pondré la llave del palacio de David sobre su hombro.

Del libro del profeta Isaías
22, 19-23

Esto dice el Señor a Sebná, mayordomo de palacio:
"Te echaré de tu puesto
y te destituiré de tu cargo.
Aquel mismo día llamaré a mi siervo,
a Eleacín, el hijo de Elcías;
le vestiré tu túnica,
le ceñiré tu banda
y le traspasaré tus poderes.

Será un padre para los habitantes de Jerusalén
y para la casa de Judá.
Pondré la llave del palacio de David sobre su hombro.
Lo que él abra, nadie lo cerrará;
lo que él cierre, nadie lo abrirá.
Lo fijaré como un clavo en muro firme
y será un trono de gloria para la casa de su padre".

Palabra de Dios.   ℟ **Te alabamos, Señor.**

SALMO RESPONSORIAL
Del salmo 137

B.P. 1559

Se - ñor, tu_a - mor per - du - ra e - ter - na - men - te.

℟   Señor, tu amor perdura eternamente.

De todo corazón te damos gracias,
Señor, porque escuchaste nuestros ruegos.
Te cantaremos delante de tus ángeles,
te adoraremos en tu templo. ℟.

Señor, te damos gracias
por tu lealtad y por tu amor:
siempre que te invocamos, nos oíste
y nos llenaste de valor. ℟.

Se complace el Señor en los humildes
y rechaza al engreído.
Señor, tu amor perdura eternamente;
obra tuya soy, no me abandones. ℟.

SEGUNDA LECTURA

Todo proviene de Dios, todo ha sido hecho por él y todo está orientado hacia él.

De la carta del apóstol san Pablo a los romanos
11, 33-36

¡Qué inmensa y rica es la sabiduría y la ciencia de Dios! ¡Qué impenetrables son sus designios e incomprensibles sus caminos! *¿Quién ha conocido jamás el pensamiento del Señor o ha llegado a ser su consejero? ¿Quién ha podido darle algo primero, para que Dios se lo tenga que pagar?* En efecto, todo proviene de Dios, todo ha sido hecho por él y todo está orientado hacia él. A él la gloria por los siglos de los siglos. Amén.

Palabra de Dios. ℟. **Te alabamos, Señor.**

ACLAMACIÓN ANTES DEL EVANGELIO
Mt 16, 18

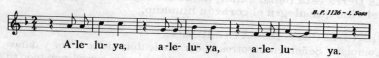

B. P. 1126 – J. Sosa

A-le- lu- ya, a-le- lu- ya, a-le- lu- ya.

℟. Aleluya, aleluya.
Tú eres Pedro y sobre esta piedra edificaré mi Iglesia,
y los poderes del infierno
no prevalecerán sobre ella, dice el Señor.
℟. Aleluya, aleluya.

EVANGELIO

Tú eres Pedro y yo te daré las llaves del Reino de los cielos.

✠ **Del santo Evangelio según san Mateo**
16, 13-20

En aquel tiempo, cuando llegó Jesús a la región de Cesarea de Filipo, hizo esta pregunta a sus discípulos: "¿Quién dice la gente que es el Hijo del hombre?" Ellos le respondieron: "Unos dicen que eres Juan el Bautista; otros, que Elías; otros, que Jeremías o alguno de los profetas".

Luego les preguntó: "Y ustedes, ¿quién dicen que soy yo?" Simón Pedro tomó la palabra y le dijo: "Tú eres el Mesías, el Hijo de Dios vivo".

Jesús le dijo entonces: "¡Dichoso tú, Simón, hijo de Juan, porque esto no te lo ha revelado ningún hombre, sino mi Padre, que está en los cielos! Y yo te digo a ti que tú eres Pedro y sobre esta piedra edificaré mi Iglesia. Los poderes del infierno no prevalecerán sobre ella. Yo te daré las llaves del Reino de los cielos; todo lo que ates en la tierra quedará atado en el cielo, y todo lo que desates en la tierra quedará desatado en el cielo".

Y les ordenó a sus discípulos que no dijeran a nadie que él era el Mesías.

Palabra del Señor.   R. **Gloria a ti, Señor Jesús.**

ORACIÓN SOBRE LAS OFRENDAS

Dios nuestro, que por medio de un sacrificio único, el de Cristo en la Cruz, nos has adoptado como hijos tuyos, concede siempre a tu Iglesia el don de la unidad y de la paz. Por Jesucristo, nuestro Señor.

ANTÍFONA DE LA COMUNIÓN   Sal 103, 13-15

La tierra está llena, Señor, de dones tuyos, de ti proviene el pan y el vino que alegra el corazón humano.

ORACIÓN DESPUÉS DE LA COMUNIÓN

Completa, Señor, en nosotros la obra redentora de tu amor y danos la fortaleza y generosidad necesarias para que podamos cumplir en todo tu santa voluntad. Por Jesucristo, nuestro Señor.

PARA MÍ, ¿QUIÉN ES CRISTO?

➤ ¿Alguien que vivió hace aproximadamente 20 siglos o alguien que vive actual y realmente entre nosotros?

➤ ¿Alguien con quien sólo tengo que ver en la Misa dominical o alguien con el que también tengo que ver todos los demás días de la semana?

➤ ¿Alguien a quien simplemente respeto o alguien a quien trato de conocer mejor para amarlo e imitarlo cada día más?

➤ ¿Un mero conocido o un verdadero amigo?

RESPONDER A ESTA PREGUNTA ES VITAL PARA UN CRISTIANO. HAGÁMONOSLA HOY CON TODA SINCERIDAD.

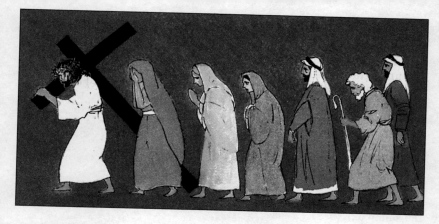

31 de agosto

22° Domingo Ordinario
(Verde)

ANTÍFONA DE ENTRADA
Sal 85, 3. 5

Dios mío, ten piedad de mí, pues sin cesar te invoco. Tú eres bueno y clemente y no niegas tu amor al que te invoca.

ORACIÓN COLECTA

Dios misericordioso, de quien procede todo lo bueno, inflámanos con tu amor y acércanos más a ti a fin de que podamos crecer en tu gracia y perseveremos en ella. Por nuestro Señor Jesucristo...

Jesús anuncia la proximidad de su pasión y de su muerte, y declara a sus discípulos que, si quieren seguirlo, tendrán que cargar, ellos también, su propia cruz (EVANGELIO). Las angustias y sufrimientos del profeta Jeremías constituyen un anuncio de la pasión de Cristo (PRIMERA LECTURA). Toda la vida del cristiano, dice san Pablo (SEGUNDA LECTURA), es la entrega total a Dios como un sacrificio, glorificando su nombre en todas nuestras actividades.

PRIMERA LECTURA
Soy objeto de burla por anunciar la palabra del Señor.

Del libro del profeta Jeremías
20, 7-9

Me sedujiste, Señor, y me dejé seducir;
fuiste más fuerte que yo y me venciste.
He sido el hazmerreír de todos;
día tras día se burlan de mí.

Desde que comencé a hablar,
he tenido que anunciar a gritos violencia y destrucción.
Por anunciar la palabra del Señor,
me he convertido en objeto de oprobio y de burla todo el día.
He llegado a decirme: "Ya no me acordaré del Señor
ni hablaré más en su nombre".
Pero había en mí como un fuego ardiente,
encerrado en mis huesos;
yo me esforzaba por contenerlo y no podía.

Palabra de Dios.   ℟. **Te alabamos, Señor.**

SALMO RESPONSORIAL
Del salmo 62

B.P. 1560

Se - ñor,   mi   al - ma   tie - ne   sed   de   ti.

℟.   Señor, mi alma tiene sed de ti.

Señor, tú eres mi Dios, a ti te busco;
de ti sedienta está mi alma.
Señor, todo mi ser te añora
como el suelo reseco añora el agua. ℟.

　　　Para admirar tu gloria y tu poder,
con este afán te busco en tu santuario.
Pues mejor es tu amor que la existencia;
siempre, Señor, te alabarán mis labios. ℟.

　　　Podré así bendecirte mientras viva
y levantar en oración mis manos.
De lo mejor se saciará mi alma;
te alabaré con jubilosos labios. ℟.

　　　Porque fuiste mi auxilio
y a tu sombra, Señor, canto con gozo.
A ti se adhiere mi alma
y tu diestra me da seguro apoyo. ℟.

SEGUNDA LECTURA
Ofrézcanse ustedes mismos como una ofrenda viva.

De la carta del apóstol san Pablo a los romanos
12, 1-2

Hermanos: Por la misericordia que Dios les ha manifestado, los exhorto a que se ofrezcan ustedes mismos como una ofrenda viva, santa y agradable a Dios, porque en esto consiste el verdadero culto. No se dejen transformar por los criterios de este mundo, sino dejen que una nueva manera de pensar los transforme internamente, para que sepan distinguir cuál es la voluntad de Dios, es decir, lo que es bueno, lo que le agrada, lo perfecto.

Palabra de Dios.   ℟. **Te alabamos, Señor.**

ACLAMACIÓN ANTES DEL EVANGELIO
Cfr Ef 1, 17-18

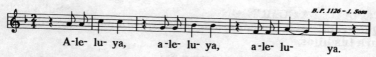

B.P. 1126 - J. Sosa

A-le- lu- ya,   a-le- lu- ya,   a-le- lu-   ya.

℟.   Aleluya, aleluya.
Que el Padre de nuestro Señor Jesucristo
ilumine nuestras mentes
para que podamos comprender cuál es la esperanza
que nos da su llamamiento.
℟.   Aleluya, aleluya.

EVANGELIO
El que quiera venir conmigo, que renuncie a sí mismo.

✠   Del santo Evangelio según san Mateo
16, 21-27

En aquel tiempo, comenzó Jesús a anunciar a sus discípulos que tenía que ir a Jerusalén para padecer allí mucho de parte de los ancianos, de los sumos sacerdotes y de los escribas; que tenía que ser condenado a muerte y resucitar al tercer día.

Pedro se lo llevó aparte y trató de disuadirlo, diciéndole: "No lo permita Dios, Señor. Eso no te puede suceder a ti". Pero Jesús se volvió a Pedro y le dijo: "¡Apártate de mí, Satanás, y no intentes hacerme tropezar en mi camino, porque tu modo de pensar no es el de Dios, sino el de los hombres!"

Luego Jesús dijo a sus discípulos: "El que quiera venir conmigo, que renuncie a sí mismo, que tome su cruz y me siga. Pues el que quiera salvar su vida, la perderá; pero el que pierda su vida por mí, la encontrará. ¿De qué le sirve a uno ganar el mundo entero, si pierde su vida? ¿Y qué podrá dar uno a cambio para recobrarla?

Porque el Hijo del hombre ha de venir rodeado de la gloria de su Padre, en compañía de sus ángeles, y entonces le dará a cada uno lo que merecen sus obras".

Palabra del Señor.   ℞. **Gloria a ti, Señor Jesús.**

ORACIÓN SOBRE LAS OFRENDAS

Acepta, Señor, los dones que te presentamos y realiza en nosotros con el poder de tu Espíritu, la obra redentora que se actualiza en esta Eucaristía. Por Jesucristo, nuestro Señor.

ANTÍFONA DE LA COMUNIÓN   Sal 30, 20

Qué grande es la delicadeza del amor que tienes reservada, Señor, para tus hijos.

ORACIÓN DESPUÉS DE LA COMUNIÓN

Te rogamos, Señor, que este sacramento con que nos has alimentado, nos haga crecer en tu amor y nos impulse a servirte en nuestros prójimos. Por Jesucristo, nuestro Señor.

EL QUE QUIERA CONSERVAR PARA SÍ MISMO SU VIDA...

✎ y no para emplearla en buscar el bien y la felicidad de su cónyuge y de sus hijos...

✎ y no para ponerla al servicio de los más necesitados, de los oprimidos por los poderosos, la ignorancia, la miseria, las enfermedades...

✎ y no para hacerles un poquito menos pesada la vida a cuantos lo rodean...

✎ y no para mejorar un poco el mundo en que vivimos: el mundo familiar, el mundo laboral, el mundo político, el mundo social...

✎ y no para darle alegría al triste, pan al hambriento, compañía al enfermo, instrucción al que no tiene, una palabra de aliento al desanimado...

LA PERDERÁ; EN CAMBIO, EL QUE LA PERDIERE POR MÍ (es decir, en el servicio a los demás), **ÉSE LA ENCONTRARÁ.**

7 de septiembre

23er Domingo Ordinario
(Verde)

ANTÍFONA DE ENTRADA
Sal 118, 137. 124

Eres justo, Señor, y rectos son tus mandamientos. Muéstrate bondadoso conmigo y ayúdame a cumplir tu voluntad.

ORACIÓN COLECTA

Señor, que te has dignado redimirnos y hacernos hijos tuyos, míranos siempre con amor de Padre y haz que cuantos creemos en Cristo, obtengamos la verdadera libertad y la herencia eterna. Por nuestro Señor Jesucristo...

Hoy escuchamos la primera de una serie de exhortaciones que hizo Jesús sobre la vida en las comunidades cristianas. El Señor nos pide que no dejemos que alguno de nuestros hermanos haga el mal sin reprenderlo y sin ayudarlo a que vuelva a andar por el buen camino (EVANGELIO). Ese mismo consejo es el que da Dios al profeta Ezequiel (PRIMERA LECTURA). Todo esto es, como dice san Pablo (SEGUNDA LECTURA), una manifestación del amor mutuo entre los cristianos.

PRIMERA LECTURA
Si no amonestas al malvado, te pediré cuentas de su vida.

Del libro del profeta Ezequiel
33, 7-9

Esto dice el Señor:
"A ti, hijo de hombre,
te he constituido centinela para la casa de Israel.

Cuando escuches una palabra de mi boca,
tú se la comunicarás de mi parte.

Si yo pronuncio sentencia de muerte contra un hombre,
porque es malvado,
y tú no lo amonestas para que se aparte del mal camino,
el malvado morirá por su culpa,
pero yo te pediré a ti cuentas de su vida.

En cambio, si tú lo amonestas
para que deje su mal camino
y él no lo deja,
morirá por su culpa,
pero tú habrás salvado tu vida".

Palabra de Dios. ℟. **Te alabamos, Señor.**

SALMO RESPONSORIAL
Del salmo 94

T. Carrasco B.P. 1561

Se - ñor, Se - ñor, que no se - a - mos sor-dos a tu voz.

℟. **Señor, que no seamos sordos a tu voz.**

Vengan, lancemos vivas al Señor,
aclamemos al Dios que nos salva.
Acerquémonos a él, llenos de júbilo,
y démosle gracias. ℟.

Vengan, y puestos de rodillas,
adoremos y bendigamos al Señor, que nos hizo,
pues él es nuestro Dios y nosotros, su pueblo,
él nuestro pastor y nosotros, sus ovejas. ℟.

Hagámosle caso al Señor, que nos dice:
"No endurezcan su corazón,
como el día de la rebelión en el desierto,
cuando sus padres dudaron de mí,
aunque habían visto mis obras". ℟.

SEGUNDA LECTURA
Cumplir perfectamente la ley consiste en amar.

De la carta del apóstol san Pablo a los romanos
13, 8-10

Hermanos: No tengan con nadie otra deuda que la del amor mutuo, porque el que ama al prójimo, ha cumplido ya toda la ley. En efecto, los mandamientos que ordenan: "No cometerás adulterio, no robarás, no matarás, no darás falso testimonio, no codiciarás" y todos los otros, se resumen en éste: "Amarás a tu prójimo como a ti mismo", pues quien ama a su prójimo no le causa daño a nadie. Así pues, cumplir perfectamente la ley consiste en amar.

Palabra de Dios.   ℟. **Te alabamos, Señor.**

ACLAMACIÓN ANTES DEL EVANGELIO
2 Cor 5, 19

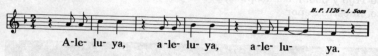

A-le- lu- ya,   a -le- lu- ya,   a -le- lu-   ya.

℟.   Aleluya, aleluya.
Dios ha reconciliado consigo al mundo, por medio de Cristo, y nos ha encomendado a nosotros el mensaje de la reconciliación.
℟.   Aleluya, aleluya.

EVANGELIO
Si tu hermano te escucha, lo habrás salvado.

✠   Del santo Evangelio según san Mateo
18, 15-20

En aquel tiempo, Jesús dijo a sus discípulos: "Si tu hermano comete un pecado, ve y amonéstalo a solas. Si te escucha, habrás salvado a tu hermano. Si no te hace caso, hazte acompañar de una o dos personas, para que todo lo que se diga conste por boca de dos o tres testigos. Pero si ni así te hace caso, díselo a la comunidad; y si ni a la comunidad le hace caso, apártate de él como de un pagano o de un publicano.

Yo les aseguro que todo lo que aten en la tierra, quedará atado en el cielo, y todo lo que desaten en la tierra quedará desatado en el cielo.

Yo les aseguro también que si dos de ustedes se ponen de acuerdo para pedir algo, sea lo que fuere, mi Padre celestial se lo concederá; pues donde dos o tres se reúnen en mi nombre, ahí estoy yo en medio de ellos".

Palabra del Señor.   ℟. **Gloria a ti, Señor Jesús.**

ORACIÓN SOBRE LAS OFRENDAS

Dios nuestro, fuente de la paz y del amor sincero, concédenos glorificarte por estas ofrendas, y unirnos fielmente a ti por la participación en esta Eucaristía. Por Jesucristo, nuestro Señor.

ANTÍFONA DE LA COMUNIÓN   Sal 41, 2-3

Como la cierva busca el agua de los ríos, así, sedienta, mi alma te busca a ti, Dios mío.

ORACIÓN DESPUÉS DE LA COMUNIÓN

Tú que nos has instruido con tu palabra y alimentado con tu Eucaristía, concédenos, Señor, aprovechar estos dones para que vivamos aquí unidos a tu Hijo y podamos, después, participar de su vida inmortal. Por Jesucristo, nuestro Señor.

SI DOS DE USTEDES SE PONEN DE ACUERDO PARA PEDIR ALGO...

☞ Por ejemplo, si papá y mamá se ponen de acuerdo para rezar juntos todas las noches, por cada uno de sus hijos:
— Por el mayor, que va a la universidad, pero ya no va a Misa ni a la iglesia, y que en muchas ocasiones no saben ni a dónde va ni con quién va...
— Por la de 17 años, que no sabe qué hacer con sus 17 años...
— Por el adolescente que en uno de sus pirotécnicos enojos se fue de casa y sabe Dios qué andará haciendo...

☞ Por ejemplo, si papá y los muchachos se ponen de acuerdo para pedirle a Dios que saque con bien a mamá de esa operación que le tienen que hacer...

☞ Por ejemplo, si mamá y los hijos rezan todas las noches por papá, a quien todas las cosas relacionadas con la religión le tienen muy sin cuidado...

☞ Por ejemplo, si los hijos se ponen de acuerdo para pedir que sus padres vuelvan a llevarse entre sí tan bien como antes...

☞ Por ejemplo, si los hermanos se ponen de acuerdo para orar por la hermana que se fue con el novio o por el otro hermano que anda en dificultades en su matrimonio...

☞ Por ejemplo, si la familia toda encomienda a Dios confiadamente sus problemas de trabajo, estudios, salud, economía...

YO LES ASEGURO QUE MI PADRE CELESTIAL SE LO CONCEDERÁ.

14 de septiembre

24° Domingo Ordinario
(Verde)

ANTÍFONA DE ENTRADA
Cfr Eclo 36, 15-16

A los que esperan en ti, Señor, concédeles tu paz y cumple así las palabras de tus profetas; escúchame, Señor, y atiende a las plegarias de tu pueblo.

ORACIÓN COLECTA

Míranos, Señor, con ojos de misericordia y haz que experimentemos vivamente tu amor para que podamos servirte con todas nuestras fuerzas. Por nuestro Señor Jesucristo...

La vida común está fundada en la ayuda mutua y en el perdón. Esto es lo que recuerda Jesús y, para ilustrar su enseñanza, nos relata la parábola del deudor implacable (EVANGELIO). Esta parábola tiene un eco en el Antiguo Testamento, que nos dice: "Perdona la ofensa a tu prójimo, y así, cuando pidas perdón, se te perdonarán tus pecados" (PRIMERA LECTURA). San Pablo nos pide que no vivamos para nosotros mismos, sino para el Señor, a quien pertenecemos (SEGUNDA LECTURA).

PRIMERA LECTURA
Perdona la ofensa a tu prójimo para obtener tú el perdón.

Del libro del Eclesiástico (Sirácide)
27, 33–28, 9

Cosas abominables son el rencor y la cólera; sin embargo, el pecador se aferra a ellas.

El Señor se vengará del vengativo
y llevará rigurosa cuenta de sus pecados.
    Perdona la ofensa a tu prójimo,
y así, cuando pidas perdón, se te perdonarán tus pecados.
Si un hombre le guarda rencor a otro,
¿le puede acaso pedir la salud al Señor?
    El que no tiene compasión de un semejante,
¿cómo pide perdón de sus pecados?
Cuando el hombre que guarda rencor
pide a Dios el perdón de sus pecados,
¿hallará quien interceda por él?
    Piensa en tu fin y deja de odiar,
piensa en la corrupción del sepulcro
y guarda los mandamientos.
    Ten presentes los mandamientos
y no guardes rencor a tu prójimo.
Recuerda la alianza del Altísimo
y pasa por alto las ofensas.
Palabra de Dios.   ℟. **Te alabamos, Señor.**

SALMO RESPONSORIAL
Del salmo 102

M. Aguilar B.P. 1562

El Se-ñor es com-pa-si-vo y mi-se-ri-cor-dio-so.

℟. El Señor es compasivo y misericordioso.

Bendice al Señor, alma mía;
que todo mi ser bendiga su santo nombre.
Bendice al Señor, alma mía,
y no te olvides de sus beneficios. ℟.

    El Señor perdona tus pecados
y cura tus enfermedades;
él rescata tu vida del sepulcro
y te colma de amor y de ternura. ℟.

    El Señor no nos condena para siempre,
ni nos guarda rencor perpetuo.
No nos trata como merecen nuestras culpas,
ni nos paga según nuestros pecados. ℟.

Como desde la tierra hasta el cielo,
así es de grande su misericordia;
como un padre es compasivo con sus hijos,
así es compasivo el Señor con quien lo ama. ℟.

SEGUNDA LECTURA

En la vida y en la muerte somos del Señor.

De la carta del apóstol san Pablo a los romanos
14, 7-9

Hermanos: Ninguno de nosotros vive para sí mismo, ni muere para sí mismo. Si vivimos, para el Señor vivimos; y si morimos, para el Señor morimos. Por lo tanto, ya sea que estemos vivos o que hayamos muerto, somos del Señor. Porque Cristo murió y resucitó para ser Señor de vivos y muertos.

Palabra de Dios.   ℟. **Te alabamos, Señor.**

ACLAMACIÓN ANTES DEL EVANGELIO
Jn 13, 34

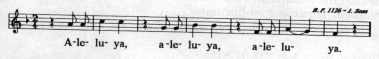

A-le- lu- ya,   a-le- lu- ya,   a-le- lu-   ya.

℟. Aleluya, aleluya.
Les doy un mandamiento nuevo, dice el Señor,
que se amen los unos a los otros, como yo los he amado.
℟. Aleluya, aleluya.

EVANGELIO

Yo te digo que perdones no sólo siete veces, sino hasta setenta veces siete.

✠ Del santo Evangelio según san Mateo
18, 21-35

En aquel tiempo, Pedro se acercó a Jesús y le preguntó: "Si mi hermano me ofende, ¿cuántas veces tengo que perdonarlo? ¿Hasta siete veces?" Jesús le contestó: "No sólo hasta siete, sino hasta setenta veces siete".

Entonces Jesús les dijo: "El Reino de los cielos es semejante a un rey que quiso ajustar cuentas con sus servidores. El primero que le presentaron le debía muchos millones. Como no tenía con qué pagar, el señor mandó que lo vendieran a él, a su mujer, a sus hijos y todas sus posesiones, para saldar la deuda. El servidor, arrojándose a sus pies, le suplicaba, diciendo: 'Ten paciencia conmigo y te lo pagaré todo'. El rey tuvo lástima de aquel servidor, lo soltó y hasta le perdonó la deuda.

Pero, apenas había salido aquel servidor, se encontró con uno de sus compañeros, que le debía poco dinero. Entonces lo agarró por el cuello y casi lo estrangulaba, mientras le decía: 'Págame lo que me debes'. El compañero se le arrodilló y le rogaba: 'Ten paciencia conmigo y te lo pagaré todo'. Pero el otro no quiso escucharlo, sino que fue y lo metió en la cárcel hasta que le pagara la deuda.

Al ver lo ocurrido, sus compañeros se llenaron de indignación y fueron a contar al rey lo sucedido. Entonces el señor lo llamó y le dijo: 'Siervo malvado. Te perdoné toda aquella deuda porque me lo suplicaste. ¿No debías tú también haber tenido compasión de tu compañero, como yo tuve compasión de ti?' Y el señor, encolerizado, lo entregó a los verdugos para que no lo soltaran hasta que pagara lo que debía.

Pues lo mismo hará mi Padre celestial con ustedes, si cada cual no perdona de corazón a su hermano".

Palabra del Señor.   ℟. **Gloria a ti, Señor Jesús.**

ORACIÓN SOBRE LAS OFRENDAS

Acepta, Señor, con bondad, los dones y plegarias de tu pueblo y haz que lo que cada uno ofrece en tu honor, ayude a la salvación de todos. Por Jesucristo, nuestro Señor.

ANTÍFONA DE LA COMUNIÓN   Sal 35, 8

Señor Dios, qué valioso es tu amor. Por eso los hombres se acogen a la sombra de tus alas.

ORACIÓN DESPUÉS DE LA COMUNIÓN

Que la gracia de esta comunión nos transforme, Señor, tan plenamente, que no sea ya nuestro egoísmo, sino tu amor, el que impulse, de ahora en adelante, nuestra vida. Por Jesucristo, nuestro Señor.

SI ALGUNO NO PERDONA DE CORAZÓN...

* el grito destemplado y ofensivo del cónyuge (y le contesta en la misma forma o se lo hace sentir toda la semana con su actitud de "cubito de hielo"...)
* el mal modo del hijo (y se lo hace pagar con creces...)
* el regaño injusto del papá o la mamá (y se lo guarda para echárselo en cara en la primera ocasión...)
* la humillación inferida por alguien (y no descansa hasta devolvérsela con algunos intereses...)
* el cerrón provocativo de otro automovilista (y le responde con otro cerrón...)
* el mal modo de la persona encargada de atender al público (y hace todo lo posible para que la corran del trabajo...)
* la deuda aquella que el otro está imposibilitado materialmente para pagarla (y

no para en trámites legales para fastidiarlo...)
* el no haber recibido el favor solicitado (y se niega luego a hacer algo que esté en su mano por aquella persona...)
* el que se haya dicho de él o de ella esto y lo otro (y, para no ser menos, él o ella dicen de esa persona eso y lo de más allá...)

LO MISMO HARÁ MI PADRE CELESTIAL CON USTEDES.

21 de septiembre

25° Domingo Ordinario
(Verde)

ANTÍFONA DE ENTRADA

Yo soy la salvación de mi pueblo, dice el Señor. Los escucharé en cualquier tribulación en que me llamen y seré siempre su Dios.

ORACIÓN COLECTA

Dios nuestro, que en el amor a ti y a nuestro prójimo has querido resumir toda tu ley, concédenos descubrirte y amarte en nuestros hermanos para que podamos alcanzar la vida eterna. Por nuestro Señor Jesucristo...

La parábola de los trabajadores que un propietario contrata para su viña (EVANGELIO), nos enseña que Dios es todo bondad, como aquel dueño que se compadece de los hombres que no tienen trabajo. Es que los pensamientos de Dios no son como los pensamientos de los hombres (PRIMERA LECTURA) y el corazón de Dios es mucho más grande que el nuestro. Desde la cárcel escribió san Pablo a los cristianos de Filipos (SEGUNDA LECTURA): "Para mí, la vida es Cristo, y la muerte, una ganancia".

PRIMERA LECTURA
Mis pensamientos no son los pensamientos de ustedes.

Del libro del profeta Isaías
55, 6-9

Busquen al Señor mientras lo pueden encontrar,
invóquenlo mientras está cerca;
que el malvado abandone su camino,
y el criminal, sus planes;
que regrese al Señor, y él tendrá piedad;
a nuestro Dios, que es rico en perdón.

     Mis pensamientos no son los pensamientos de ustedes,
sus caminos no son mis caminos, dice el Señor.
Porque así como aventajan los cielos a la tierra,
así aventajan mis caminos a los de ustedes
y mis pensamientos a sus pensamientos.

Palabra de Dios. ℟. **Te alabamos, Señor.**

SALMO RESPONSORIAL
Del salmo 144

M. Aguilar B.P. 1563

Ben- de- ci- ré al Se- ñor e- ter- na- men- te.

℟.   Bendeciré al Señor eternamente.

Un día tras otro bendeciré tu nombre
y no cesará mi boca de alabarte.
Muy digno de alabanza es el Señor,
por ser su grandeza incalculable. ℟.

     El Señor es compasivo y misericordioso,
lento para enojarse y generoso para perdonar.
Bueno es el Señor para con todos
y su amor se extiende a todas sus creaturas. ℟.

     Siempre es justo el Señor en sus designios
y están llenas de amor todas sus obras.
No está lejos de aquellos que lo buscan;
muy cerca está el Señor, de quien lo invoca. ℟.

SEGUNDA LECTURA
Para mí, la vida es Cristo, y la muerte, una ganancia.

De la carta del apóstol san Pablo a los filipenses
1, 20-24. 27

Hermanos: Ya sea por mi vida, ya sea por mi muerte, Cristo será glorificado en mí. Porque para mí, la vida es Cristo, y la muerte, una ganancia. Pero si el continuar viviendo en este mundo me permite trabajar todavía con fruto, no sabría yo qué elegir.

Me hacen fuerza ambas cosas: por una parte, el deseo de morir y estar con Cristo, lo cual, ciertamente, es con mucho lo mejor; y por la otra, el de permanecer en vida, porque esto es necesario para el bien de ustedes. Por lo que a ustedes toca, lleven una vida digna del Evangelio de Cristo.

Palabra de Dios.   ℟. **Te alabamos, Señor.**

ACLAMACIÓN ANTES DEL EVANGELIO
Cfr Hechos 16, 14

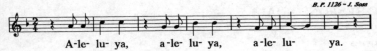

B. P. 1126 – J. Sosa

A-le- lu- ya,   a-le- lu- ya,   a-le- lu-   ya.

℟.   Aleluya, aleluya.
Abre, Señor, nuestros corazones
para que comprendamos las palabras de tu Hijo.
℟.   Aleluya, aleluya.

EVANGELIO
¿Vas a tenerme rencor porque yo soy bueno?

✠   Del santo Evangelio según san Mateo
20, 1-16

En aquel tiempo, Jesús dijo a sus discípulos esta parábola: "El Reino de los cielos es semejante a un propietario que, al amanecer, salió a contratar trabajadores para su viña. Después de quedar con ellos en pagarles un denario por día, los mandó a su viña. Salió otra vez a media mañana, vio a unos que estaban ociosos en la plaza y les dijo: 'Vayan también ustedes a mi viña y les pagaré lo que sea justo'. Salió de nuevo a medio día y a media tarde e hizo lo mismo.

Por último, salió también al caer la tarde y encontró todavía a otros que estaban en la plaza y les dijo: '¿Por qué han estado aquí todo el día sin trabajar?' Ellos le respondieron: 'Porque nadie nos ha contratado'. Él les dijo: 'Vayan también ustedes a mi viña'.

Al atardecer, el dueño de la viña le dijo a su administrador: 'Llama a los trabajadores y págales su jornal, comenzando por los últimos hasta que llegues a los primeros'. Se acercaron, pues, los que habían llegado al caer la tarde y recibieron un denario cada uno.

Cuando les llegó su turno a los primeros, creyeron que recibirían más; pero también ellos recibieron un denario cada uno. Al recibirlo, comenzaron a reclamarle al propietario, diciéndole: 'Esos que llegaron al último sólo trabajaron una hora, y sin embargo, les pagas lo mismo que a nosotros, que soportamos el peso del día y del calor'.

Pero él respondió a uno de ellos: 'Amigo, yo no te hago ninguna injusticia. ¿Acaso no quedamos en que te pagaría un denario? Toma, pues, lo tuyo y vete. Yo quiero darle al que llegó al último lo mismo que a ti. ¿Qué no puedo hacer con lo mío lo que yo quiero? ¿O vas a tenerme rencor porque yo soy bueno?'

De igual manera, los últimos serán los primeros, y los primeros, los últimos".

Palabra del Señor. ℟. **Gloria a ti, Señor Jesús.**

ORACIÓN SOBRE LAS OFRENDAS

Acepta, Señor, los dones que te presentamos a fin de que, por medio de esta Eucaristía, podamos obtener las gracias de la redención. Por Jesucristo, nuestro Señor.

ANTÍFONA DE LA COMUNIÓN

Sal 118, 4-5

Tú promulgas, Señor, tus preceptos para que se observen con exactitud. Que mi conducta se ajuste siempre al cumplimiento de tu voluntad.

ORACIÓN DESPUÉS DE LA COMUNIÓN

Concede siempre tu ayuda, Señor, a quienes has alimentado con la Eucaristía, a fin de que la gracia recibida en este sacramento, transforme continuamente nuestra vida. Por Jesucristo, nuestro Señor.

LA "VIÑA DEL SEÑOR", COMPAÑÍA INTERNACIONAL DE C.I. (capital infinito)

Por expansión, solicita:

- **Esposos** que, sin tomar en cuenta los años que tengan de casados, quieran empezar o volver a dar con su amor mutuo, testimonio del amor de Dios…
- **Papás y mamás** que empiecen a preocuparse en serio desde hoy por la educación religiosa de sus hijos…
- **Jefes de familia** que le bajen un poco –o un mucho– el volumen a los gritos y le suban el tono, y sobre todo la frecuencia, a las palabras amables y comprensivas…
- **Hijos** que quieran aprovechar los últimos años de sus padres para llenárselos de cariño y atenciones…
- **Trabajadores y trabajadoras** al servicio del Estado o de la Iniciativa Privada que deseen estar también al servicio del Público (es decir, de Cristo) con su sonrisa, su buen modo, su deseo de ayudar…
- **Amas de casa** que se decidan a buscarle a los quehaceres domésticos codianos no sólo lo monótono y lo fatigoso –eso es fácil–, sino su valor redentor, en unión con el sacrificio eucarístico de Cristo…
- **Hombres y mujeres** que después de haberse dado todos los gustos posibles durante años, estén dispuestos a comenzar de inmediato, sin problemas de horario, a darle gusto a los demás…
- **Muchachos y muchachas** que después de haber hecho como que estudiaban en los años anteriores, quieran comenzar a tomar en serio sus estudios…

**No se requiere experiencia previa ni referencias.
Sueldo: el mismo que el de los que han hecho esto desde el principio.
VENGAN TAMBIÉN USTEDES A MI VIÑA.**

28 de septiembre

26º Domingo Ordinario
(Verde)

Cfr Dan 3, 31. 29. 30. 43. 42

Podrías hacer recaer sobre nosotros, Señor, todo el rigor de tu justicia, porque hemos pecado contra ti y hemos desobedecido tus mandatos; pero haz honor a tu nombre y trátanos conforme a tu inmensa misericordia.

ORACIÓN COLECTA

Dios nuestro, que con tu perdón y tu misericordia, nos das la prueba más delicada de tu omnipotencia, apiádate de nosotros, pecadores, para que no desfallezcamos en la lucha por obtener el cielo que nos has prometido. Por nuestro Señor Jesucristo...

El Señor espera a que el pecador se vuelva hacia él y entonces tenga nueva vida, como dice el profeta Ezequiel (PRIMERA LECTURA). Lo mismo nos quiere decir Jesús al relatarnos la parábola de los hijos a quienes su padre mandó a trabajar en la viña (EVANGELIO). San Pablo nos habla de la vida diaria del cristiano, que debe seguir el ejemplo de Cristo en su pasión, porque los cristianos deben vivir humildemente, ya que el Hijo de Dios se humilló hasta morir en la cruz (SEGUNDA LECTURA).

PRIMERA LECTURA
Cuando el pecador se arrepiente, salva su vida.

Del libro del profeta Ezequiel
18, 25-28

Esto dice el Señor: "Si ustedes dicen: 'No es justo el proceder del Señor', escucha, casa de Israel: ¿Conque es injusto mi proceder? ¿No es más bien el proceder de ustedes el injusto?

Cuando el justo se aparta de su justicia, comete la maldad y muere; muere por la maldad que cometió. Cuando el pecador se arrepiente del mal que hizo y practica la rectitud y la justicia, él mismo salva su vida. Si recapacita y se aparta de los delitos cometidos, ciertamente vivirá y no morirá".

Palabra de Dios.   ℟. **Te alabamos, Señor.**

SALMO RESPONSORIAL
Del salmo 24

D. Rojas B.P. 1564

Des-cú-bre-nos, Se-ñor, tus ca-mi - nos. Des - nos.

℟.   Descúbrenos, Señor, tus caminos.

Descúbrenos, Señor, tus caminos,
guíanos con la verdad de tu doctrina.
Tú eres nuestro Dios y salvador
y tenemos en ti nuestra esperanza. ℟.

Acuérdate, Señor, que son eternos
tu amor y tu ternura.
Según ese amor y esa ternura,
acuérdate de nosotros. ℟.

Porque el Señor es recto y bondadoso
indica a los pecadores el sendero,
guía por la senda recta a los humildes
y descubre a los pobres sus caminos. ℟.

SEGUNDA LECTURA
Tengan los mismos sentimientos que tuvo Cristo Jesús.

De la carta del apóstol san Pablo a los filipenses
2, 1-11

Hermanos: Si alguna fuerza tiene una advertencia en nombre de Cristo, si de algo sirve una exhortación nacida del amor, si nos une el mismo Espíritu y si ustedes me profesan un afecto entrañable, llénenme de alegría teniendo todos una misma manera de pensar, un mismo amor, unas mismas aspiraciones y una sola alma. Nada hagan por espíritu de rivalidad ni presunción; antes bien, por humildad, cada uno considere a los demás como superiores a sí mismo y no busque su propio interés, sino el del prójimo. Tengan los mismos sentimientos que tuvo Cristo Jesús.

   Cristo, siendo Dios,
no consideró que debía aferrarse
a las prerrogativas de su condición divina,
sino que, por el contrario, se anonadó a sí mismo,
tomando la condición de siervo,
y se hizo semejante a los hombres.
Así, hecho uno de ellos, se humilló a sí mismo
y por obediencia aceptó incluso la muerte
y una muerte de cruz.
   Por eso Dios lo exaltó sobre todas las cosas
y le otorgó el nombre que está sobre todo nombre,
para que al nombre de Jesús, todos doblen la rodilla
en el cielo, en la tierra y en los abismos,
y todos reconozcan públicamente que Jesucristo es el Señor,
para gloria de Dios Padre.

Palabra de Dios.   ℟. **Te alabamos, Señor.**

ACLAMACIÓN ANTES DEL EVANGELIO
Jn 10, 27

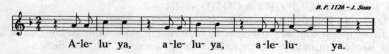

℟. Aleluya, aleluya.
Mis ovejas escuchan mi voz, dice el Señor;
yo las conozco y ellas me siguen.
℟. Aleluya, aleluya.

EVANGELIO
El segundo hijo se arrepintió y fue. Los publicanos y las prostitutas se les han adelantado en el Reino de Dios.

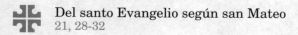 Del santo Evangelio según san Mateo
21, 28-32

En aquel tiempo, Jesús dijo a los sumos sacerdotes y a los ancianos del pueblo: "¿Qué opinan de esto? Un hombre que tenía dos hijos fue a ver al primero y le ordenó: 'Hijo, ve a trabajar hoy en la viña'. Él le contestó: 'Ya voy, señor', pero no fue. El padre se dirigió al segundo y le dijo lo mismo. Éste le respondió: 'No quiero ir', pero se arrepintió y fue. ¿Cuál de los dos hizo la voluntad del padre?" Ellos le respondieron: "El segundo".

Entonces Jesús les dijo: "Yo les aseguro que los publicanos y las prostitutas se les han adelantado en el camino del Reino de Dios. Porque vino a ustedes Juan, predicó el camino de la justicia y no le creyeron; en cambio, los publicanos y las prostitutas, sí le creyeron; ustedes, ni siquiera después de haber visto, se han arrepentido ni han creído en él".

Palabra del Señor.   ℟. **Gloria a ti, Señor Jesús.**

ORACIÓN SOBRE LAS OFRENDAS

Acepta, Padre misericordioso, nuestros dones y conviértelos en el Cuerpo y la Sangre de tu Hijo, fuente de toda bendición para tu Iglesia. Por Jesucristo, nuestro Señor.

ANTÍFONA DE LA COMUNIÓN   1 Jn 3, 16

Hemos conocido lo que es el amor de Dios, en que dio su vida por nosotros. Por eso también nosotros debemos dar la vida por nuestros hermanos.

ORACIÓN DESPUÉS DE LA COMUNIÓN

Que esta Eucaristía renueve, Señor, nuestro cuerpo y nuestro espíritu a fin de que podamos participar de la herencia gloriosa de tu Hijo, cuya muerte hemos anunciado y compartido. Por Jesucristo, nuestro Señor.

Y NO FUE

- He aquí, en tres palabras, un resumen del cristianismo de muchos de nosotros: le decimos a Dios "ya voy, Señor"... ¡y no vamos!

- Cada vez que nos damos la paz en la Misa dominical, le estamos diciendo a Cristo: "Ahora sí, **ya voy, Señor,** a olvidarme de aquello que me hizo o me dijo mi padre, mi madre, mi esposa, mi esposo, mi hermano, mi hijo...

- Y resulta que la mayoría de las veces **no vamos,** porque al salir de la iglesia seguimos enfurruñados, resentidos, dispuestos a hacerle sentir al que nos lastimó que aquello no se va a quedar así...

- Cada vez que nos acercamos a comulgar, prácticamente le estamos diciendo a Cristo que ahora sí **ya vamos, Señor,** a vivir el compromiso de unión y ayuda fraterna que implica el participar, junto con los demás, del Cuerpo y de la Sangre de Cristo.

- Y sucede que ordinariamente **no vamos,** porque durante la semana siguiente no hacemos el menor esfuerzo por ser más

amables, más comprensivos, más hermanos con los demás.

- Cada vez que decimos "Demos gracias a Dios" como respuesta a las palabras del sacerdote: "Vayamos en paz a servir a Dios y a nuestros hermanos", estamos diciendo **"Ya voy, Señor".**

- Pero acontece que en la vida de todos los días **no vamos,** porque seguimos tratando de servirnos sólo a nosotros mismos y a nuestros intereses.

Y JESÚS LES DIJO: ¿QUÉ OPINAN USTEDES DE ESTO?

5 de octubre

27° Domingo Ordinario
(Verde)

ANTÍFONA DE ENTRADA

Est 13, 9. 10-11

Todo depende de tu voluntad, Señor, y nadie puede resistirse a ella. Tú has hecho los cielos y la tierra y las maravillas que contienen. Tú eres el Señor del universo.

ORACIÓN COLECTA

Padre lleno de amor, que nos concedes siempre más de lo que merecemos y deseamos, perdona misericordiosamente nuestras ofensas y otórganos aquellas gracias que no hemos sabido pedirte y tú sabes que necesitamos. Por nuestro Señor Jesucristo...

"La viña del Señor –dice el profeta– es la casa de Israel" (PRIMERA LECTURA). La parábola de los viñadores homicidas tiene mucho que ver con aquellas palabras del profeta, porque al rechazar al Hijo de Dios, el pueblo de Israel sufriría la catástrofe y Dios se buscaría otro pueblo (EVANGELIO). Por su parte, san Pablo (SEGUNDA LECTURA) invita a los cristianos a vivir intensamente bajo la mirada de Dios y a cultivar sus cualidades humanas.

PRIMERA LECTURA
La viña del Señor es la casa de Israel.

Del libro del profeta Isaías
5, 1-7

Voy a cantar, en nombre de mi amado,
una canción a su viña.
Mi amado tenía una viña
en una ladera fértil.
Removió la tierra, quitó las piedras
y plantó en ella vides selectas;
edificó en medio una torre
y excavó un lagar.
Él esperaba que su viña diera buenas uvas,
pero la viña dio uvas agrias.

Ahora bien, habitantes de Jerusalén
y gente de Judá, yo les ruego,
sean jueces entre mi viña y yo.
¿Qué más pude hacer por mi viña,
que yo no lo hiciera?
¿Por qué cuando yo esperaba que diera uvas buenas,
las dio agrias?

Ahora voy a darles a conocer lo que haré con mi viña;
le quitaré su cerca y será destrozada.
Derribaré su tapia y será pisoteada.
La convertiré en un erial,
nadie la podará ni le quitará los cardos,
crecerán en ella los abrojos y las espinas,
mandaré a las nubes que no lluevan sobre ella.

Pues bien, la viña del Señor de los ejércitos
es la casa de Israel,
y los hombres de Judá son su plantación preferida.
El Señor esperaba de ellos que obraran rectamente
y ellos, en cambio, cometieron iniquidades;
él esperaba justicia
y sólo se oyen reclamaciones.

Palabra de Dios.   ℟. **Te alabamos, Señor.**

SALMO RESPONSORIAL
Del salmo 79

D. Rojas B.P. 1565

La viña del Señor es la casa de_Israel. La el.

℟.   La viña del Señor es la casa de Israel.

Señor, tú trajiste de Egipto una vid,
arrojaste de aquí a los paganos y la plantaste;
ella extendió sus sarmientos hasta el mar
y sus brotes llegaban hasta el río. ℟.

Señor, ¿por qué has derribado su cerca,
de modo que puedan saquear tu viña los que pasan,
pisotearla los animales salvajes,
y las bestias del campo destrozarla? ℟.

Señor, Dios de los ejércitos, vuelve tus ojos,
mira tu viña y visítala;
protege la cepa plantada por tu mano,
el renuevo que tú mismo cultivaste. ℟.

Ya no nos alejaremos de ti;
consérvanos la vida y alabaremos tu poder.
Restablécenos, Señor, Dios de los ejércitos,
míranos con bondad y estaremos a salvo. ℟.

SEGUNDA LECTURA
Obren bien y el Dios de la paz estará con ustedes.

De la carta del apóstol san Pablo a los filipenses
4, 6-9

Hermanos: No se inquieten por nada; más bien presenten en
toda ocasión sus peticiones a Dios en la oración y la súplica, llenos de gratitud. Y que la paz de Dios, que sobrepasa toda inteligencia, custodie sus corazones y sus pensamientos en Cristo Jesús.

Por lo demás, hermanos, aprecien todo lo que es verdadero y noble, cuanto hay de justo y puro, todo lo que es amable y honroso, todo
lo que sea virtud y merezca elogio. Pongan por obra cuanto han apren-
dido y recibido de mí, todo lo que yo he dicho y me han visto hacer;
y el Dios de la paz estará con ustedes.

Palabra de Dios.   ℟. **Te alabamos, Señor.**

ACLAMACIÓN ANTES DEL EVANGELIO
Cfr Jn 15, 16

B.P. 1126 - J. Sosa

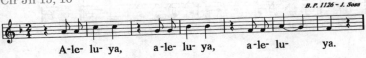

A-le- lu- ya,   a-le- lu- ya,   a-le- lu-   ya.

R̸. Aleluya, aleluya.
Yo los he elegido del mundo, dice el Señor,
para que vayan y den fruto, y su fruto permanezca.
R̸. Aleluya, aleluya.

EVANGELIO

Arrendará el viñedo a otros viñadores.

✠ Del santo Evangelio según san Mateo
21, 33-43

En aquel tiempo, Jesús dijo a los sumos sacerdotes y a los ancianos del pueblo esta parábola: "Había una vez un propietario que plantó un viñedo, lo rodeó con una cerca, cavó un lagar en él, construyó una torre para el vigilante y luego lo alquiló a unos viñadores y se fue de viaje.

Llegado el tiempo de la vendimia, envió a sus criados para pedir su parte de los frutos a los viñadores; pero éstos se apoderaron de los criados, golpearon a uno, mataron a otro y a otro más lo apedrearon. Envió de nuevo a otros criados, en mayor número que los primeros, y los trataron del mismo modo.

Por último, les mandó a su propio hijo, pensando: 'A mi hijo lo respetarán'. Pero cuando los viñadores lo vieron, se dijeron unos a otros: 'Éste es el heredero. Vamos a matarlo y nos quedaremos con su herencia'. Le echaron mano, lo sacaron del viñedo y lo mataron.

Ahora, díganme: cuando vuelva el dueño del viñedo, ¿qué hará con esos viñadores?" Ellos le respondieron: "Dará muerte terrible a esos desalmados y arrendará el viñedo a otros viñadores, que le entreguen los frutos a su tiempo".

Entonces Jesús les dijo: "¿No han leído nunca en la Escritura: *La piedra que desecharon los constructores, es ahora la piedra angular. Esto es obra del Señor y es un prodigio admirable?*

Por esta razón les digo que les será quitado a ustedes el Reino de Dios y se le dará a un pueblo que produzca sus frutos".

Palabra del Señor.   R̸. **Gloria a ti, Señor Jesús.**

ORACIÓN SOBRE LAS OFRENDAS

Acepta, Señor, este sacrificio de alabanza que tú mismo instituiste, y realiza en nosotros la obra de santificación que con su muerte nos mereció tu Hijo, que vive y reina por los siglos de los siglos.

ANTÍFONA DE LA COMUNIÓN

Lam 3, 25

Bueno es el Señor con los que en él confían, con aquellos que no cesan de buscarlo.

ORACIÓN DESPUÉS DE LA COMUNIÓN

Que esta comunión, Señor, sacie nuestra hambre y nuestra sed de ti y nos transforme en tu Hijo, Jesucristo, que vive y reina por los siglos de los siglos.

EL SEÑOR ESPERABA QUE SU VIÑA DIERA BUENAS UVAS...

- que los esposos cristianos no sólo nos "aguantáramos" mutuamente, sino que mutuamente nos esforzáramos por hacernos felices...
- que los matrimonios cristianos no confundiéramos "paternidad responsable" con egoísmo y vida llena de comodidades...
- que los papás y las mamás cristianos nos empeñáramos más en poner a nuestros hijos en contacto con Cristo...
- que Jesucristo no fuera en nuestros hogares sólo un cuadro que se cuelga en cualquier pared, sino alguien cuya palabra ilumina nuestros criterios y cuyo ejemplo norma nuestra vida diaria...
- que los empleados públicos cristianos tratáramos al público como si atendiéramos a Cristo disfrazado de colahaciente (el que hace "cola")...
- que los comerciantes cristianos no nos aprovecháramos de nuestros clientes cristianos y no cristianos...
- que los cristianos nos preocupáramos más de lo que nos preocupamos por el hermano necesitado, enfermo o sin trabajo...
- que los empleados cristianos no andemos poniéndonos zancadillas los unos a los otros y perdiendo miserablemente el tiempo...
- que los médicos, abogados, arquitectos, dentistas y demás profesionales cristianos pusiéramos nuestros honorarios al alcance de los pobres...

**EL SEÑOR ESPERABA...
Y LO SIGUE ESPERANDO.**

12 de octubre

28° Domingo Ordinario
(Verde)

ANTÍFONA DE ENTRADA
Sal 129, 3-4

Si conservaras el recuerdo de nuestras faltas, ¿quién habría, Señor, que se salvara? Pero tú, Dios de Israel, eres Dios de perdón.

ORACIÓN COLECTA

Te pedimos, Señor, que tu gracia nos inspire y acompañe siempre para que podamos descubrirte en todos y amarte y servirte en cada uno. Por nuestro Señor Jesucristo...

Por medio de la parábola del banquete, Jesús advierte a los judíos que se va a predicar el Evangelio a los extranjeros y a los despreciados, en vista de que los convidados en primer lugar rechazan la invitación (EVANGELIO). Ya el profeta Isaías había tenido la visión de un festín semejante. Todos los pueblos serán invitados al banquete abundante que prepara el Señor (PRIMERA LECTURA). Para san Pablo (SEGUNDA LECTURA), todo en su vida es Cristo; es lo único que cuenta para él, ya se encuentre prisionero o en libertad.

PRIMERA LECTURA
El Señor preparará un banquete y enjugará las lágrimas de todos los rostros.

Del libro del profeta Isaías
25, 6-10

En aquel día, el Señor del universo
    preparará sobre este monte
un festín con platillos suculentos
para todos los pueblos;
un banquete con vinos exquisitos
y manjares sustanciosos.
Él arrancará en este monte
el velo que cubre el rostro de todos los pueblos,
el paño que oscurece a todas las naciones.
Destruirá la muerte para siempre;
el Señor Dios enjugará las lágrimas de todos los rostros
y borrará de toda la tierra la afrenta de su pueblo.
Así lo ha dicho el Señor.
        En aquel día se dirá:
"Aquí está nuestro Dios,
de quien esperábamos que nos salvara.
Alegrémonos y gocemos con la salvación que nos trae,
porque la mano del Señor reposará en este monte".

Palabra de Dios.   ℟. **Te alabamos, Señor.**

SALMO RESPONSORIAL
Del salmo 22

B.P. 1566

Ha-bi-ta-ré   en la   ca-sa del Se-ñor   por to-da la   vi-da.

℟.   Habitaré en la casa del Señor toda la vida.

El Señor es mi pastor, nada me falta;
en verdes praderas me hace reposar
y hacia fuentes tranquilas me conduce
para reparar mis fuerzas. ℟.

        Por ser un Dios fiel a sus promesas,
me guía por el sendero recto;
así, aunque camine por cañadas oscuras,
nada temo, porque tú estás conmigo.
Tu vara y tu cayado me dan seguridad. ℟.

        Tú mismo me preparas la mesa,
a despecho de mis adversarios;
me unges la cabeza con perfume
y llenas mi copa hasta los bordes. ℟.

Tu bondad y tu misericordia me acompañarán
todos los días de mi vida;
y viviré en la casa del Señor
por años sin término. ℟.

SEGUNDA LECTURA
Todo lo puedo unido a aquel que me da fuerza.

De la carta del apóstol san Pablo a los filipenses
4, 12-14. 19-20

Hermanos: Yo sé lo que es vivir en pobreza y también lo que es tener de sobra. Estoy acostumbrado a todo: lo mismo a comer bien que a pasar hambre; lo mismo a la abundancia que a la escasez. Todo lo puedo unido a aquel que me da fuerza. Sin embargo, han hecho ustedes bien en socorrerme cuando me vi en dificultades.

Mi Dios, por su parte, con su infinita riqueza, remediará con esplendidez todas las necesidades de ustedes, por medio de Cristo Jesús. Gloria a Dios, nuestro Padre, por los siglos de los siglos. Amén.

Palabra de Dios.   ℟. **Te alabamos, Señor.**

ACLAMACIÓN ANTES DEL EVANGELIO
Cfr Ef 1, 17-18

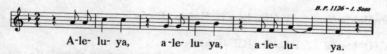

A-le- lu- ya,   a-le- lu- ya,   a-le- lu-   ya.

℟. Aleluya, aleluya.
Que el Padre de nuestro Señor Jesucristo
ilumine nuestras mentes
para que podamos comprender cuál es la esperanza
que nos da su llamamiento.
℟. Aleluya, aleluya.

EVANGELIO
Conviden al banquete de bodas a todos los que encuentren.

✠ Del santo Evangelio según san Mateo
22, 1-14

En aquel tiempo, volvió Jesús a hablar en parábolas a los sumos sacerdotes y a los ancianos del pueblo, diciendo: "El Reino de los cielos es semejante a un rey que preparó un banquete de bodas para su hijo. Mandó a sus criados que llamaran a los invitados, pero éstos no quisieron ir.

Envió de nuevo a otros criados que les dijeran: 'Tengo preparado el banquete; he hecho matar mis terneras y los otros animales gordos; todo está listo. Vengan a la boda'. Pero los invitados no hicieron caso. Uno se fue a su campo, otro a su negocio y los demás se les echaron encima a los criados, los insultaron y los mataron.

Entonces el rey se llenó de cólera y mandó sus tropas, que dieron muerte a aquellos asesinos y prendieron fuego a la ciudad.

Luego les dijo a sus criados: 'La boda está preparada; pero los que habían sido invitados no fueron dignos. Salgan, pues, a los cruces de los caminos y conviden al banquete de bodas a todos los que encuentren'. Los criados salieron a los caminos y reunieron a todos los que encontraron, malos y buenos, y la sala del banquete se llenó de convidados.

Cuando el rey entró a saludar a los convidados vio entre ellos a un hombre que no iba vestido con traje de fiesta y le preguntó: 'Amigo, ¿cómo has entrado aquí sin traje de fiesta?' Aquel hombre se quedó callado. Entonces el rey dijo a los criados: 'Átenlo de pies y manos y arrójenlo fuera, a las tinieblas. Allí será el llanto y la desesperación. Porque muchos son los llamados y pocos los escogidos' ".

Palabra del Señor.   ℟. **Gloria a ti, Señor Jesús.**

ORACIÓN SOBRE LAS OFRENDAS

Acepta, Señor, nuestras ofrendas y concédenos que esta Eucaristía nos ayude a conseguir la gloria del cielo. Por Jesucristo, nuestro Señor.

ANTÍFONA DE LA COMUNIÓN   Sal 33, 11

Los que buscan riquezas, sufren pobreza y hambre; los que buscan al Señor, no carecen de nada.

ORACIÓN DESPUÉS DE LA COMUNIÓN

Te pedimos, Señor, humildemente, que el Cuerpo y la Sangre de tu Hijo que hemos recibido en alimento, nos comuniquen su misma vida. Por Jesucristo, nuestro Señor.

HAN HECHO USTEDES BIEN EN AYUDARME CUANDO ME VI EN DIFICULTADES

- en ayudarme a comprar las medicinas que me habían recetado y que eran muy caras…

- en haberse preocupado porque no les faltara comida a mis hijos cuando mi esposo andaba sin trabajo…

- en haber salido en mi defensa cuando se me inculpaba injustamente de una falta…

- en haber ido a visitarme cuando me encontraba enfermo…

- en ayudarme a conseguir un trabajo…

- en no cobrarme sus servicios médicos, dadas las dificultades económicas por las que estaba pasando…

- en recibirme como trabajadora doméstica en su casa, con un hijo pequeñito…

- en haberme esperado pacientemente cuando no tenía yo con qué pagarles la renta…

- en haberme conseguido aquella despensa…

- en darme una manita en el trabajo cuando andaba yo abrumado de chamba…

- en salir en mi defensa cuando se me calumniaba o se hablaba mal de mí…

"MI DIOS, POR SU PARTE —como dice san Pablo en la segunda lectura de hoy—, **REMEDIARÁ CON ESPLENDIDEZ TODAS LAS NECESIDADES DE USTEDES".**

19 de octubre

Domingo mundial de las misiones

(Verde)

ANTÍFONA DE ENTRADA

Cuenten a los pueblos su gloria, sus maravillas a todas las naciones, porque grande es el Señor y digno de toda alabanza.

ORACIÓN COLECTA

Señor y Dios nuestro, que has querido que tu Iglesia sea sacramento de salvación para todos los hombres, a fin de que la obra redentora de tu Hijo perdure hasta el fin de los tiempos, haz que tus fieles caigan en la cuenta de que están llamados a trabajar por la salvación de los demás, para que todos los pueblos de la tierra formen una sola familia y surja una humanidad nueva en Cristo nuestro Señor, que vive y reina contigo...

En este domingo mundial de las misiones las lecturas hablan claramente de una unidad universal. En la PRIMERA LECTURA el profeta Isaías escribe acerca de una salvación del Señor, que mediante la justicia, está a punto de manifestarse. En la SEGUNDA LECTURA san Pablo escribe a Timoteo que se hagan oraciones para que todos podamos llevar una vida tranquila y lleguemos a conocer al único Dios y mediador nuestro. Finalmente, en el EVANGELIO san Mateo nos recuerda el pasaje en el que Jesucristo envía a sus apóstoles con este mandato: "Vayan... y enseñen a todas las naciones".

PRIMERA LECTURA

Mi casa será casa de oración para todos los pueblos.

Del libro del profeta Isaías
56, 1. 6-7

Esto dice el Señor:
"Velen por los derechos de los demás,
practiquen la justicia,
porque mi salvación está a punto de llegar
y mi justicia a punto de manifestarse.

A los extranjeros que se han adherido al Señor
para servirlo, amarlo y darle culto,
a los que guardan el sábado sin profanarlo
y se mantienen fieles a mi alianza,
los conduciré a mi monte santo
y los llenaré de alegría en mi casa de oración.
Sus holocaustos y sacrificios serán gratos en mi altar,
porque mi templo será la casa de oración
para todos los pueblos".

Palabra de Dios. ℟. **Te alabamos, Señor.**

SALMO RESPONSORIAL
Del salmo 66

J. Martínez-Ramírez, B.P. 1760

Que to - dos los pue - blos co - noz-can tu bon - dad.

℟. Que todos los pueblos conozcan tu bondad.

Ten piedad de nosotros y bendícenos;
vuelve, Señor, tus ojos a nosotros.
Que conozca la tierra tu bondad
y los pueblos tu obra salvadora. ℟.

Las naciones con júbilo te canten,
porque juzgas al mundo con justicia;
con equidad tú juzgas a los pueblos
y riges en la tierra a las naciones. ℟.

[℟. Que todos los pueblos conozcan tu bondad.]

La tierra ha producido ya sus frutos,
Dios nos ha bendecido.
Que nos bendiga Dios
y que le rinda honor el mundo entero. ℟.

SEGUNDA LECTURA
Dios quiere que todos los hombres se salven.

De la primera carta del apóstol san Pablo a Timoteo
2, 1-8

Te ruego, hermano, que ante todo se hagan oraciones, plegarias, súplicas y acciones de gracias por todos los hombres, y en particular, por los jefes de Estado y las demás autoridades, para que podamos llevar una vida tranquila y en paz, entregada a Dios y respetable en todo sentido.

Esto es bueno y agradable a Dios, nuestro salvador, pues él quiere que todos los hombres se salven y todos lleguen al conocimiento de la verdad, porque no hay sino un solo Dios y un solo mediador entre Dios y los hombres, Cristo Jesús, hombre él también, que se entregó como rescate por todos.

Él dio testimonio de esto a su debido tiempo y de esto yo he sido constituido, digo la verdad y no miento, pregonero y apóstol para enseñar la fe y la verdad.

Quiero, pues, que los hombres, libres de odios y divisiones, hagan oración dondequiera que se encuentren, levantando al cielo sus manos puras.

Palabra de Dios.   ℟. **Te alabamos, Señor.**

ACLAMACIÓN ANTES DEL EVANGELIO
Mt 28, 19. 20

B.P. 1032 – J. Sosa

A-le- lu- ya, a-le- lu- ya, a-le- lu- ya.

℟. Aleluya, aleluya.
Vayan y enseñen a todas las naciones, dice el Señor,
y sepan que yo estaré con ustedes todos los días
hasta el fin del mundo.
℟. Aleluya, aleluya.

EVANGELIO

Vayan y enseñen a todas las naciones.

✠ Del santo Evangelio según san Mateo
28, 16-20

En aquel tiempo, los once discípulos se fueron a Galilea y subieron al monte en el que Jesús los había citado. Al ver a Jesús, se postraron, aunque algunos titubeaban.

Entonces, Jesús se acercó a ellos y les dijo: "Me ha sido dado todo poder en el cielo y en la tierra. Vayan, pues, y enseñen a todas las naciones, bautizándolas en el nombre del Padre y del Hijo y del Espíritu Santo, y enseñándolas a cumplir todo cuanto yo les he mandado; y sepan que yo estaré con ustedes todos los días, hasta el fin del mundo".

Palabra del Señor.   ℟. **Gloria a ti, Señor Jesús.**

ORACIÓN SOBRE LAS OFRENDAS

Señor, como aceptaste la gloriosa pasión de tu Hijo, dígnate aceptar también por la salvación del mundo, los dones y plegarias de tu Iglesia. Por Jesucristo, nuestro Señor.

ANTÍFONA DE LA COMUNIÓN
Mc 16, 15

Vayan por todo el mundo a proclamar la buena nueva a todas las naciones, dice el Señor.

ORACIÓN DESPUÉS DE LA COMUNIÓN

Te pedimos, Señor, que la participación en tu mesa nos santifique y que la redención que tu Hijo consumó en la cruz, sea recibida con gozo en todo el mundo por medio del sacramento de tu Iglesia. Por Jesucristo, nuestro Señor.

DOMINGO MUNDIAL DE LAS MISIONES

➤ Un buen día para valorar y agradecer a Dios el haber nacido en un país católico y de una familia católica, don del que no disfrutan millones de seres humanos en el mundo…

➤ un día muy adecuado para recordar que por nuestro bautismo estamos comprometidos a ser testigos de Cristo hasta en los últimos rincones de la tierra, sin olvidar, por supuesto, los "rincones" de nuestro propio hogar, de nuestra escuela, de nuestro lugar de trabajo…

➤ un día muy propio –aunque ojalá no sea el único– para orar por todos esos hombres y mujeres admirables que han dejado patria, familia, idioma y relativas comodidades para ir a predicar a Cristo en lugares remotos y que tanto necesitan la ayuda de Dios para soportar penurias, desalientos, soledades y hasta persecuciones…

➤ un día para revaluar, dándole valor misionero a nuestra devaluada moneda y hacerla mensajera de nuestra solidaridad humana y cristiana…

➤ un día muy especial para pedir a Dios en serio que haya vocaciones misioneras de muchachos y muchachas y aun de familias, y de reflexionar sinceramente si no estamos quizá desalentando los deseos de alguno de nuestros hijos que quiere ser sacerdote o monjita…

➤ un día para hacernos el firme propósito de tomar en serio las palabras con las que nos despide el sacerdote al término de nuestra Eucaristía dominical: "Vayamos a servir a Dios y a nuestros hermanos", porque servir es una forma de misionar.

26 de octubre

30º Domingo Ordinario
(Verde)

Alégrese el corazón de los que buscan al Señor. Busquen la ayuda del Señor; busquen continuamente su presencia.

ORACIÓN COLECTA

Aumenta, Señor, en nosotros la fe, la esperanza y la caridad para que cumplamos con amor tus mandamientos y podamos conseguir, así, el cielo que nos tienes prometido. Por nuestro Señor Jesucristo...

Otra vez nos recuerda Jesús que toda la ley descansa en el amor a Dios y al prójimo (EVANGELIO). En el libro del Éxodo (PRIMERA LECTURA) se señalan nuestros deberes hacia nuestros hermanos más necesitados: los pobres, los trabajadores, los emigrantes, los olvidados de la propiedad económica. San Pablo nos exhorta a difundir la palabra de Dios en torno nuestro, con la alegría de la esperanza en la venida del Señor (SEGUNDA LECTURA).

PRIMERA LECTURA

La explotación de las viudas y los huérfanos enciende la ira de Dios.

Del libro del Éxodo
22, 20-26

Esto dice el Señor a su pueblo: "No hagas sufrir ni oprimas al extranjero, porque ustedes fueron extranjeros en Egipto. No explotes a las viudas ni a los huérfanos, porque si los explotas y ellos claman a mí, ciertamente oiré yo su clamor; mi ira se encenderá, te mataré a espada, tus mujeres quedarán viudas y tus hijos, huérfanos.

Cuando prestes dinero a uno de mi pueblo, al pobre que está contigo, no te portes con él como usurero, cargándole intereses.

Si tomas en prenda el manto de tu prójimo, devuélveselo antes de que se ponga el sol, porque no tiene otra cosa con qué cubrirse; su manto es su único cobertor y si no se lo devuelves, ¿cómo va a dormir? Cuando él clame a mí, yo lo escucharé, porque soy misericordioso".

Palabra de Dios.   ℟. **Te alabamos, Señor.**

SALMO RESPONSORIAL
Del salmo 17

B.P. 1568

Tú, Se - ñor, e - res mi re - fu - gio.

℟.   Tú, Señor, eres mi refugio.

Yo te amo, Señor, tú eres mi fuerza,
el Dios que me protege y me libera. ℟.

    Tú eres mi refugio,
mi salvación, mi escudo, mi castillo.
Cuando invoqué al Señor de mi esperanza,
al punto me libró de mi enemigo. ℟.

    Bendito seas, Señor, que me proteges;
que tú, mi salvador, seas bendecido.
Tú concediste al rey grandes victorias
y mostraste tu amor a tu elegido. ℟.

SEGUNDA LECTURA
Abandonando los ídolos, ustedes se convirtieron a Dios y viven en la esperanza de que venga desde el cielo Jesucristo, su Hijo.

De la primera carta del apóstol san Pablo a los tesalonicenses
1, 5-10

Hermanos: Bien saben cómo hemos actuado entre ustedes para su bien. Ustedes, por su parte, se hicieron imitadores nuestros y del Señor, pues en medio de muchas tribulaciones y con la alegría que da el Espíritu Santo, han aceptado la palabra de Dios en tal forma, que han llegado a ser ejemplo para todos los creyentes de Macedonia y Acaya, porque de ustedes partió y se ha difundido la palabra del Señor; y su fe en Dios ha llegado a ser conocida, no sólo en Macedonia y Acaya, sino en todas partes; de tal manera, que nosotros ya no teníamos necesidad de decir nada.

Porque ellos mismos cuentan de qué manera tan favorable nos acogieron ustedes y cómo, abandonando los ídolos, se convirtieron al Dios vivo y verdadero para servirlo, esperando que venga desde el cielo su Hijo, Jesús, a quien él resucitó de entre los muertos, y es quien nos libra del castigo venidero.

Palabra de Dios. ℟. **Te alabamos, Señor.**

ACLAMACIÓN ANTES DEL EVANGELIO
Jn 14, 23

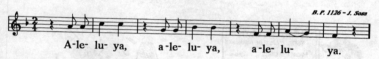

A-le- lu- ya, a-le- lu- ya, a-le- lu- ya.

℟. Aleluya, aleluya.
El que me ama cumplirá mi palabra y mi Padre lo amará y haremos en él nuestra morada, dice el Señor.
℟. Aleluya, aleluya.

EVANGELIO
Amarás al Señor, tu Dios, y a tu prójimo como a ti mismo.

✠ Del santo Evangelio según san Mateo
22, 34-40

E n aquel tiempo, habiéndose enterado los fariseos de que Jesús había dejado callados a los saduceos, se acercaron a él. Uno de ellos, que era doctor de la ley, le preguntó para ponerlo a prueba: "Maestro, ¿cuál es el mandamiento más grande de la ley?"

Jesús le respondió: *"Amarás al Señor, tu Dios, con todo tu corazón, con toda tu alma y con toda tu mente. Éste es el más grande y el primero de los mandamientos. Y el segundo es semejante a éste: Amarás a tu prójimo como a ti mismo. En estos dos mandamientos se fundan toda la ley y los profetas".*

Palabra del Señor. ℟. **Gloria a ti, Señor Jesús.**

ORACIÓN SOBRE LAS OFRENDAS

Mira, Señor, con bondad, las ofrendas que te presentamos, a fin de que esta celebración eucarística sea para tu gloria y alabanza. Por Jesucristo, nuestro Señor.

ANTÍFONA DE LA COMUNIÓN   Sal 19, 6

Llenos de júbilo porque nos ha salvado, alabemos la grandeza del Señor, nuestro Dios.

ORACIÓN DESPUÉS DE LA COMUNIÓN

Concédenos, Señor, que este memorial de la muerte y resurrección de tu Hijo nos haga morir de veras al pecado y renacer a una nueva vida. Por Jesucristo, nuestro Señor.

NO EXPLOTEN USTEDES A LOS POBRES

Algo que podríamos pensar que sólo se aplica:

❖ a los granjeros estadounidenses que contratan indocumentados
❖ a los "polleros", que pasan braceros al otro lado
❖ a los empresarios que pagan "mini salarios"

Pero

❖ cuando cobramos más de lo debido por un producto en nuestro comercio…
❖ cuando en el taller decimos al cliente que hay que cambiarle el auto o a la licuadora lo que no hay que cambiarle…
❖ cuando cobramos exageradamente por nuestros servicios profesionales…
❖ cuando pedimos dinero por prestar un servicio que deberíamos prestar gratuitamente…
❖ cuando prestamos con intereses indebidos…
❖ cuando regateamos a los artesanos indígenas el producto de su trabajo…
❖ cuando compramos algo muy por abajo de su valor, aprovechándonos de alguien que está ahorcado…
❖ cuando vendemos algo en mal estado diciendo que es "casi nuevo"…

¿Estamos amando a nuestros prójimos como nos dice hoy el evangelio?

1º de noviembre
Sábado

Todos los Santos
(Blanco)

ANTÍFONA DE ENTRADA

Alegrémonos en el Señor al celebrar la solemnidad de Todos los Santos, por la cual se alegran los ángeles y alaban al Hijo de Dios.

Se dice Gloria

ORACIÓN COLECTA

Dios omnipotente y eterno, que otorgas a tu Iglesia la alegría de celebrar, en esta solemnidad, los méritos y la gloria de todos los santos, concede a tu pueblo, por intercesión de todos estos hermanos nuestros, la abundancia de tu misericordia. Por nuestro Señor Jesucristo...

La visión del Apocalipsis y el Evangelio de las bienaventuranzas son dos pilares sobre los que descansa la liturgia de esta fiesta. La enorme muchedumbre de los redimidos, descrita en el Apocalipsis (PRIMERA LECTURA), es a la vez una realidad presente, aunque invisible, y un futuro en pos del cual caminamos. El EVANGELIO de las bienaventuranzas nos señala el camino que hay que seguir: "Dichosos los limpios de corazón, porque verán a Dios".

PRIMERA LECTURA

Vi una muchedumbre tan grande, que nadie podía contarla. Eran individuos de todas las naciones y razas, de todos los pueblos y lenguas.

Del libro del Apocalipsis del apóstol san Juan
7, 2-4. 9-14

Yo, Juan, vi a un ángel que venía del oriente. Traía consigo el sello del Dios vivo y gritaba con voz poderosa a los cuatro ángeles encargados de hacer daño a la tierra y al mar. Les dijo: "¡No hagan daño a la tierra, ni al mar, ni a los árboles, hasta que terminemos de marcar con el sello la frente de los servidores de nuestro Dios!" Y pude oír el número de los que habían sido marcados: eran ciento cuarenta y cuatro mil, procedentes de todas las tribus de Israel.

Vi luego una muchedumbre tan grande, que nadie podía contarla. Eran individuos de todas las naciones y razas, de todos los pueblos y lenguas. Todos estaban de pie, delante del trono y del Cordero; iban vestidos con una túnica blanca; llevaban palmas en las manos y exclamaban con voz poderosa: "La salvación viene de nuestro Dios, que está sentado en el trono, y del Cordero".

Y todos los ángeles que estaban alrededor del trono, de los ancianos y de los cuatro seres vivientes, cayeron rostro en tierra delante del trono y adoraron a Dios, diciendo: "Amén. La alabanza, la gloria, la sabiduría, la acción de gracias, el honor, el poder y la fuerza, se le deben para siempre a nuestro Dios".

Entonces uno de los ancianos me preguntó: "¿Quiénes son y de dónde han venido los que llevan la túnica blanca?" Yo le respondí: "Señor mío, tú eres quien lo sabe". Entonces él me dijo: "Son los que han pasado por la gran persecución y han lavado y blanqueado su túnica con la sangre del Cordero".

Palabra de Dios.   ℟. **Te alabamos, Señor.**

SALMO RESPONSORIAL
Del salmo 23

℟.   Ésta es la clase de hombres que te buscan, Señor.

Del Señor es la tierra y lo que ella tiene,
el orbe todo y los que en él habitan.
Pues él lo edificó sobre los mares,
él fue quien lo asentó sobre los ríos. ℟.

¿Quién subirá hasta el monte del Señor?
¿Quién podrá entrar en su recinto santo?
El de corazón limpio y manos puras
y que no jura en falso. ℟.

Ése obtendrá la bendición de Dios,
y Dios, su salvador, le hará justicia.
Ésta es la clase de hombres que te buscan
y vienen ante ti, Dios de Jacob. ℟.

SEGUNDA LECTURA
Veremos a Dios tal cual es.

De la primera carta del apóstol san Juan
3, 1-3

Queridos hijos: Miren cuánto amor nos ha tenido el Padre, pues no sólo nos llamamos hijos de Dios, sino que lo somos. Si el mundo no nos reconoce, es porque tampoco lo ha reconocido a él.

Hermanos míos, ahora somos hijos de Dios, pero aún no se ha manifestado cómo seremos al fin. Y ya sabemos que, cuando él se manifieste, vamos a ser semejantes a él, porque lo veremos tal cual es.

Todo el que tenga puesta en Dios esta esperanza, se purifica a sí mismo para ser tan puro como él.

Palabra de Dios.   ℟. **Te alabamos, Señor.**

ACLAMACIÓN ANTES DEL EVANGELIO
Mt 11, 28

℟. Aleluya, aleluya.
Vengan a mí todos los que están
fatigados y agobiados por la carga,
y yo les daré alivio, dice el Señor.
℟. Aleluya, aleluya.

EVANGELIO
Alégrense y salten de contento, porque su premio será grande en los cielos.

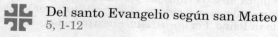 **Del santo Evangelio según san Mateo**
5, 1-12

En aquel tiempo, cuando Jesús vio a la muchedumbre, subió al monte y se sentó. Entonces se le acercaron sus discípulos. En seguida comenzó a enseñarles y les dijo:

"Dichosos los pobres de espíritu,
porque de ellos es el Reino de los cielos.

Dichosos los que lloran,
porque serán consolados.
Dichosos los sufridos,
porque heredarán la tierra.
Dichosos los que tienen hambre y sed de justicia,
porque serán saciados.
Dichosos los misericordiosos,
porque obtendrán misericordia.
Dichosos los limpios de corazón,
porque verán a Dios.
Dichosos los que trabajan por la paz,
porque se les llamará hijos de Dios.
Dichosos los perseguidos por causa de la justicia,
porque de ellos es el Reino de los cielos.

Dichosos serán ustedes cuando los injurien, los persigan y digan cosas falsas de ustedes por causa mía. Alégrense y salten de contento, porque su premio será grande en los cielos".

Palabra del Señor.   ℟. **Gloria a ti, Señor Jesús.**

ORACIÓN SOBRE LAS OFRENDAS

Acepta, Señor, el sacrificio de alabanza que vamos a ofrecerte al celebrar hoy la fiesta de todos aquellos que gozan ya de tu vida inmortal, y concédenos experimentar siempre su protección y su ayuda en nuestro camino hacia ti. Por Jesucristo, nuestro Señor.

ANTÍFONA DE LA COMUNIÓN   Mt 5, 8-10

Bienaventurados los limpios de corazón, porque ellos verán a Dios. Bienaventurados los que trabajan por la paz, porque se les llamará hijos de Dios. Bienaventurados los perseguidos por causa de la justicia, porque de ellos es el Reino de los cielos.

ORACIÓN DESPUÉS DE LA COMUNIÓN

Dios nuestro, fuente única de toda santidad y admirable en todos tus santos, haz que este sacramento nos encienda en el fuego de tu amor y nos prepare para la alegría de tu Reino. Por Jesucristo, nuestro Señor.

DICHOSOS LOS MISERICORDIOSOS...

Es decir, los que se compadecen de las miserias ajenas... y tratan dentro de sus posibilidades, de remediarlas:

✳ los que no se impacientan con los ancianitos que hay en casa y tratan de hacerles la vida más llevadera con sus atenciones y su cariño...

✳ los que se preocupan por hacerle la carga más ligera a cada uno de los miembros de la familia: a papá, a mamá, a los hermanos...

✳ los que buscan la manera de que ningún pobre que llegue a las puertas de la casa se vaya con la misma angustia, la misma necesidad, la misma hambre con que llegó...

✳ los que en la oficina o en el trabajo no hacen mofa de los defectos de los demás...

✳ los que siempre se acomiden a ayudar al que tiene más trabajo, ya sea en la casa, en la oficina, en la fábrica o el taller...

✳ los que se preocupan por las familias pobres de su colonia

(o de otra), por las personas que están enfermas o las que se sabe que tienen algún problema...

✳ los estudiantes que le ofrecen ayuda a los compañeros a los que les cuesta mucho trabajo entender tal o cual materia...

✳ los patrones atentos no sólo a los problemas de sus trabajadores, sino también a los de los familiares de éstos...

✳ ...

PORQUE ELLOS ALCANZARÁN MISERICORDIA.

2 de noviembre
Domingo

Todos los fieles difuntos
(Blanco o morado)

ANTÍFONA DE ENTRADA   1 Tes 4, 14; 1 Cor 15, 22

Si creemos que Jesús murió y resucitó, así también creemos que Dios llevará con él a los que mueren en Jesús. Y así como todos han muerto en Adán, así también todos revivirán en Cristo.

ORACIÓN COLECTA

Escucha, Señor, nuestras súplicas y haz que, al proclamar nuestra fe en la resurrección de tu Hijo, se avive también nuestra esperanza en la resurrección de nuestros hermanos. Por nuestro Señor Jesucristo...

La PRIMERA LECTURA, tomada del libro de la Sabiduría, nos muestra la verdadera perspectiva del sufrimiento y de la muerte, que no son para el justo, por su esperanza de alcanzar la inmortalidad, ni un castigo, ni una completa destrucción. San Juan, en la SEGUNDA LECTURA, nos presenta el amor fraterno como la garantía única de la vida eterna, lo cual Cristo confirma en el EVANGELIO, al hacernos ver que las obras de misericordia van a ser el tema básico del examen final de todo ser humano.

PRIMERA LECTURA
Los aceptó como un holocausto agradable.

Del libro de la Sabiduría
3, 1-9

Las almas de los justos están en las manos de Dios y no los alcanzará ningún tormento.

Los insensatos pensaban que los justos habían muerto,
que su salida de este mundo era una desgracia
y su salida de entre nosotros, una completa destrucción.
Pero los justos están en paz.

La gente pensaba que sus sufrimientos eran un castigo,
pero ellos esperaban confiadamente la inmortalidad.
Después de breves sufrimientos
recibirán una abundante recompensa,
pues Dios los puso a prueba
y los halló dignos de sí.
Los probó como oro en el crisol
y los aceptó como un holocausto agradable.

En el día del juicio brillarán los justos
como chispas que se propagan en un cañaveral.
Juzgarán a las naciones y dominarán a los pueblos,
y el Señor reinará eternamente sobre ellos.

Los que confían en el Señor comprenderán la verdad
y los que son fieles a su amor permanecerán a su lado,
porque Dios ama a sus elegidos y cuida de ellos.
Palabra de Dios.　　℟. **Te alabamos, Señor.**

SALMO RESPONSORIAL

Del salmo 26

D. Rojas B.P. 1585

Es - pe - ro ver _____ la bon - dad del Se - ñor.

℟.　Espero ver la bondad del Señor.

El Señor es mi luz y mi salvación,
¿a quién voy a tenerle miedo?
El Señor es la defensa de mi vida,
¿quién podrá hacerme temblar? ℟.

Lo único que pido, lo único que busco
es vivir en la casa del Señor toda mi vida,
para disfrutar las bondades del Señor
y estar continuamente en su presencia. ℟.

Oye, Señor, mi voz y mis clamores
y tenme compasión.
El corazón me dice que te busque
y buscándote estoy.
No rechaces con cólera a tu siervo. ℟.

[℟. Espero ver la bondad del Señor.]

La bondad del Señor espero ver
en esta misma vida.
Ármate de valor y fortaleza
y en el Señor confía. ℟.

SEGUNDA LECTURA
Estamos seguros de haber pasado de la muerte a la vida, porque amamos a nuestros hermanos.

De la primera carta del apóstol san Juan
3, 14-16

H ermanos: Nosotros estamos seguros de haber pasado de la muerte a la vida, porque amamos a nuestros hermanos. El que no
ama permanece en la muerte. El que odia a su hermano es un homicida y bien saben ustedes que ningún homicida tiene la vida eterna.

Conocemos lo que es el amor, en que Cristo dio su vida por
nosotros. Así también debemos nosotros dar la vida por nuestros hermanos.

Palabra de Dios.   ℟. **Te alabamos, Señor.**

ACLAMACIÓN ANTES DEL EVANGELIO
Mt 25, 34

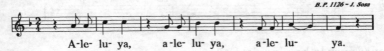

B.P. 1126 – J. Sosa

A-le- lu- ya,   a -le- lu- ya,   a -le- lu-   ya.

℟. Aleluya, aleluya.
Vengan, benditos de mi Padre, dice el Señor;
tomen posesión del Reino preparado para ustedes
desde la creación del mundo.
℟. Aleluya, aleluya.

EVANGELIO
Vengan, benditos de mi Padre.

✠ Del santo Evangelio según san Mateo
25, 31-46

E n aquel tiempo, Jesús dijo a sus discípulos: "Cuando venga el
Hijo del hombre, rodeado de su gloria, acompañado de todos sus
ángeles, se sentará en su trono de gloria. Entonces serán congrega-

das ante él todas las naciones, y él apartará a los unos de los otros, como aparta el pastor a las ovejas de los cabritos, y pondrá a las ovejas a su derecha y a los cabritos a su izquierda.

Entonces dirá el rey a los de su derecha: 'Vengan, benditos de mi Padre; tomen posesión del Reino preparado para ustedes desde la creación del mundo; porque estuve hambriento y me dieron de comer, sediento y me dieron de beber, era forastero y me hospedaron, estuve desnudo y me vistieron, enfermo y me visitaron, encarcelado y fueron a verme'. Los justos le contestarán entonces: 'Señor, ¿cuándo te vimos hambriento y te dimos de comer, sediento y te dimos de beber? ¿Cuándo te vimos de forastero y te hospedamos, o desnudo y te vestimos? ¿Cuándo te vimos enfermo o encarcelado y te fuimos a ver?' Y el rey les dirá: 'Yo les aseguro que, cuando lo hicieron con el más insignificante de mis hermanos, conmigo lo hicieron'.

Entonces dirá también a los de la izquierda: 'Apártense de mí, malditos; vayan al fuego eterno, preparado para el diablo y sus ángeles; porque estuve hambriento y no me dieron de comer, sediento y no me dieron de beber, era forastero y no me hospedaron, estuve desnudo y no me vistieron, enfermo y encarcelado y no me visitaron'.

Entonces ellos le responderán: 'Señor, ¿cuándo te vimos hambriento o sediento, de forastero o desnudo, enfermo o encarcelado y no te asistimos?' Y él les replicará: 'Yo les aseguro que cuando no lo hicieron con uno de aquellos más insignificantes, tampoco lo hicieron conmigo'. Entonces irán éstos al castigo eterno y los justos a la vida eterna".

Palabra del Señor.   ℟. **Gloria a ti, Señor Jesús.**

ORACIÓN SOBRE LAS OFRENDAS

Acepta, Señor, los dones que te ofrecemos en este sacramento de amor que nos une a Cristo, tu Hijo, y recibe a nuestros hermanos difuntos en la gloria de tu Reino. Por Jesucristo, nuestro Señor.

ANTÍFONA DE LA COMUNIÓN   Jn 11, 25-26

Yo soy la resurrección y la vida, dice el Señor. El que cree en mí, aunque haya muerto, vivirá y el que vive y cree en mí, no morirá para siempre.

ORACIÓN DESPUÉS DE LA COMUNIÓN

Por este memorial de la muerte y resurrección de Cristo que hemos celebrado, concede, Señor, a nuestros hermanos difuntos, gozar de la paz eterna de tu Reino. Por Jesucristo, nuestro Señor.

DÍA DE MUERTOS

✍ Día en que empezamos a entender un poco mejor aquellos **pecados de omisión** de los que nos confesamos todos los domingos al comenzar la Misa.

— **Pecados de omisión**, todas aquellas visitas que pudimos hacer a nuestros seres queridos cuando estaban solos, cuando estaban enfermos, cuando estaban tristes... y que no hicimos, **"porque era una lata estacionar el auto"**, porque **"ya era un poco tarde"**, porque **"estábamos cansados"**, porque **"mejor íbamos otro día con más calma..."**.

— **Pecados de omisión**, todas esas pequeñas muestras de cariño que podemos dar a nuestra esposa o a nuestro esposo y que, por una u otra cosa, vamos dejando para otro día, hasta que, sorpresivamente, nos encontramos con que ya no hay otro día para alguno de los dos...

— **Pecados de omisión**, todo ese amor que pudimos haber repartido a nuestro alrededor: al compañero de trabajo, a la persona que nos ayuda en las tareas del hogar, al subordinado, al que nos cuida el auto, al que barre la oficina... y que, inexplicablemente —puesto que el amor es lo único que no se agota al repartirse— regateamos con tanta avaricia...

✍ **Día de muertos**: una buena oportunidad para hacernos el firme propósito de no regatear nuestro cariño ni nuestro tiempo ni nuestra ayuda a todos nuestros "difuntos"... pero antes de que se nos mueran. No sé cuánto de arrepentimiento tengan nuestras lágrimas en los velorios, nuestra presencia en el entierro, nuestras visitas a los panteones y nuestras flores sobre la tumba de los seres queridos, pero de lo que sí podemos estar seguros es de que todo eso es completamente inútil para la persona que ya se nos ha ido.

Más que celebrar cada año el Día de Muertos, comprometámonos firme y decididamente a celebrar los 365 días a nuestros vivos.

9 de noviembre
Domingo

Dedicación de la Basílica de Letrán
(Blanco)

ANTÍFONA DE ENTRADA

Apoc 21, 2

Vi la ciudad santa, la nueva Jerusalén, que bajaba del cielo, de donde estaba al lado de Dios, engalanada como una novia que se adorna para su esposo.

Se dice Gloria

ORACIÓN COLECTA

Señor y Dios nuestro, que has querido congregar a tu pueblo y llamarlo Iglesia, es decir, asamblea, concede a los que se reúnen en tu nombre venerarte, amarte y seguirte, y, guiados por ti, alcanzar el Reino que les tienes prometido. Por nuestro Señor Jesucristo...

En las tres lecturas del domingo de hoy se habla del templo de Dios. Ezequiel (PRIMERA LECTURA), habla de un templo futuro, en donde prosperará la vida. Nuestro Señor, en el EVANGELIO, afirma que el templo de Jerusalén, que él purifica, es la casa de su Padre. San Pablo, en la SEGUNDA LECTURA, enseña que somos templo de Dios y que hemos de respetar este templo.

PRIMERA LECTURA
Vi salir agua del templo: era un agua que daba vida y fertilidad.

Del libro del profeta Ezequiel
47, 1-2. 8-9. 12

En aquellos tiempos, un hombre me llevó a la entrada del templo. Por debajo del umbral manaba agua hacia el oriente, pues el templo miraba hacia el oriente, y el agua bajaba por el lado derecho del templo, al sur del altar.

Luego me hizo salir por el pórtico del norte y dar la vuelta hasta el pórtico que mira hacia el oriente, y el agua corría por el lado derecho.

Aquel hombre me dijo: "Estas aguas van hacia la región oriental; bajarán hasta el Arabá, entrarán en el mar de aguas saladas y lo sanearán. Todo ser viviente que se mueva por donde pasa el torrente, vivirá; habrá peces en abundancia, porque los lugares a donde lleguen estas aguas quedarán saneados y por dondequiera que el torrente pase, prosperará la vida. En ambas márgenes del torrente crecerán árboles frutales de toda especie, de follaje perenne e inagotables frutos. Darán frutos nuevos cada mes, porque los riegan las aguas que manan del santuario. Sus frutos servirán de alimento y sus hojas, de medicina".

Palabra de Dios.   ℟. **Te alabamos, Señor.**

SALMO RESPONSORIAL
Del salmo 45

B.P. 1349 J. Sosa

Un rí - o a - le - gra la ciu - dad de Dios, su mo - ra - da_el Al - tí - si - mo_ha - ce san - ta.

℟.   Un río alegra a la ciudad de Dios.

Dios es nuestro refugio y nuestra fuerza,
quien en todo peligro nos socorre.
Por eso no tememos, aunque tiemble,
y aunque al fondo del mar caigan los montes. ℟.

Un río alegra a la ciudad de Dios,
su morada el Altísimo hace santa.
Teniendo a Dios, Jerusalén no teme,
porque Dios la protege desde el alba. ℟.

Con nosotros está Dios, el Señor;
es el Dios de Israel nuestra defensa.
Vengan a ver las cosas sorprendentes
que ha hecho el Señor sobre la tierra. ℟.

SEGUNDA LECTURA
Ustedes son el templo de Dios.

De la primera carta del apóstol san Pablo a los corintios
3, 9-11. 16-17

Hermanos: Ustedes son la casa que Dios edifica. Yo, por mi parte, correspondiendo al don que Dios me ha concedido, como un buen arquitecto, he puesto los cimientos; pero es otro quien construye sobre ellos. Que cada uno se fije cómo va construyendo. Desde luego el único cimiento válido es Jesucristo y nadie puede poner otro distinto.

¿No saben acaso ustedes que son el templo de Dios y que el Espíritu de Dios habita en ustedes? Quien destruye el templo de Dios, será destruido por Dios, porque el templo de Dios es santo y ustedes son ese templo.

Palabra de Dios.   ℟. **Te alabamos, Señor.**

ACLAMACIÓN ANTES DEL EVANGELIO
2 Crón 7, 16

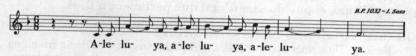

A-le- lu- ya, a-le- lu- ya, a-le- lu- ya.

℟. Aleluya, aleluya.
He elegido y santificado este lugar, dice el Señor,
para que siempre habite ahí mi nombre.
℟. Aleluya, aleluya.

EVANGELIO
Jesús hablaba del templo de su cuerpo.

Del santo Evangelio según san Juan
2, 13-22

Cuando se acercaba la Pascua de los judíos, Jesús llegó a Jerusalén y encontró en el templo a los vendedores de bueyes, ovejas y palomas, y a los cambistas con sus mesas. Entonces hizo un látigo de cordeles y los echó del templo, con todo y sus ovejas y bueyes; a los cambistas les volcó las mesas y les tiró al suelo las monedas; y a los que vendían palomas les dijo: "Quiten todo de aquí y no conviertan en un mercado la casa de mi Padre".

En ese momento, sus discípulos se acordaron de lo que estaba escrito: *El celo de tu casa me devora.*

Después intervinieron los judíos para preguntarle: "¿Qué señal nos das de que tienes autoridad para actuar así?" Jesús les respondió: "Destruyan este templo y en tres días lo reconstruiré". Replicaron los judíos: "Cuarenta y seis años se ha llevado la construcción del templo, ¿y tú lo vas a levantar en tres días?"

Pero él hablaba del templo de su cuerpo. Por eso, cuando resucitó Jesús de entre los muertos, se acordaron sus discípulos de que había dicho aquello y creyeron en la Escritura y en las palabras que Jesús había dicho.

Palabra del Señor. ℟. **Gloria a ti, Señor Jesús.**

ORACIÓN SOBRE LAS OFRENDAS

Recibe, Señor, nuestras ofrendas y concede a tu pueblo, unido en la plegaria, ser fortalecido por tus sacramentos y obtener lo que pide en sus oraciones. Por Jesucristo, nuestro Señor.

ANTÍFONA DE LA COMUNIÓN   1 Pedro 2, 5
Nosotros somos piedras vivas, que sirven para construir el templo espiritual, el pueblo sacerdotal que pertenece a Dios.

ORACIÓN DESPUÉS DE LA COMUNIÓN

Señor y Dios nuestro, que has querido darnos en tu Iglesia un signo temporal de la Jerusalén celeste, concédenos, por esta comunión, ser transformados aquí en templos de tu gracia y entrar un día en el Reino de tu gloria. Por Jesucristo, nuestro Señor.

SOMOS TEMPLO DE DIOS

❀ **¿No saben, acaso** (nos dice san Pablo en la 2a. lectura), **que ustedes son templo de Dios y que el Espíritu Santo habita en ustedes?**

Por eso:

❀ maltratar a la esposa o a los hijos

❀ despreciar a cualquier persona

❀ difamar o calumniar a una vecina

❀ escandalizar a un niño

❀ humillar a un indígena

❀ torturar a un preso

❀ lastimar u ofender a alguien voluntariamente

❀ encarcelar a un inocente

❀ privar de la vida a un niño que está por nacer

❀ violar a una persona

❀ asesinar a un ser humano

ES UN VERDADERO SACRILEGIO.

Y "QUIEN DESTRUYE EL TEMPLO DE DIOS, SERÁ DESTRUIDO POR DIOS, PORQUE EL TEMPLO DE DIOS ES SANTO Y USTEDES SON ESE TEMPLO".

16 de noviembre

33er Domingo Ordinario
(Verde)

ANTÍFONA DE ENTRADA   Jer 29, 11. 12. 14

Yo tengo designios de paz, no de aflicción, dice el Señor. Me invocarán y yo los escucharé y los libraré de su esclavitud donde quiera que se encuentren.

ORACIÓN COLECTA

Concédenos, Señor, tu ayuda para entregarnos fielmente a tu servicio, porque sólo en el cumplimiento de tu voluntad podremos encontrar la felicidad verdadera. Por nuestro Señor Jesucristo...

El ejemplo de la mujer hacendosa, que sabe atender su hogar (PRIMERA LECTURA), y el ejemplo del servidor que supo multiplicar los bienes que su señor le dejó encargados (EVANGELIO), tratan de hacernos entender una lección de fidelidad en la espera. Éste es también el tipo de fidelidad que nos pide san Pablo (SEGUNDA LECTURA) al recomendarnos que estemos vigilantes y vivamos sobriamente, en espera de la venida del Señor.

PRIMERA LECTURA
Trabaja con sus hábiles manos.

Del libro de los Proverbios
31, 10-13. 19-20. 30-31

Dichoso el hombre que encuentra una mujer hacendosa:
muy superior a las perlas es su valor.
   Su marido confía en ella
y, con su ayuda, él se enriquecerá;

todos los días de su vida
le procurará bienes y no males.

Adquiere lana y lino
y los trabaja con sus hábiles manos.

Sabe manejar la rueca y con sus dedos mueve el huso;
abre sus manos al pobre y las tiende al desvalido.

Son engañosos los encantos y vana la hermosura;
merece alabanza la mujer que teme al Señor.

Es digna de gozar del fruto de sus trabajos
y de ser alabada por todos.

Palabra de Dios.   ℟. **Te alabamos, Señor.**

SALMO RESPONSORIAL
Del salmo 127

J.J. Frausto B.P. 1571

Di - cho-so el que te-me al Se-ñor, di-cho-so. Di - so.

℟.   Dichoso el que teme al Señor.

Dichoso el que teme al Señor
y sigue sus caminos:
comerá del fruto de su trabajo,
será dichoso, le irá bien. ℟.

Su mujer como vid fecunda
en medio de su casa;
sus hijos, como renuevos de olivo,
alrededor de su mesa. ℟.

Ésta es la bendición del hombre que teme al Señor:
"Que el Señor te bendiga desde Sión,
que veas la prosperidad de Jerusalén,
todos los días de tu vida". ℟.

SEGUNDA LECTURA
Que el día del Señor no los sorprenda como un ladrón.

De la primera carta del apóstol san Pablo a los tesalonicenses
5, 1-6

Hermanos: Por lo que se refiere al tiempo y a las circunstancias de la venida del Señor, no necesitan que les escribamos nada, puesto que ustedes saben perfectamente que el día del Señor llegará como un ladrón en la noche. Cuando la gente esté diciendo: "¡Qué paz y qué seguridad tenemos!", de repente vendrá sobre ellos la catástrofe, como de repente le vienen a la mujer encinta los dolores del parto, y no podrán escapar.

Pero a ustedes, hermanos, ese día no los tomará por sorpresa, como un ladrón, porque ustedes no viven en tinieblas, sino que son hijos de la luz y del día, no de la noche y las tinieblas.

Por lo tanto, no vivamos dormidos, como los malos; antes bien, mantengámonos despiertos y vivamos sobriamente.

Palabra de Dios. ℟. **Te alabamos, Señor.**

ACLAMACIÓN ANTES DEL EVANGELIO
Jn 15, 4. 5

B.P. 1032 – J. Sosa

A-le- lu- ya, a-le- lu- ya, a-le- lu- ya.

℟. Aleluya, aleluya.
Permanezcan en mí y yo en ustedes, dice el Señor;
el que permanece en mí da fruto abundante.
℟. Aleluya, aleluya.

EVANGELIO
Porque has sido fiel en cosas de poco valor, entra a tomar parte en la alegría de tu señor.

✠ Del santo Evangelio según san Mateo
25, 14-30

En aquel tiempo, Jesús dijo a sus discípulos esta parábola: "El Reino de los cielos se parece también a un hombre que iba a salir de viaje a tierras lejanas; llamó a sus servidores de confianza y les encargó sus bienes. A uno le dio cinco talentos; a otro, dos; y a un tercero, uno, según la capacidad de cada uno, y luego se fue.

El que recibió cinco talentos fue enseguida a negociar con ellos y ganó otros cinco. El que recibió dos hizo lo mismo y ganó otros dos. En cambio, el que recibió un talento hizo un hoyo en la tierra y allí escondió el dinero de su señor.

Después de mucho tiempo regresó aquel hombre y llamó a cuentas a sus servidores.

Se acercó el que había recibido cinco talentos y le presentó otros cinco, diciendo: 'Señor, cinco talentos me dejaste; aquí tienes otros cinco, que con ellos he ganado'. Su señor le dijo: 'Te felicito, siervo bueno y fiel. Puesto que has sido fiel en cosas de poco valor te confiaré cosas de mucho valor. Entra a tomar parte en la alegría de tu señor'.

Se acercó luego el que había recibido dos talentos y le dijo: 'Señor, dos talentos me dejaste; aquí tienes otros dos, que con ellos he ganado'. Su señor le dijo: 'Te felicito, siervo bueno y fiel. Puesto que has sido fiel en cosas de poco valor, te confiaré cosas de mucho valor. Entra a tomar parte en la alegría de tu señor'.

Finalmente, se acercó el que había recibido un talento y le dijo: 'Señor, yo sabía que eres un hombre duro, que quieres cosechar lo que no has plantado y recoger lo que no has sembrado. Por eso tuve miedo y fui a esconder tu talento bajo tierra. Aquí tienes lo tuyo'.

El señor le respondió: 'Siervo malo y perezoso. Sabías que cosecho lo que no he plantado y recojo lo que no he sembrado. ¿Por qué, entonces, no pusiste mi dinero en el banco para que, a mi regreso, lo recibiera yo con intereses? Quítenle el talento y dénselo al que tiene diez. Pues al que tiene se le dará y le sobrará; pero al que tiene poco, se le quitará aun eso poco que tiene.

Y a este hombre inútil, échenlo fuera, a las tinieblas. Allí será el llanto y la desesperación' ".

Palabra del Señor.   ℟. **Gloria a ti, Señor Jesús.**

ORACIÓN SOBRE LAS OFRENDAS

Que estos dones traídos a tu altar nos obtengan de ti, Señor y Dios nuestro, la gracia de servirte con amor y la felicidad eterna. Por Jesucristo, nuestro Señor.

ANTÍFONA DE LA COMUNIÓN   Sal 72, 28

Mi felicidad consiste en estar cerca de Dios y en poner sólo en él mis esperanzas.

ORACIÓN DESPUÉS DE LA COMUNIÓN

Señor, que nuestra participación en esta Eucaristía que tu Hijo nos mandó celebrar como memorial suyo, nos una siempre con el vínculo de tu amor. Por Jesucristo, nuestro Señor.

EL QUE ENTERRÓ SU DINERO

✤ Es ese hombre que no quiere meterse en líos; ese ciudadano que se tiene a sí mismo como honrado y hasta ejemplar, cuya meta es no arriesgarse, no comprometerse, no preocuparse más que por sí mismo…

✤ Es esa mujer que cumple muy bien con los suyos, pero sólo con los suyos; que cumple muy bien con Dios, pero sólo con Dios (un extraño Dios solitario, sin otros hijos)…

✤ Es la persona ésa que se las arregla para que las necesidades y las lágrimas de los demás no le quiten el sueño ni le perturben la digestión…

✤ Es la señorita que atiende una ventanilla y que podría tratar al público "colahaciente" con amabilidad y paciencia… y no lo hace…

✤ Es el esposo o la esposa que se guarda la ternura y las muestras de cariño para otra ocasión, que quizá nunca llega…

✤ Es el que no da una limosna o no presta algún favor, dizque para no fomentar la "haraganería" o para no sentar "ningún precedente"…

✤ Es el matrimonio que, por egoísmo o comodidad, se niega a comunicar la vida…

✤ Es… o mejor dicho, somos todos nosotros, los que podríamos dar algo –tiempo, comprensión, compañía, amor, ayuda, perdón–, y no lo damos.

Hay que sacar pronto las "mil monedas" –o las quinientas o las cien– que hemos enterrado. Hay que sacarlas y ponerlas a funcionar antes de que venga el Amo a pedirnos cuentas de ellas.

23 de noviembre

Nuestro Señor Jesucristo, Rey del universo
(Blanco)

Digno es el Cordero que fue inmolado, de recibir el poder, la riqueza, la sabiduría, la fuerza y el honor. A él la gloria y el imperio por los siglos de los siglos.

ORACIÓN COLECTA

Dios todopoderoso y eterno, que quisiste fundar todas las cosas en tu Hijo muy amado, Rey del universo, haz que toda creatura, liberada de la esclavitud, sirva a tu majestad y te alabe eternamente. Por nuestro Señor Jesucristo...

Dios es el rey del universo, el pastor de la humanidad y el juez supremo de vivos y muertos (PRIMERA LECTURA). San Mateo (EVANGELIO) reproduce las palabras de Jesús quien anuncia: "Cuando venga el Hijo del hombre, rodeado de su gloria, acompañado de todos sus ángeles, se sentará en su trono de gloria". Su Padre, al resucitarlo de entre los muertos, hizo de él, como dice san Pablo (SEGUNDA LECTURA), las primicias de la humanidad nueva.

PRIMERA LECTURA

Yo voy a juzgar entre oveja y oveja, entre carneros y machos cabríos.

Del libro del profeta Ezequiel
34, 11-12. 15-17

Esto dice el Señor Dios: "Yo mismo iré a buscar a mis ovejas y velaré por ellas. Así como un pastor vela por su rebaño cuando las ovejas se encuentran dispersas, así velaré yo por mis ovejas e iré por ellas a todos los lugares por donde se dispersaron un día de niebla y oscuridad.

Yo mismo apacentaré a mis ovejas, yo mismo las haré reposar, dice el Señor Dios. Buscaré a la oveja perdida y haré volver a la descarriada; curaré a la herida, robusteceré a la débil, y a la que está gorda y fuerte, la cuidaré. Yo las apacentaré con justicia.

En cuanto a ti, rebaño mío, he aquí que yo voy a juzgar entre oveja y oveja, entre carneros y machos cabríos".

Palabra de Dios.   ℟. **Te alabamos, Señor.**

SALMO RESPONSORIAL
Del salmo 22

H. Hernández B.P. 1519

El Se-ñor es mi pas-tor, na-da me fal-ta.   fal-ta.

℟.   El Señor es mi pastor, nada me faltará.

El Señor es mi pastor, nada me falta;
en verdes praderas me hace reposar
y hacia fuentes tranquilas me conduce
para reparar mis fuerzas. ℟.

Tú mismo me preparas la mesa,
a despecho de mis adversarios;
me unges la cabeza con perfume
y llenas mi copa hasta los bordes. ℟.

Tu bondad y tu misericordia me acompañarán
todos los días de mi vida;
y viviré en la casa del Señor
por años sin término. ℟.

SEGUNDA LECTURA
Cristo le entregará el Reino a su Padre para que Dios sea todo en todas las cosas.

De la primera carta del apóstol san Pablo a los corintios
15, 20-26. 28

ermanos: Cristo resucitó, y resucitó como la primicia de todos los muertos. Porque si por un hombre vino la muerte, también por un hombre vendrá la resurrección de los muertos.

En efecto, así como en Adán todos mueren, así en Cristo todos volverán a la vida; pero cada uno en su orden: primero Cristo, como primicia; después, a la hora de su advenimiento, los que son de Cristo.

Enseguida será la consumación, cuando, después de haber aniquilado todos los poderes del mal, Cristo entregue el Reino a su Padre. Porque él tiene que reinar hasta que el Padre ponga bajo sus pies a todos sus enemigos. El último de los enemigos en ser aniquilado, será la muerte. Al final, cuando todo se le haya sometido, Cristo mismo se someterá al Padre, y así Dios será todo en todas las cosas.

Palabra de Dios.   ℟. **Te alabamos, Señor.**

ACLAMACIÓN ANTES DEL EVANGELIO
Mc 11, 9. 10

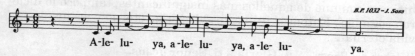

A-le- lu-   ya, a-le- lu-   ya, a-le- lu-   ya.

℟.   Aleluya, aleluya.
¡Bendito el que viene en el nombre del Señor!
¡Bendito el reino que llega, el reino de nuestro padre David!
℟.   Aleluya, aleluya.

EVANGELIO
Se sentará en su trono de gloria y apartará a los unos de los otros.

✠   Del santo Evangelio según san Mateo
      25, 31-46

n aquel tiempo, Jesús dijo a sus discípulos: "Cuando venga el Hijo del hombre, rodeado de su gloria, acompañado de todos sus ángeles, se sentará en su trono de gloria. Entonces serán congregadas ante él todas las naciones, y él apartará a los unos de los otros, como aparta el pastor a las ovejas de los cabritos, y pondrá a las ovejas a su derecha y a los cabritos a su izquierda.

Entonces dirá el rey a los de su derecha: 'Vengan, benditos de mi Padre; tomen posesión del Reino preparado para ustedes desde la creación del mundo; porque estuve hambriento y me dieron de comer, sediento y me dieron de beber, era forastero y me hospedaron, estuve desnudo y me vistieron, enfermo y me visitaron, encarcelado y fueron a verme'. Los justos le contestarán entonces: 'Señor, ¿cuándo te vimos hambriento y te dimos de comer, sediento y te dimos de beber? ¿Cuándo te vimos de forastero y te hospedamos, o desnudo y te vestimos? ¿Cuándo te vimos enfermo o encarcelado y te fuimos a ver?' Y el rey les dirá: 'Yo les aseguro que, cuando lo hicieron con el más insignificante de mis hermanos, conmigo lo hicieron'.

Entonces dirá también a los de la izquierda: 'Apártense de mí, malditos; vayan al fuego eterno, preparado para el diablo y sus ángeles; porque estuve hambriento y no me dieron de comer, sediento y no me dieron de beber, era forastero y no me hospedaron, estuve desnudo y no me vistieron, enfermo y encarcelado y no me visitaron'.

Entonces ellos le responderán: 'Señor, ¿cuándo te vimos hambriento o sediento, de forastero o desnudo, enfermo o encarcelado y no te asistimos?' Y él les replicará: 'Yo les aseguro que, cuando no lo hicieron con uno de aquellos más insignificantes, tampoco lo hicieron conmigo'. Entonces irán éstos al castigo eterno y los justos a la vida eterna".

Palabra del Señor.   ℟. **Gloria a ti, Señor Jesús.**

ORACIÓN SOBRE LAS OFRENDAS

Al ofrecerte el sacrificio de la reconciliación humana, te rogamos, Señor, que Jesucristo, tu Hijo, conceda a todos los pueblos los bienes de la unidad y de la paz. Por Jesucristo, nuestro Señor.

ANTÍFONA DE LA COMUNIÓN   Sal 28, 10-11

En su trono reinará el Señor para siempre y le dará a su pueblo la bendición de la paz.

ORACIÓN DESPUÉS DE LA COMUNIÓN

Alimentados con el pan que da la vida eterna, te pedimos, Señor, que quienes nos gloriamos en obedecer aquí los mandatos de Cristo, Rey del universo, podamos vivir con él eternamente en el cielo. Por Jesucristo, nuestro Señor.

Y ÉL TAMBIÉN LES DIRÁ…

Yo les aseguro que
✓ cuando en el mercado le cobraron lo justo al cliente y le dieron el peso exacto…
✓ cuando fueron amables y serviciales con cuantos llegaban a su ventanilla (en el banco, en la oficina de recaudaciones, en la de quejas)…
✓ cuando trataron bien a sus empleados y obreros y se preocuparon por resolver sus problemas, aunque no fueran estrictamente laborales…
✓ cuando procuraron hacerle lo más agradable posible la vida al cónyuge y a sus hijos…
✓ cuando se dieron un tiempecito para visitar a la tía soltera, a los padres ancianos, al familiar o amigo que vive tan solo…
✓ cuando llevaron aquella cama, aquella ropita, aquellas medicinas o aquella despensa a la familia pobre que conocen o que saben que está en apuros…
✓ cuando ayudaron a pasar la calle a aquel cieguito o a aquella ancianita o le ayudaron a aquella otra persona a empujar su auto…

✓ cuando salieron fiadores de aquella persona que necesitaba urgentemente un cuartito para vivir…
✓ cuando le tendieron una mano a alguien, aun a sabiendas de que a lo mejor "se tomaba el pie"…

TAMBIÉN LO HICIERON CONMIGO.

Adviento

El Adviento es el tiempo litúrgico que sirve para preparar la celebración del nacimiento de Jesús, el Hijo de Dios, y para reflexionar en que toda la humanidad estamos esperando la segunda venida de nuestro Salvador.

Son cuatro domingos en que se usa el color morado para los ornamentos.

Los evangelios que se proclaman en estas celebraciones le recuerdan a la Iglesia y a cada uno de los cristianos la necesidad constante de cambiar de vida, de convertirnos.

Es tiempo para aprender a orar personalmente, en familia y con la comunidad cristiana, de corregir nuestros comportamientos dañinos y egoístas, de reconocer la presencia de Jesús en medio de la Iglesia, de dirigir nuestro corazón a María para aprender de ella a esperar y preparar la venida del Salvador.

30 de noviembre **1er Domingo de Adviento (Ciclo B)**

(Morado)

ANTÍFONA DE ENTRADA **Sal 24, 1-3**

A ti, Señor, levanto mi alma; Dios mío, en ti confío, no quede yo defraudado. Que no se burlen de mí mis enemigos; pues los que esperan en ti, no quedan defraudados.

No se dice Gloria

ORACIÓN COLECTA

Señor, despierta en nosotros el deseo de prepararnos a la venida de Cristo con la práctica de las obras de misericordia para que, puestos a su derecha el día del juicio, podamos entrar al Reino de los cielos. Por nuestro Señor Jesucristo...

Comienza el año litúrgico con el anuncio: "Ya viene el Señor". Él, antes de su pasión y de su muerte, nos anunció su regreso y nos mandó permanecer en vela, esperándolo (EVANGELIO). San Pablo, confiando en la fidelidad del Señor a sus promesas, nos pide que aguardemos llenos de esperanza el advenimiento de Jesucristo (SEGUNDA LECTURA). También el profeta Isaías (PRIMERA LECTURA) nos habla de la ansiosa petición del pueblo judío que acude al único Señor que puede salvarlo.

PRIMERA LECTURA

Ojalá, Señor, rasgaras los cielos y bajaras.

Del libro del profeta Isaías
63, 16-17. 19; 64, 2-7

Tú, Señor, eres nuestro padre y nuestro redentor;
ése es tu nombre desde siempre.
¿Por qué, Señor, nos has permitido
alejarnos de tus mandamientos
y dejas endurecer nuestro corazón
hasta el punto de no temerte?
Vuélvete, por amor a tus siervos,
a las tribus que son tu heredad.
Ojalá rasgaras los cielos y bajaras,
estremeciendo las montañas con tu presencia.

Descendiste y los montes se estremecieron con tu presencia.
Jamás se oyó decir, ni nadie vio jamás
que otro Dios, fuera de ti,
hiciera tales cosas en favor de los que esperan en él.
Tú sales al encuentro
del que practica alegremente la justicia
y no pierde de vista tus mandamientos.

Estabas airado porque nosotros pecábamos
y te éramos siempre rebeldes.
Todos éramos impuros
y nuestra justicia era como trapo asqueroso;
todos estábamos marchitos, como las hojas,
y nuestras culpas nos arrebataban, como el viento.

Nadie invocaba tu nombre,
nadie se levantaba para refugiarse en ti,
porque nos ocultabas tu rostro
y nos dejabas a merced de nuestras culpas.

Sin embargo, Señor, tú eres nuestro padre;
nosotros somos el barro y tú el alfarero;
todos somos hechura de tus manos.

Palabra de Dios.   ℟. **Te alabamos, Señor.**

SALMO RESPONSORIAL
Del salmo 79

J.J. García B.P. 1587

Mués - tra - nos, Se - ñor, tu fa - vor y sál - va - nos.

℟. Señor, muéstranos tu favor y sálvanos.

Escúchanos, pastor de Israel;
tú, que estás rodeado de querubines,
manifiéstate,
despierta tu poder y ven a salvarnos. ℟.

    Señor, Dios de los ejércitos, vuelve tus ojos,
mira tu viña y visítala;
protege la cepa plantada por tu mano,
el renuevo que tú mismo cultivaste. ℟.

    Que tu diestra defienda al que elegiste,
al hombre que has fortalecido.
Ya no nos alejaremos de ti;
consérvanos la vida y alabaremos tu poder. ℟.

SEGUNDA LECTURA
Esperamos la manifestación de nuestro Señor Jesucristo.

De la primera carta del apóstol san Pablo a los corintios
1, 3-9

Hermanos: Les deseo la gracia y la paz de parte de Dios, nuestro Padre, y de Cristo Jesús, el Señor.
    Continuamente agradezco a mi Dios los dones divinos que les ha concedido a ustedes por medio de Cristo Jesús, ya que por él los ha enriquecido con abundancia en todo lo que se refiere a la palabra y al conocimiento; porque el testimonio que damos de Cristo ha sido confirmado en ustedes a tal grado, que no carecen de ningún don, ustedes, los que esperan la manifestación de nuestro Señor Jesucristo. Él los hará permanecer irreprochables hasta el fin, hasta el día de su advenimiento. Dios es quien los ha llamado a la unión con su Hijo Jesucristo, y Dios es fiel.

Palabra de Dios.   ℟. **Te alabamos, Señor.**

ACLAMACIÓN ANTES DEL EVANGELIO
Sal 84, 8

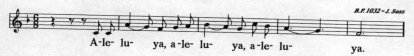

A-le- lu- ya, a-le- lu- ya, a-le- lu- ya.

R. Aleluya, aleluya.
Muéstranos, Señor, tu misericordia
y danos tu salvación.
R. Aleluya, aleluya.

EVANGELIO
Velen, pues no saben a qué hora va a regresar el dueño de la casa.

☩ Del santo Evangelio según san Marcos
13, 33-37

En aquel tiempo, Jesús dijo a sus discípulos: "Velen y estén preparados, porque no saben cuándo llegará el momento. Así como un hombre que se va de viaje, deja su casa y encomienda a cada quien lo que debe hacer y encarga al portero que esté velando, así también velen ustedes, pues no saben a qué hora va a regresar el dueño de la casa: si al anochecer, a la medianoche, al canto del gallo o a la madrugada. No vaya a suceder que llegue de repente y los halle durmiendo. Lo que les digo a ustedes, lo digo para todos: permanezcan alerta".

Palabra del Señor.   R. **Gloria a ti, Señor Jesús.**

ORACIÓN SOBRE LAS OFRENDAS

Acepta, Señor, estas ofrendas que hemos tomado de tus mismos dones, y concédenos que esta Eucaristía que estamos celebrando, nos alcance la salvación eterna. Por Jesucristo, nuestro Señor.

ANTÍFONA DE LA COMUNIÓN   Sal 84, 13
El Señor nos mostrará su misericordia y nuestra tierra producirá su fruto.

ORACIÓN DESPUÉS DE LA COMUNIÓN

Por nuestra participación en esta Eucaristía, enséñanos, Señor, a no poner nuestro corazón en las cosas pasajeras, sino en los bienes eternos. Por Jesucristo, nuestro Señor.

NO VAYA A SUCEDER
QUE NOS HALLE DURMIENDO...

> **confiados** en que vamos a Misa todos los domingos, jamás nos hemos dedicado al narcotráfico y no hemos matado a nadie. Para salvarnos no basta cumplir los mandamientos de Dios y de la Iglesia; hay, además, que practicar las obras de misericordia: aquello de dar de comer al hambriento, de beber al sediento...

> **tranquilazos**, en la falsa creencia de que en tiempos de Cristo los ojos de las agujas de coser eran como porterías de futbol y los camellos flaquísimos...

> **seguritos** de que así como el buen ladrón se salvó faltando un minuto para el silbatazo final, vamos a tener la misma suerte algunos hombres de negocios y algunos comerciantes...

> **muy quitados de la pena**, persuadidos de que la vida infrahumana de nuestros indígenas, la miseria de nuestros barrios periféricos, el frío de muchos pobres de nuestra colonia, la angustia de tantos desempleados es "su problema" y no "nuestro problema"...

ASÍ, PUES, COMO NOS LO ADVIERTE EL SEÑOR EN EL EVANGELIO DE HOY, "VIGILEMOS Y ESTEMOS PREVENIDOS".

(Como buena madre, la Iglesia nos señala en la oración colecta de hoy la mejor forma de estar preparados a la venida del Señor: la práctica de las obras de misericordia).

7 de diciembre **2º Domingo de Adviento**
(Morado)

ANTÍFONA DE ENTRADA

Cfr Is 30, 19. 30

Pueblo de Sión, mira que el Señor va a venir para salvar a todos los hombres y dejará oír la majestad de su voz para alegría del corazón de ustedes.

No se dice Gloria

ORACIÓN COLECTA

Que nuestras responsabilidades terrenas no nos impidan, Señor, prepararnos a la venida de tu Hijo, y que la sabiduría que viene del cielo, nos disponga a recibirlo y a participar de su propia vida. Por nuestro Señor Jesucristo...

El antiguo profeta nos invita a "preparar los caminos del Señor" (PRIMERA LECTURA), y san Marcos (EVANGELIO) repite las palabras del profeta refiriéndose a san Juan Bautista. Esta idea de preparar los caminos procede de la antigüedad: cuando un soberano anunciaba su llegada a un país, se empezaba por hacer transitables todos los caminos. San Pedro, por su parte (SEGUNDA LECTURA), hace que nuestras miradas se dirijan al cielo nuevo y a la tierra nueva, que inaugurará la segunda venida de Cristo.

PRIMERA LECTURA
Preparen el camino del Señor.

Del libro del profeta Isaías
40, 1-5. 9-11

"Consuelen, consuelen a mi pueblo,
dice nuestro Dios.
Hablen al corazón de Jerusalén
y díganle a gritos que ya terminó el tiempo de su servidumbre
y que ya ha satisfecho por sus iniquidades,
porque ya ha recibido de manos del Señor
castigo doble por todos sus pecados".

Una voz clama:
"Preparen el camino del Señor en el desierto,
construyan en el páramo
una calzada para nuestro Dios.
Que todo valle se eleve,
que todo monte y colina se rebajen;
que lo torcido se enderece y lo escabroso se allane.
Entonces se revelará la gloria del Señor
y todos los hombres la verán".
Así ha hablado la boca del Señor.

Sube a lo alto del monte,
mensajero de buenas nuevas para Sión;
alza con fuerza la voz,
tú que anuncias noticias alegres a Jerusalén.
Alza la voz y no temas;
anuncia a los ciudadanos de Judá:
"Aquí está su Dios.
Aquí llega el Señor, lleno de poder,
el que con su brazo lo domina todo.
El premio de su victoria lo acompaña
y sus trofeos lo anteceden.
Como pastor apacentará su rebaño;
llevará en sus brazos a los corderitos recién nacidos
y atenderá solícito a sus madres".

Palabra de Dios. ℞. **Te alabamos, Señor.**

SALMO RESPONSORIAL
Del salmo 84

B. Rangel B.P. 1588

Mués-tra-nos, Se-ñor, al Sal-va-dor, al Sal-va-dor.

R. Muéstranos, Señor, tu misericordia y danos al Salvador.

Escucharé las palabras del Señor,
palabras de paz para su pueblo santo.
Está ya cerca nuestra salvación
y la gloria del Señor habitará en la tierra. R.

La misericordia y la verdad se encontraron,
la justicia y la paz se besaron,
la fidelidad brotó en la tierra
y la justicia vino del cielo. R.

Cuando el Señor nos muestre su bondad,
nuestra tierra producirá su fruto.
La justicia le abrirá camino al Señor
e irá siguiendo sus pisadas. R.

SEGUNDA LECTURA
Esperamos un cielo nuevo y una tierra nueva.

De la segunda carta del apóstol san Pedro
3, 8-14

Queridos hermanos: No olviden que para el Señor, un día es como mil años y mil años, como un día. No es que el Señor se tarde, como algunos suponen, en cumplir su promesa, sino que les tiene a ustedes mucha paciencia, pues no quiere que nadie perezca, sino que todos se arrepientan.

El día del Señor llegará como los ladrones. Entonces los cielos desaparecerán con gran estrépito, los elementos serán destruidos por el fuego y perecerá la tierra con todo lo que hay en ella.

Puesto que todo va a ser destruido, piensen con cuánta santidad y entrega deben vivir ustedes esperando y apresurando el advenimiento del día del Señor, cuando desaparecerán los cielos, consumidos por el fuego, y se derretirán los elementos.

Pero nosotros confiamos en la promesa del Señor y esperamos un cielo nuevo y una tierra nueva, en que habite la justicia. Por lo tanto, queridos hermanos, apoyados en esta esperanza, pongan todo su empeño en que el Señor los halle en paz con él, sin mancha ni reproche.

Palabra de Dios. R. **Te alabamos, Señor.**

ACLAMACIÓN ANTES DEL EVANGELIO
Cfr Lc 3, 4. 6

B. P. 1126 – J. Sosa

A-le- lu- ya,   a -le- lu- ya,   a-le- lu-   ya.

℟.   Aleluya, aleluya.
Preparen el camino del Señor, hagan rectos sus senderos,
y todos los hombres verán la salvación de Dios.
℟.   Aleluya, aleluya.

EVANGELIO
Enderecen los senderos del Señor.

✠   Del santo Evangelio según san Marcos
1, 1-8

É ste es el principio del Evangelio de Jesucristo, Hijo de Dios.
En el libro del profeta Isaías está escrito:
He aquí que yo envío a mi mensajero delante de ti,
a preparar tu camino.
Voz del que clama en el desierto:
"Preparen el camino del Señor,
enderecen sus senderos".

En cumplimiento de esto, apareció en el desierto Juan el Bautista predicando un bautismo de arrepentimiento, para el perdón de los pecados. A él acudían de toda la comarca de Judea y muchos habitantes de Jerusalén; reconocían sus pecados y él los bautizaba en el Jordán.

Juan usaba un vestido de pelo de camello, ceñido con un cinturón de cuero y se alimentaba de saltamontes y miel silvestre. Proclamaba: "Ya viene detrás de mí uno que es más poderoso que yo, uno ante quien no merezco ni siquiera inclinarme para desatarle la correa de sus sandalias. Yo los he bautizado a ustedes con agua, pero él los bautizará con el Espíritu Santo".

Palabra del Señor.   ℟.   **Gloria a ti, Señor Jesús.**

ORACIÓN SOBRE LAS OFRENDAS
Que te sean agradables, Señor, nuestras humildes ofrendas y oraciones, y que tu misericordia supla la extrema pobreza de nuestros méritos. Por Jesucristo, nuestro Señor.

ANTÍFONA DE LA COMUNIÓN   Bar 5, 5; 4, 36

Levántate, Jerusalén, sube a lo alto, para que contemples la alegría que te viene de Dios.

ORACIÓN DESPUÉS DE LA COMUNIÓN

Como fruto de nuestra participación en este sacramento de vida eterna, enséñanos, Señor, a no sobrevalorar las cosas terrenales y a estimar las del cielo. Por Jesucristo, nuestro Señor.

ADVIENTO, CUESTIÓN DE "ENDEREZAR"...

... los senderos del Señor, como nos dice Juan Bautista.
Pero también:
- esa relación matrimonial que se nos va desviando de una amorosa y comprensiva convivencia hacia una mera coexistencia pacífica (en el mejor de los casos)
- esos negocios medio chuecos que hacemos a veces
- esa basculita que tenemos en la tienda o en el puesto del mercado, que siempre se inclina a nuestro favor y contra el cliente
- esos criterios sobre planificación familiar artificial, castidad prematrimonial y fidelidad conyugal que se nos van torciendo a golpes de propaganda

- esos estudios que no andan muy derechos que digamos
- esa vida cotidiana nuestra que no se ajusta a lo que decimos que creemos.

Porque por estos caminos tortuosos ni el Señor va a venir a nosotros ni nosotros podemos ir a él.

Adviento, es cuestión de "enderezar" todo aquello en que no le estamos jugando derecho a los demás y a Dios.

SI ALGO NO CAMBIA EN NUESTRA VIDA EN ESTE ADVIENTO DEL 2008, NO ESTAMOS PREPARANDO LOS CAMINOS DEL SEÑOR.

8 de diciembre
Lunes

La Inmaculada Concepción
de la Santísima Virgen María
(Blanco o azul)

ANTÍFONA DE ENTRADA   Is 61, 10

Con gozo intenso me gozaré en el Señor y en mi Dios se alegrará mi alma, pues me ha vestido una túnica de salvación y me ha cubierto con un manto de inocencia, como la novia se enjoya para su boda.

Se dice Gloria

ORACIÓN COLECTA

Dios todopoderoso, que por la inmaculada concepción de la Virgen María preparaste una morada digna para tu Hijo y, en atención a los méritos de la muerte redentora de Cristo, la preservaste de toda mancha de pecado, concédenos, por su maternal intercesión, vivir en tu presencia sin pecado. Por nuestro Señor Jesucristo...

El ángel saludó a María, diciéndole: "Alégrate, llena de gracia, el Señor está contigo" (EVANGELIO). María recibió plenamente la bendición con que Dios nos ha colmado en Cristo, "para que fuéramos –dice san Pablo– santos e irreprochables a sus ojos, por el amor" (SEGUNDA LECTURA). El libro del Génesis (PRIMERA LECTURA), anuncia la victoria de la descendencia de la Virgen, es decir, de Cristo sobre Satanás.

PRIMERA LECTURA

Pondré enemistad entre ti y la mujer, entre tu descendencia y la suya.

Del libro del Génesis
3, 9-15. 20

Después de que el hombre y la mujer comieron del fruto del árbol prohibido, el Señor Dios llamó al hombre y le preguntó: "¿Dónde estás?" Éste le respondió: "Oí tus pasos en el jardín y tuve miedo, porque estoy desnudo, y me escondí". Entonces le dijo Dios: "¿Y quién te ha dicho que estabas desnudo? ¿Has comido acaso del árbol del que te prohibí comer?"

Respondió Adán: "La mujer que me diste por compañera me ofreció del fruto del árbol y comí". El Señor Dios dijo a la mujer: "¿Por qué has hecho esto?" Repuso la mujer: "La serpiente me engañó y comí".

Entonces dijo el Señor Dios a la serpiente:
"Porque has hecho esto,
serás maldita entre todos los animales
y entre todas las bestias salvajes.
Te arrastrarás sobre tu vientre y comerás polvo
todos los días de tu vida.
Pondré enemistad entre ti y la mujer,
entre tu descendencia y la suya;
y su descendencia te aplastará la cabeza,
mientras tú tratarás de morder su talón".

El hombre le puso a su mujer el nombre de "Eva", porque ella fue la madre de todos los vivientes.

Palabra de Dios.   ℟. **Te alabamos, Señor.**

SALMO RESPONSORIAL
Del salmo 97

℟.   Cantemos al Señor un canto nuevo,
      pues ha hecho maravillas.

Cantemos al Señor un canto nuevo,
pues ha hecho maravillas.
Su diestra y su santo brazo
le han dado la victoria. ℟.
     El Señor ha dado a conocer su victoria
y ha revelado a las naciones su justicia.
Una vez más ha demostrado Dios
su amor y su lealtad hacia Israel. ℟.

La tierra entera ha contemplado
la victoria de nuestro Dios.
Que todos los pueblos y naciones
aclamen con júbilo al Señor. ℟.

SEGUNDA LECTURA
Dios nos eligió en Cristo, antes de crear el mundo.

De la carta del apóstol san Pablo a los efesios
1, 3-6. 11-12

Bendito sea Dios, Padre de nuestro Señor Jesucristo,
que nos ha bendecido en él
con toda clase de bienes espirituales y celestiales.
Él nos eligió en Cristo, antes de crear el mundo,
para que fuéramos santos e irreprochables
a sus ojos, por el amor,
y determinó, porque así lo quiso,
que, por medio de Jesucristo, fuéramos sus hijos,
para que alabemos y glorifiquemos la gracia
con que nos ha favorecido, por medio de su Hijo amado.

Con Cristo somos herederos también nosotros. Para esto estábamos destinados, por decisión del que lo hace todo según su voluntad: para que fuéramos una alabanza continua de su gloria, nosotros, los que ya antes esperábamos en Cristo.

Palabra de Dios.   ℟. **Te alabamos, Señor.**

ACLAMACIÓN ANTES DEL EVANGELIO
Cfr Lc 1, 28

℟. Aleluya, aleluya.
Dios te salve, María, llena de gracia,
el Señor está contigo.
Bendita tú entre las mujeres.
℟. Aleluya, aleluya.

EVANGELIO
Alégrate, llena de gracia, el Señor está contigo.

Del santo Evangelio según san Lucas
1, 26-38

E n aquel tiempo, el ángel Gabriel fue enviado por Dios a una ciudad de Galilea, llamada Nazaret, a una virgen desposada con un varón de la estirpe de David, llamado José. La virgen se llamaba María.

Entró el ángel a donde ella estaba y le dijo: "Alégrate, llena de gracia, el Señor está contigo". Al oír estas palabras, ella se preocupó mucho y se preguntaba qué querría decir semejante saludo.

El ángel le dijo: "No temas, María, porque has hallado gracia ante Dios. Vas a concebir y a dar a luz un hijo y le pondrás por nombre Jesús. Él será grande y será llamado Hijo del Altísimo; el Señor Dios le dará el trono de David, su padre, y él reinará sobre la casa de Jacob por los siglos y su reinado no tendrá fin".

María le dijo entonces al ángel: "¿Cómo podrá ser esto, puesto que yo permanezco virgen?" El ángel le contestó: "El Espíritu Santo descenderá sobre ti y el poder del Altísimo te cubrirá con su sombra. Por eso, el Santo, que va a nacer de ti, será llamado Hijo de Dios. Ahí tienes a tu parienta Isabel, que a pesar de su vejez, ha concebido un hijo y ya va en el sexto mes la que llamaban estéril, porque no hay nada imposible para Dios". María contestó: "Yo soy la esclava del Señor; cúmplase en mí lo que me has dicho". Y el ángel se retiró de su presencia.

Palabra del Señor.   ℟. **Gloria a ti, Señor Jesús.**

ORACIÓN SOBRE LAS OFRENDAS

Acepta, Señor, el sacrificio de salvación que vamos a ofrecerte en esta festividad de la santísima Virgen María, a la que, desde su concepción, preservaste de todo pecado y, por su intercesión, concédenos el perdón de todas nuestras culpas. Por Jesucristo, nuestro Señor.

ANTÍFONA DE LA COMUNIÓN

Grandes cosas se cantan de ti, María, porque de ti ha nacido el Sol de justicia, Cristo nuestro Dios.

ORACIÓN DESPUÉS DE LA COMUNIÓN

Que el Cuerpo y la Sangre de tu Hijo que hemos recibido, nos ayuden, Señor, a superar la debilidad que nos dejó el pecado original, del cual, por singular privilegio, preservaste a la santísima Virgen María en su inmaculada concepción. Por Jesucristo, nuestro Señor.

LA INMACULADA CONCEPCIÓN: PREPARACIÓN REMOTA DE LA NAVIDAD

◻Faltaban todavía muchos años –unos 15 o 16– para Navidad.

◻Pero ya el Padre eterno hacía sus preparativos para que los ángeles y los hombres pudieran celebrar la primera Navidad de la historia.

◻El primero de los preparativos fue el de que Joaquín y Ana concibieran a una Niña.

◻Una Niña que no iba a ser como las demás niñas ni los demás niños de este mundo y planetas circunvecinos, si es que tales planetas tienen niños.

◻Y no iba a ser como ellos, porque esa Niña, a la que Dios había predestinado para que fuera la Madre del Hijo de Dios, fue concebida –en previsión de los méritos de su futuro Hijo– sin la más mínima mancha de pecado original.

◻Es decir, fue concebida inmaculada.

◻A esto se referiría años más tarde el arcángel Gabriel al saludar a María llamándola **"Llena de gracia"**, que significa "la que siempre, desde el primer momento de su existencia, ha sido agradable a los ojos de Dios".

◻Por eso, el tiempo de Adviento es el más apto para el culto a María, la Madre de Dios.

12 de diciembre
Viernes

**Nuestra Señora
de Guadalupe**
(Blanco)

ANTÍFONA DE ENTRADA   Apoc 12, 1

**Una gran señal apareció en el cielo: una mujer, vestida
del sol, con la luna bajo sus pies y una corona de doce estrellas sobre su cabeza.**

Se dice Gloria

ORACIÓN COLECTA

Padre de misericordia, que has puesto a este pueblo tuyo bajo
la especial protección de la siempre Virgen María de Guadalupe, Madre de tu Hijo, concédenos, por su intercesión, profundizar en nuestra fe y buscar el progreso de nuestra patria por caminos de justicia y de paz. Por nuestro Señor Jesucristo...

*Toda la Misa de hoy exalta a la Virgen María. La Iglesia utiliza el mensaje
profético de Isaías sobre la maternidad virginal de María; o bien, acomoda
un pasaje del libro del Eclesiástico a la Santísima Virgen (PRIMERA
LECTURA). San Lucas nos señala a la Virgen María, escogida por Dios para
ser la madre de su Hijo hecho hombre, como la mujer que tiene la misión
de entregarnos al Redentor. Ya lo lleva en su seno y la presencia salvadora de
su Hijo se manifiesta en Isabel y en Juan. Todo eso fue posible porque
María creyó y respondió sin condiciones al llamado de Dios (EVANGELIO).
San Pablo aclara la misión salvadora de Cristo (SEGUNDA LECTURA),
como Hijo de Dios nacido de María, así como el papel del Espíritu Santo en
la obra redentora.*

PRIMERA LECTURA

He aquí que la virgen concebirá y dará a luz un hijo.

Del libro del profeta Isaías
7, 10-14

En aquellos tiempos, el Señor le habló a Ajaz diciendo: "Pide al Señor, tu Dios, una señal de abajo, en lo profundo o de arriba, en lo alto". Contestó Ajaz: "No la pediré. No tentaré al Señor".

Entonces dijo Isaías: "Oye, pues, casa de David: ¿No satisfechos con cansar a los hombres, quieren cansar también a mi Dios? Pues bien, el Señor mismo les dará por eso una señal: He aquí que la virgen concebirá y dará a luz un hijo y le pondrán el nombre de Emmanuel, que quiere decir Dios-con-nosotros".

Palabra de Dios.   ℟. **Te alabamos, Señor.**

O bien:

Yo soy la madre del amor. Vengan a mí, los que me aman.

Del libro del Eclesiástico (Sirácide)
24, 23-31

Yo soy como una vid de fragantes hojas
  y mis flores son producto de gloria y de riqueza.
Yo soy la madre del amor, del temor,
del conocimiento y de la santa esperanza.
En mí está toda la gracia del camino y de la verdad,
toda esperanza de vida y de virtud.
  Vengan a mí, ustedes, los que me aman
y aliméntense de mis frutos.
Porque mis palabras son más dulces que la miel
y mi heredad, mejor que los panales.
  Los que me coman seguirán teniendo hambre de mí,
los que me beban seguirán teniendo sed de mí;
los que me escuchan no tendrán de qué avergonzarse
y los que se dejan guiar por mí no pecarán.
Los que me honran tendrán una vida eterna.

Palabra de Dios.   ℟. **Te alabamos, Señor.**

SALMO RESPONSORIAL
Del salmo 66

J. Sosa B.P. 1578

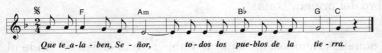

Que te_a-la - ben, Se - ñor, to - dos los pue-blos de la tie - rra.

℞. Que te alaben, Señor, todos los pueblos.

Ten piedad de nosotros y bendícenos;
vuelve, Señor, tus ojos a nosotros.
Que conozca la tierra tu bondad
y los pueblos tu obra salvadora. ℞.

Las naciones con júbilo te canten,
porque juzgas al mundo con justicia;
con equidad tú juzgas a los pueblos
y riges en la tierra a las naciones. ℞.

Que te alaben, Señor, todos los pueblos,
que los pueblos te aclamen todos juntos.
Que nos bendiga Dios
y que le rinda honor el mundo entero. ℞.

SEGUNDA LECTURA
Dios envió a su Hijo, nacido de una mujer.

De la carta del apóstol san Pablo a los gálatas
4, 4-7

Hermanos: Al llegar la plenitud de los tiempos, envió Dios a su Hijo, nacido de una mujer, nacido bajo la ley, para rescatar a los que estábamos bajo la ley, a fin de hacernos hijos suyos.

Puesto que ya son ustedes hijos, Dios envió a sus corazones el Espíritu de su Hijo, que clama: "¡Abbá!", es decir, ¡Padre! Así que ya no eres siervo, sino hijo; y siendo hijo, eres también heredero por voluntad de Dios.

Palabra de Dios. ℞. **Te alabamos, Señor.**

ACLAMACIÓN ANTES DEL EVANGELIO
Lc 1, 47

B.P. 1032 – J. Sosa

A-le- lu- ya, a-le- lu- ya, a-le- lu- ya.

R̶.   Aleluya, aleluya.
Mi alma glorifica al Señor
y mi espíritu se llena de júbilo en Dios, mi salvador.
R̶.   Aleluya, aleluya.

EVANGELIO
Bendita tú entre las mujeres y bendito el fruto de tu vientre.

✠   Del santo Evangelio según san Lucas
1, 39-48

En aquellos días, María se encaminó presurosa a un pueblo de las montañas de Judea y, entrando en la casa de Zacarías, saludó a Isabel. En cuanto ésta oyó el saludo de María, la criatura saltó en su seno.

Entonces Isabel quedó llena del Espíritu Santo y, levantando la voz, exclamó: "¡Bendita tú entre las mujeres y bendito el fruto de tu vientre! ¿Quién soy yo, para que la madre de mi Señor venga a verme? Apenas llegó tu saludo a mis oídos, el niño saltó de gozo en mi seno. Dichosa tú, que has creído, porque se cumplirá cuanto te fue anunciado de parte del Señor".

Entonces dijo María: "Mi alma glorifica al Señor *y mi espíritu se llena de júbilo en Dios, mi salvador,* porque *puso sus ojos en la humildad de su esclava".*

Palabra del Señor.   R̶. **Gloria a ti, Señor Jesús.**

ORACIÓN SOBRE LAS OFRENDAS
Acepta, Señor, los dones que te presentamos en esta solemnidad de nuestra Señora de Guadalupe, y haz que este sacrificio nos dé fuerza para cumplir tus mandamientos como verdaderos hijos de la Virgen María. Por Jesucristo, nuestro Señor.

ANTÍFONA DE LA COMUNIÓN   Cfr Sal 147, 20
No ha hecho nada semejante con ningún otro pueblo; a ninguno le ha manifestado tan claramente su amor.

ORACIÓN DESPUÉS DE LA COMUNIÓN
Que el Cuerpo y la Sangre de tu Hijo, que hemos recibido en este sacramento, nos ayuden, Señor, por intercesión de nuestra santísima Madre de Guadalupe, a reconocernos y amarnos todos como verdaderos hermanos. Por Jesucristo, nuestro Señor.

CONSAGRACIÓN DE LOS HOGARES A LA VIRGEN DE GUADALUPE

✳ Señora y Niña nuestra, por el inmenso amor que nos has demostrado, queremos pedirte que te quedes para siempre en nuestro hogar.

✳ Enséñanos a amar y a obedecer a tu Hijo, el verdadero Dios por quien se vive, y a enseñar esto a nuestros hijos.

✳ Muéstranos todo tu amor, compasión, auxilio y defensa, pues eres nuestra piadosa Madre, y enséñanos a mostrar nuestro amor, compasión, auxilio y defensa a los que nos rodean, pues son nuestros hermanos.

✳ Oye —como prometiste— nuestros lamentos, y remedia todas nuestras miserias, penas y dolores, y enséñanos a no ser sordos a los lamentos ajenos y a remediar todas las miserias, penas y dolores que podamos.

✳ Que nunca, Señora y Niña nuestra, te causemos aflicción en este hogar con nuestra desunión y nuestro egoísmo.

14 de diciembre   **3ᵉʳ Domingo de Adviento**
(Morado o rosa)

ANTÍFONA DE ENTRADA   Flp 4, 4. 5

Estén siempre alegres en el Señor; se lo repito, estén alegres. El Señor está cerca.

No se dice Gloria

ORACIÓN COLECTA

Mira, Señor, a tu pueblo que espera con fe la fiesta del nacimiento de tu Hijo, y concédele celebrar el gran misterio de nuestra salvación con un corazón nuevo y una inmensa alegría. Por nuestro Señor Jesucristo...

Hoy se nos muestra, por boca del profeta (PRIMERA LECTURA), al que Dios ungió para llevar a cabo su obra de salvación; Jesús iba a aplicarse a sí mismo esta profecía. San Juan nos la muestra cuando todavía no había sido presentado por Juan el Bautista (EVANGELIO) sino como "el que viene". Cristo sigue viniendo siempre y por eso nos exhorta san Pablo (SEGUNDA LECTURA) a vivir en una gozosa esperanza y manteniendo una atención vigilante a todo aquello que Dios espera de nosotros.

PRIMERA LECTURA
Me alegro en el Señor con toda el alma.

Del libro del profeta Isaías
61, 1-2. 10-11

E l espíritu del Señor esta sobre mí,
porque me ha ungido
y me ha enviado para anunciar la buena nueva a los pobres,
a curar a los de corazón quebrantado,
a proclamar el perdón a los cautivos,
la libertad a los prisioneros,
y a pregonar el año de gracia del Señor.

Me alegro en el Señor con toda el alma
y me lleno de júbilo en mi Dios,
porque me revistió con vestiduras de salvación
y me cubrió con un manto de justicia,
como el novio que se pone la corona,
como la novia que se adorna con sus joyas.

Así como la tierra echa sus brotes
y el jardín hace germinar lo sembrado en él,
así el Señor hará brotar la justicia
y la alabanza ante todas las naciones.

Palabra de Dios.   ℞. **Te alabamos, Señor.**

SALMO RESPONSORIAL
Lucas 1

M. Ramírez B.P. 1589

Se_a - le - gra mi_es - pí - ri - tu_en Dios, mi
sal - va - dor. Se_a -

℞. Mi espíritu se alegra en Dios, mi salvador.

Mi alma glorifica al Señor
y mi espíritu se llena de júbilo en Dios, mi salvador,
porque puso los ojos en la humildad de su esclava. ℞.

Desde ahora me llamarán dichosa todas las generaciones,
porque ha hecho en mí grandes cosas
el que todo lo puede.
Santo es su nombre y su misericordia llega,
de generación en generación, a los que lo temen. ℞.

A los hambrientos los colmó de bienes
y a los ricos los despidió sin nada.
Acordándose de su misericordia,
vino en ayuda de Israel, su siervo. ℟.

SEGUNDA LECTURA
Conservémonos irreprochables en cuerpo y alma hasta la llegada del Señor.

De la primera carta del apóstol san Pablo a los tesalonicenses
5, 16-24

H ermanos: Vivan siempre alegres, oren sin cesar, den gracias en
toda ocasión, pues esto es lo que Dios quiere de ustedes en Cristo
Jesús. No impidan la acción del Espíritu Santo, ni desprecien el don
de profecía; pero sométanlo todo a prueba y quédense con lo bueno.
Absténganse de toda clase de mal. Que el Dios de la paz los santifique a ustedes en todo y que todo su ser, espíritu, alma y cuerpo, se
conserve irreprochable hasta la llegada de nuestro Señor Jesucristo.
El que los ha llamado es fiel y cumplirá su promesa.

Palabra de Dios.   ℟. **Te alabamos, Señor.**

ACLAMACIÓN ANTES DEL EVANGELIO
Is 61, 1 (Cit. en Lc 4, 18)

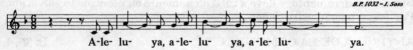

B.P. 1032 – J. Sosa

A-le- lu-   ya, a-le- lu-   ya, a-le- lu-   ya.

℟. Aleluya, aleluya.
El Espíritu del Señor está sobre mí.
Me ha enviado para anunciar la buena nueva a los pobres.
℟. Aleluya, aleluya.

EVANGELIO
En medio de ustedes hay uno al que ustedes no conocen.

✠ **Del santo Evangelio según san Juan**
1, 6-8. 19-28

H ubo un hombre enviado por Dios, que se llamaba Juan. Éste
vino como testigo, para dar testimonio de la luz, para que todos creyeran por medio de él. Él no era la luz, sino testigo de la luz.

Éste es el testimonio que dio Juan el Bautista, cuando los judíos enviaron desde Jerusalén a unos sacerdotes y levitas para preguntarle: "¿Quién eres tú?"

Él reconoció y no negó quién era. Él afirmó: "Yo no soy el Mesías". De nuevo le preguntaron: "¿Quién eres, pues? ¿Eres Elías?" Él les respondió: "No lo soy". "¿Eres el profeta?" Respondió: "No". Le dijeron: "Entonces dinos quién eres, para poder llevar una respuesta a los que nos enviaron. ¿Qué dices de ti mismo?" Juan les contestó: *"Yo soy la voz que grita en el desierto: 'Enderecen el camino del Señor',* como anunció el profeta Isaías".

Los enviados, que pertenecían a la secta de los fariseos, le preguntaron: "Entonces ¿por qué bautizas, si no eres el Mesías, ni Elías, ni el profeta?" Juan les respondió: "Yo bautizo con agua, pero en medio de ustedes hay uno, al que ustedes no conocen, alguien que viene detrás de mí, a quien yo no soy digno de desatarle las correas de sus sandalias".

Esto sucedió en Betania, en la otra orilla del Jordán, donde Juan bautizaba.

Palabra del Señor.   ℟. **Gloria a ti, Señor Jesús.**

ORACIÓN SOBRE LAS OFRENDAS

Te pedimos, Señor, que este sacrificio, signo de nuestra total entrega a ti, te sea ofrecido siempre para que realice la intención que tuviste al instituir este sacramento, y lleve a cabo plenamente en nosotros tu salvación. Por Jesucristo, nuestro Señor.

ANTÍFONA DE LA COMUNIÓN   Is 35, 4
He aquí que vendrá nuestro salvador, ya no tengan miedo.

ORACIÓN DESPUÉS DE LA COMUNIÓN

Que esta Eucaristía nos purifique, Señor, de toda mancha y nos prepare así a celebrar dignamente la Navidad ya próxima. Por Jesucristo, nuestro Señor.

EN MEDIO DE NOSOTROS...

—pidiendo (en la compañera que prometimos ante Dios amar siempre) un poquito más de comprensión y de cariño...

—esperando (en el hombre que aceptamos como esposo) un poco más de ternura y de aliento...

—necesitando (en la persona de nuestros hijos) un poco más de tiempo y dedicación...

—echando de menos (en esos seres que nos lo dieron todo) un poco más de gratitud y de afecto...

—anhelando (en el pariente o en el amigo solitario o anciano) un poco más de interés y compañía de nuestra parte...

—solicitando (en la persona que tiene mucho menos que nosotros) un poco más de ayuda...

—deseando (en los condiscípulos y quienes trabajan con nosotros) un poco más de compañerismo...

—queriendo (en todas aquellas personas a las que tratamos) un poco más de sincero interés de nuestra parte...

...HAY UNO, CRISTO, AL QUE NOSOTROS NO ACABAMOS DE RECONOCER.

21 de diciembre

4º Domingo de Adviento
(Morado)

Destilen, cielos, el rocío, y que las nubes lluevan al justo; que la tierra se abra y haga germinar al salvador.

No se dice Gloria

ORACIÓN COLECTA
Derrama, Señor, tu gracia sobre nosotros, que hemos conocido por el anuncio del ángel la encarnación de tu Hijo, para que lleguemos, por su pasión y su cruz, a la gloria de la resurrección. Por nuestro Señor Jesucristo...

San Lucas nos ha dejado un admirable relato de la anunciación del ángel a María y de la encarnación del Hijo de Dios (EVANGELIO). Cuando el ángel le dice a María que Jesús recibirá de Dios el trono de David, su padre, anuncia el cumplimiento de la promesa hecha al mismo David por el profeta Natán (PRIMERA LECTURA). La venida del Hijo de Dios hecho hombre era la revelación del misterio de amor infinito de Dios para con los hombres, un misterio, como dice san Pablo (SEGUNDA LECTURA), mantenido en secreto durante siglos y manifestado ahora.

PRIMERA LECTURA
El reino de David permanecerá para siempre en presencia del Señor.

Del segundo libro de Samuel
7, 1-5. 8-12. 14. 16

T an pronto como el rey David se instaló en su palacio y el Señor le concedió descansar de todos los enemigos que lo rodeaban, el rey dijo al profeta Natán: "¿Te has dado cuenta de que yo vivo en una mansión de cedro, mientras el arca de Dios sigue alojada en una tienda de campaña?" Natán le respondió: "Anda y haz todo lo que te dicte el corazón, porque el Señor está contigo".

Aquella misma noche habló el Señor a Natán y le dijo: "Ve y dile a mi siervo David que el Señor le manda decir esto: '¿Piensas que vas a ser tú el que me construya una casa, para que yo habite en ella? Yo te saqué de los apriscos y de andar tras las ovejas, para que fueras el jefe de mi pueblo, Israel. Yo estaré contigo en todo lo que emprendas, acabaré con tus enemigos y te haré tan famoso como los hombres más famosos de la tierra.

Le asignaré un lugar a mi pueblo, Israel; lo plantaré allí para que habite en su propia tierra. Vivirá tranquilo y sus enemigos ya no lo oprimirán más, como lo han venido haciendo desde los tiempos en que establecí jueces para gobernar a mi pueblo, Israel. Y a ti, David, te haré descansar de todos tus enemigos.

Además, yo, el Señor, te hago saber que te daré una dinastía; y cuando tus días se hayan cumplido y descanses para siempre con tus padres, engrandeceré a tu hijo, sangre de tu sangre, y consolidaré su reino. Yo seré para él un padre y él será para mí un hijo. Tu casa y tu reino permanecerán para siempre ante mí, y tu trono será estable eternamente' ".

Palabra de Dios.   ℟. **Te alabamos, Señor.**

SALMO RESPONSORIAL
Del salmo 88

S. Llamas B.P. 1590

Pro - cla - ma - ré   sin ce - sar   la mi - se - ri - cor - dia del Se - ñor.

℟.   Proclamaré sin cesar la misericordia del Señor.

Proclamaré sin cesar la misericordia del Señor
y daré a conocer que su fidelidad es eterna,
pues el Señor ha dicho: "Mi amor es para siempre
y mi lealtad, más firme que los cielos. ℟.

Un juramento hice a David, mi servidor,
una alianza pacté con mi elegido:
'Consolidaré tu dinastía para siempre
y afianzaré tu trono eternamente'. ℟.

[℟. Proclamaré sin cesar la misericordia del Señor.]

Él me podrá decir: 'Tú eres mi padre,
el Dios que me protege y que me salva'.
Yo jamás le retiraré mi amor,
ni violaré el juramento que le hice". ℟.

SEGUNDA LECTURA
Se ha revelado el misterio oculto durante siglos.

De la carta del apóstol san Pablo a los romanos
16, 25-27

Hermanos: A aquel que puede darles fuerzas para cumplir el Evangelio que yo he proclamado, predicando a Cristo, conforme a la revelación del misterio, mantenido en secreto durante siglos, y que ahora, en cumplimiento del designio eterno de Dios, ha quedado manifestado por las Sagradas Escrituras, para atraer a todas las naciones a la obediencia de la fe, al Dios único, infinitamente sabio, démosle gloria, por Jesucristo, para siempre. Amén.

Palabra de Dios.   ℟. **Te alabamos, Señor.**

ACLAMACIÓN ANTES DEL EVANGELIO
Lc 1, 38

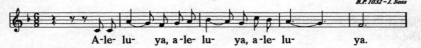

A-le- lu- ya, a-le- lu- ya, a-le- lu- ya.

℟.   Aleluya, aleluya.
Yo soy la esclava del Señor;
cúmplase en mí lo que me has dicho.
℟.   Aleluya, aleluya.

EVANGELIO
Concebirás y darás a luz un hijo.

✠ Del santo Evangelio según san Lucas
1, 26-38

En aquel tiempo, el ángel Gabriel fue enviado por Dios a una ciudad de Galilea, llamada Nazaret, a una virgen desposada con un varón de la estirpe de David, llamado José. La virgen se llamaba María.

Entró el ángel a donde ella estaba y le dijo: "Alégrate, llena de gracia, el Señor está contigo". Al oír estas palabras, ella se preocupó mucho y se preguntaba qué querría decir semejante saludo.

El ángel le dijo: "No temas, María, porque has hallado gracia ante Dios. Vas a concebir y a dar a luz un hijo y le pondrás por nombre Jesús. Él será grande y será llamado Hijo del Altísimo; el Señor Dios le dará el trono de David, su padre, y él reinará sobre la casa de Jacob por los siglos y su reinado no tendrá fin".

María le dijo entonces al ángel: "¿Cómo podrá ser esto, puesto que yo permanezco virgen?" El ángel le contestó: "El Espíritu Santo descenderá sobre ti y el poder del Altísimo te cubrirá con su sombra. Por eso, el Santo, que va a nacer de ti, será llamado Hijo de Dios. Ahí tienes a tu parienta Isabel, que a pesar de su vejez, ha concebido un hijo y ya va en el sexto mes la que llamaban estéril, porque no hay nada imposible para Dios". María contestó: "Yo soy la esclava del Señor; cúmplase en mí lo que me has dicho". Y el ángel se retiró de su presencia.

Palabra del Señor.   ℟. **Gloria a ti, Señor Jesús.**

ORACIÓN SOBRE LAS OFRENDAS

Que el mismo Espíritu que cubrió con su sombra y fecundó con su poder el seno de la Virgen María, santifique, Señor, estas ofrendas que hemos depositado sobre tu altar. Por Jesucristo, nuestro Señor.

ANTÍFONA DE LA COMUNIÓN   Is 7, 14
He aquí que la Virgen concebirá y dará a luz un hijo, y le pondrán por nombre Emmanuel, que quiere decir Dios-con-nosotros.

ORACIÓN DESPUÉS DE LA COMUNIÓN

Tú que nos has dado en este sacramento la prenda de nuestra salvación, concédenos, Padre todopoderoso, prepararnos cada día con mayor fervor para celebrar dignamente el nacimiento de tu Hijo, que vive y reina por los siglos de los siglos.

PARA ACOSTAR AL NIÑO DIOS
Antes de la cena de Navidad se reúne la familia junto al nacimiento

★ **1. SE CANTA O SE ESCUCHA UN VILLANCICO***

★ **2. ACTO PENITENCIAL**

PAPÁ: Para prepararnos a recibir a Dios, que se hizo hombre para salvarnos, reconozcamos que somos pecadores y que necesitamos su salvación.

TODOS: Yo confieso…

★ **3. LECTURA DEL EVANGELIO**

PAPÁ: Recordemos lo que pasó aquella bendita noche hace más de 2000 años (se lee el Evangelio de san Lucas, cap. 2, 1-14, (ver págs. 378-379).

Al terminar:

TODOS: Te alabamos, Señor.

★ **4. ACOSTAMIENTO DEL NIÑO**

PAPÁ: Antes de colocarlo en el nacimiento, X (el más pequeño de la familia) va a darnos a besar al Niño Dios.

★ **5. VILLANCICO** (Se canta o se escucha mientras se besa al Niño). Al acabar:

★ **6. PETICIONES:**

PAPÁ: Pidámosle al Niño Dios, que así como es el centro de este nacimiento hoy, sea todos los días el centro de nuestra familia y de nuestra vida.

TODOS: Te lo pedimos, Señor.

PAPÁ: Que Jesús, que pudiendo haber nacido rico quiso nacer pobre, nos enseñe a estar contentos con lo que tenemos.

TODOS: Te lo pedimos, Señor.

PAPÁ: Que Jesús, que vino a perdonarnos, nos enseñe a no ser rencorosos con los demás.

TODOS: Te lo pedimos, Señor.

PAPÁ: Que él, que vino a fundar la mejor familia del mundo, haga que en la nuestra reine siempre el amor, la unión y el deseo de ayudarnos mutuamente y a las demás familias.

TODOS: Te lo pedimos, Señor.

★ **7. VILLANCICO FINAL.**

"Buena Prensa" tiene varios discos compactos con villancicos.

Navidad

La Navidad, además de ser una celebración solemne el día 25 de diciembre (que empieza desde la víspera) es un tiempo que la Iglesia dedica a meditar el maravilloso acontecimiento de Belén.

Jesús, el Hijo de Dios, nació de Santa María Virgen para salvar a la humanidad entera: "Aquel que es la Palabra se hizo hombre y habitó entre nosotros".

El color de los ornamentos litúrgicos es el propio de las más grandes solemnidades: el blanco.

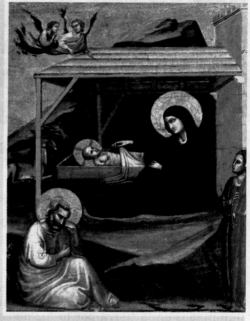

El Tiempo de Navidad termina con la celebración del Bautismo del Señor.

La Palabra de Dios en los domingos de este tiempo nos lleva a comprometernos para que nuestra vida de familia refleje la armonía y generosidad de la familia de José, María y Jesús; nos ayuda a meditar en que la Encarnación y el nacimiento de Jesús (la Luz verdadera) son los acontecimientos más importantes de la historia de la humanidad, junto con la Resurrección; además nos recuerda que el regalo de conocer el nacimiento de Jesús es también una tarea de la Iglesia y de todos los cristianos: hemos de manifestar (epifanía) a los demás este gozo definitivo.

25 de diciembre
Jueves

La Natividad del Señor
(Misa de medianoche)
(Blanco)

ANTÍFONA DE ENTRADA   Sal 2, 7
El Señor me dijo: Tú eres mi Hijo, hoy te engendré yo.

Se dice Gloria

ORACIÓN COLECTA

Dios nuestro, que hiciste resplandecer esta noche santísima con el nacimiento de Cristo, verdadera luz del mundo, concédenos que, iluminados en la tierra por la luz de este misterio, podamos también disfrutar de la gloria de tu Hijo, que vive y reina contigo...

El nacimiento que hacía gritar de alegría a Isaías: "¡Un niño nos ha nacido, un hijo se nos ha dado!", tiene lugar esta noche (PRIMERA LECTURA). Aquello no era más que un lejano vaticinio del nacimiento que, al producirse, es gloria para Dios y paz para los hombres (EVANGELIO). Si la venida de Jesús es una prenda de paz para la tierra es porque en él, como dice san Pablo (SEGUNDA LECTURA), apareció la gracia de Dios, que trae la salvación para todos los hombres.

PRIMERA LECTURA
Un hijo se nos ha dado.

Del libro del profeta Isaías
9, 1-3. 5-6

El pueblo que habitaba en tinieblas,
vio una gran luz;
sobre los que vivían en tierra de sombras,
una luz resplandeció.
    Engrandeciste a tu pueblo
e hiciste grande su alegría.
Se gozan en tu presencia como gozan al cosechar,
como se alegran al repartirse el botín.
Porque tú quebrantaste su pesado yugo,
la barra que oprimía sus hombros y el cetro de su tirano,
como en el día de Madián.
    Porque un niño nos ha nacido, un hijo se nos ha dado;
lleva sobre sus hombros el signo del imperio y su nombre será:
"Consejero admirable", "Dios poderoso",
"Padre sempiterno", "Príncipe de la paz";
para extender el principado con una paz sin límites
sobre el trono de David y sobre su reino;
para establecerlo y consolidarlo
con la justicia y el derecho, desde ahora y para siempre.
El celo del Señor lo realizará.

Palabra de Dios.   ℟. **Te alabamos, Señor.**

SALMO RESPONSORIAL
Del salmo 95

C. Gálvez B.P. 1592

Hoy nos ha na-ci-do el Sal-va-dor,
el Sal-va-dor nos ha na-ci-do hoy.

℟.   Hoy nos ha nacido el Salvador.

Cantemos al Señor un canto nuevo,
que le cante al Señor toda la tierra;
cantemos al Señor y bendigámoslo. ℟.
    Proclamemos su amor día tras día,
su grandeza anunciemos a los pueblos;
de nación en nación, sus maravillas. ℟.

[℟. Hoy nos ha nacido el Salvador.]

Alégrense los cielos y la tierra,
retumbe el mar y el mundo submarino.
Salten de gozo el campo y cuanto encierra,
manifiesten los bosques regocijo. ℟.
Regocíjese todo ante el Señor,
porque ya viene a gobernar el orbe.
Justicia y rectitud serán las normas
con las que rija a todas las naciones. ℟.

SEGUNDA LECTURA
La gracia de Dios se ha manifestado a todos los hombres.

De la carta del apóstol san Pablo a Tito
2, 11-14

Querido hermano: La gracia de Dios se ha manifestado para salvar a todos los hombres y nos ha enseñado a renunciar a la vida sin religión y a los deseos mundanos, para que vivamos, ya desde ahora, de una manera sobria, justa y fiel a Dios, en espera de la gloriosa venida del gran Dios y Salvador, Cristo Jesús, nuestra esperanza. Él se entregó por nosotros para redimirnos de todo pecado y purificarnos, a fin de convertirnos en pueblo suyo, fervorosamente entregado a practicar el bien.

Palabra de Dios.   ℟. **Te alabamos, Señor.**

ACLAMACIÓN ANTES DEL EVANGELIO
Cfr Lc 2, 10-11

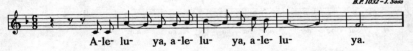

A-le- lu-   ya, a-le- lu-   ya, a-le- lu-   ya.

℟.   Aleluya, aleluya.
Les anuncio una gran alegría:
Hoy nos ha nacido el Salvador,
que es Cristo, el Señor.
℟.   Aleluya, aleluya.

EVANGELIO
Hoy nos ha nacido el Salvador.

✠ Del santo Evangelio según san Lucas
2, 1-14

Por aquellos días, se promulgó un edicto de César Augusto, que ordenaba un censo de todo el imperio. Este primer censo se hizo cuando Quirino era gobernador de Siria. Todos iban a empadronarse, cada uno en su propia ciudad; así es que también José, perteneciente a la casa y familia de David, se dirigió desde la ciudad de Nazaret, en Galilea, a la ciudad de David, llamada Belén, para empadronarse, juntamente con María, su esposa, que estaba encinta.

Mientras estaban ahí, le llegó a María el tiempo de dar a luz y tuvo a su hijo primogénito; lo envolvió en pañales y lo recostó en un pesebre, porque no hubo lugar para ellos en la posada.

En aquella región había unos pastores que pasaban la noche en el campo, vigilando por turno sus rebaños. Un ángel del Señor se les apareció y la gloria de Dios los envolvió con su luz y se llenaron de temor. El ángel les dijo: "No teman. Les traigo una buena noticia, que causará gran alegría a todo el pueblo: hoy les ha nacido, en la ciudad de David, un Salvador, que es el Mesías, el Señor. Esto les servirá de señal: encontrarán al niño envuelto en pañales y recostado en un pesebre".

De pronto se le unió al ángel una multitud del ejército celestial, que alababa a Dios, diciendo: "¡Gloria a Dios en el cielo, y en la tierra paz a los hombres de buena voluntad!"

Palabra del Señor.   ℟. **Gloria a ti, Señor Jesús.**

ORACIÓN SOBRE LAS OFRENDAS

Acepta, Señor, las ofrendas que te presentamos esta noche de Navidad, a fin de que, al recibirlas nosotros convertidas en el Cuerpo y la Sangre de tu Hijo, nos transformes en él, en quien nuestra naturaleza está unida a la tuya. Por Jesucristo, nuestro Señor.

Prefacio de Navidad

ANTÍFONA DE LA COMUNIÓN   Jn 1, 14
El Verbo se hizo hombre y hemos visto su gloria.

ORACIÓN DESPUÉS DE LA COMUNIÓN

Tú, Señor, que nos has concedido el gozo de celebrar esta noche el nacimiento de tu Hijo, ayúdanos a vivir según su ejemplo para llegar a compartir algún día con él la gloria de su Reino. Por Jesucristo, nuestro Señor.

ESTÁ BIEN EL "NACIMIENTO" COMO LO HEMOS PUESTO

▲ Está bien el "nacimiento" como lo hemos puesto todos: la gruta o el establo sin puertas, bien abierto, para que entren los hombres.

▲ No…, el Niño no se va a enfriar, no hay cuidado.

▲ Los que tenemos frío somos nosotros, los que tratamos de calentarnos en las casas cerradas de Belén, en el castillo de Herodes, en las casas y mansiones de los hombres.

▲ Por eso el Niño está en una cueva abierta. No para que entre el frío, sino para que entremos nosotros, que somos los que tenemos frío.

▲ La cueva está abierta para que entremos todos: los pastores y los reyes, los del campo y los que llegan de la ciudad, los ricos y los pobres, los sabios y los ignorantes. María no nos cierra la puerta.
—María, ¿nos dejas al Niño?
Y María responde lo que ninguna otra madre:
—Tómenlo, es de ustedes; lo traje precisamente para ustedes.

25 de diciembre

La Natividad del Señor
(Misa del día)
(Blanco)

ANTÍFONA DE ENTRADA
Is 9, 6

Un niño nos ha nacido, un hijo se nos ha dado. La insignia del poder está sobre sus hombros y se le llamará Ángel del Gran Consejo.

Se dice Gloria

ORACIÓN COLECTA
Dios nuestro, que de modo admirable creaste al hombre a tu imagen y semejanza, y de modo más admirable lo elevaste con el nacimiento de tu Hijo, concédenos participar de la vida divina de aquel que ha querido participar de nuestra humanidad. Por nuestro Señor Jesucristo...

La Misa de hoy nos lleva a ver en el pesebre de Jesús lo que está más allá de lo humano. Aquel niño recién nacido es "la Palabra de Dios hecha hombre" (EVANGELIO); es el Hijo, por medio del cual Dios hizo y conserva el mundo, y es el reflejo de la gloria de Dios (SEGUNDA LECTURA). Su venida a la tierra trae consigo la salvación de Dios, que habrá de llegar a todos los rincones del mundo (PRIMERA LECTURA).

PRIMERA LECTURA
La tierra entera verá la salvación que viene de nuestro Dios.

Del libro del profeta Isaías
52, 7-10

¡Qué hermoso es ver correr sobre los montes
al mensajero que anuncia la paz,
al mensajero que trae la buena nueva,
que pregona la salvación,
que dice a Sión: "Tu Dios es rey"!

Escucha: Tus centinelas alzan la voz
y todos a una gritan alborozados,
porque ven con sus propios ojos al Señor,
que retorna a Sión.

Prorrumpan en gritos de alegría, ruinas de Jerusalén,
porque el Señor rescata a su pueblo, consuela a Jerusalén.
Descubre el Señor su santo brazo
a la vista de todas las naciones.
Verá la tierra entera
la salvación que viene de nuestro Dios.
Palabra de Dios.   ℟. **Te alabamos, Señor.**

SALMO RESPONSORIAL
Del salmo 97

P. Hermosillo B.P. 1594

Maestoso

To - da la tie - rra ha vis - to al Sal - va - dor.

℟.   Toda la tierra ha visto al Salvador.

Cantemos al Señor un canto nuevo,
pues ha hecho maravillas.
Su diestra y su santo brazo
le han dado la victoria. ℟.

El Señor ha dado a conocer su victoria
y ha revelado a las naciones su justicia.
Una vez más ha demostrado Dios
su amor y su lealtad hacia Israel. ℟.

La tierra entera ha contemplado
la victoria de nuestro Dios.
Que todos los pueblos y naciones
aclamen con júbilo al Señor. ℟.

Cantemos al Señor al son del arpa,
suenen los instrumentos.
Aclamemos al son de los clarines
al Señor, nuestro rey. ℟.

SEGUNDA LECTURA
Dios nos ha hablado por medio de su Hijo.

De la carta a los hebreos
1, 1-6

En distintas ocasiones y de muchas maneras habló Dios en el pasado a nuestros padres, por boca de los profetas. Ahora, en estos tiempos, nos ha hablado por medio de su Hijo, a quien constituyó heredero de todas las cosas y por medio del cual hizo el universo.

El Hijo es el resplandor de la gloria de Dios, la imagen fiel de su ser y el sostén de todas las cosas con su palabra poderosa. Él mismo, después de efectuar la purificación de los pecados, se sentó a la diestra de la majestad de Dios, en las alturas, tanto más encumbrado sobre los ángeles, cuanto más excelso es el nombre que, como herencia, le corresponde.

Porque ¿a cuál de los ángeles le dijo Dios: *Tú eres mi Hijo; yo te he engendrado hoy?* ¿O de qué ángel dijo Dios: *Yo seré para él un padre y él será para mí un hijo?* Además, en otro pasaje, cuando introduce en el mundo a su primogénito, dice: *Adórenlo todos los ángeles de Dios.*

Palabra de Dios.   ℞. **Te alabamos, Señor.**

ACLAMACIÓN ANTES DEL EVANGELIO

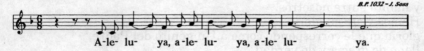

B.P. 1032 – J. Sosa

A-le- lu-   ya, a -le- lu-   ya, a -le- lu-   ya.

℞.   Aleluya, aleluya.
Un día sagrado ha brillado para nosotros.
Vengan, naciones, y adoren al Señor,
porque hoy ha descendido una gran luz sobre la tierra.
℞.   Aleluya, aleluya.

EVANGELIO
Aquel que es la Palabra se hizo hombre y habitó entre nosotros.

✠ Del santo Evangelio según san Juan
1, 1-18

En el principio ya existía aquel que es la Palabra,
y aquel que es la Palabra estaba con Dios y era Dios.
Ya en el principio él estaba con Dios.
Todas las cosas vinieron a la existencia por él
y sin él nada empezó de cuanto existe.
Él era la vida, y la vida era la luz de los hombres.
La luz brilla en las tinieblas
y las tinieblas no la recibieron.
      Hubo un hombre enviado por Dios, que se llamaba Juan.
Éste vino como testigo, para dar testimonio de la luz,
para que todos creyeran por medio de él.
Él no era la luz, sino testigo de la luz.
      Aquel que es la Palabra era la luz verdadera,
que ilumina a todo hombre que viene a este mundo.
En el mundo estaba;
el mundo había sido hecho por él
y, sin embargo, el mundo no lo conoció.
      Vino a los suyos y los suyos no lo recibieron;
pero a todos los que lo recibieron
les concedió poder llegar a ser hijos de Dios,
a los que creen en su nombre,
los cuales no nacieron de la sangre,
ni del deseo de la carne, ni por voluntad del hombre,
sino que nacieron de Dios.
      Y aquel que es la Palabra se hizo hombre
y habitó entre nosotros.
Hemos visto su gloria,
gloria que le corresponde como a Unigénito del Padre,
lleno de gracia y de verdad.
      Juan el Bautista dio testimonio de él, clamando:
"A éste me refería cuando dije:
'El que viene después de mí, tiene precedencia sobre mí,
porque ya existía antes que yo'".
      De su plenitud hemos recibido todos gracia sobre gracia.
Porque la ley fue dada por medio de Moisés,
mientras que la gracia y la verdad vinieron por Jesucristo.
A Dios nadie lo ha visto jamás.
El Hijo unigénito, que está en el seno del Padre,
es quien lo ha revelado.

Palabra del Señor.   ℟. **Gloria a ti, Señor Jesús.**

ORACIÓN SOBRE LAS OFRENDAS

Acepta, Señor, en la fiesta solemne de la Navidad, esta ofrenda que nos reconcilia contigo de un modo perfecto, y encierra en sí la plenitud del culto que los hombres podemos tributarte. Por Jesucristo, nuestro Señor.

ANTÍFONA DE LA COMUNIÓN   Sal 97, 3

Sobre toda la superficie de la tierra se ha contemplado la salvación que viene de nuestro Dios.

ORACIÓN DESPUÉS DE LA COMUNIÓN

Concédenos, Dios misericordioso, que el salvador del mundo, que hoy nos ha nacido para comunicarnos su vida divina, nos dé también el don de su inmortalidad. El cual vive y reina por los siglos de los siglos.

Y A QUIENES LO RECIBIERON

▶ ...y no le dieron con la puerta en las narices, alegando que la circunstancias no estaban como para tener otro hijo, y menos si había alguna probabilidad de que naciera con algún defecto...

▶ ...y no sólo lo recibieron, sino que, además, no lo dejaron olvidado en un rincón de la casa en su silla de ruedas, sino que se esmeraron por hacerlo sentir útil y por llenarle de cariño sus últimos años...

▶ ...y no le dijeron que a esa casa decente no volvía una hija que había manchado el honor de la familia...

▶ ...y además de recibirlo en el consultorio, lo atendieron sin cobrarle nada, habida cuenta de su precaria situación económica...

▶ ...y en su grupo no le hicieron el feo, porque no era de su misma clase social...

▶ ...y lo ayudaron cuando acudió a su puerta en busca de una ayuda económica en una situación sumamente difícil...

▶ ...en la persona de cualquier indigente y, en la medida de sus fuerzas, lo socorrieron...

LES CONCEDIÓ PODER LLEGAR A SER HIJOS DE DIOS.

28 de diciembre
Domingo

La Sagrada Familia
(Blanco)

Lc 2, 16

Fueron los pastores a toda prisa y encontraron a María y a José y, recostado en un pesebre, al niño.

Se dice Gloria

ORACIÓN COLECTA

Señor y Dios nuestro, tú que nos has dado en la Sagrada Familia de tu Hijo, el modelo perfecto para nuestras familias, concédenos practicar sus virtudes domésticas y estar unidos por los lazos de tu amor, para que podamos ir a gozar con ella eternamente de la alegría de tu casa. Por nuestro Señor Jesucristo...

Esta Sagrada Familia, modelo de todas las familias, entrega a su Hijo Jesús en el templo (EVANGELIO), como lo había entregado Abraham en un acto supremo de fe (SEGUNDA LECTURA), aun sabiendo que Isaac era el hijo en quien se habrían de cumplir las promesas de Dios (PRIMERA LECTURA).

PRIMERA LECTURA
Tu heredero saldrá de tus entrañas.

Del libro del Génesis
15, 1-6; 21, 1-3

En aquel tiempo, el Señor se le apareció a Abram y le dijo: "No temas, Abram. Yo soy tu protector y tu recompensa será muy grande". Abram le respondió: "Señor, Señor mío, ¿qué me vas a poder dar, puesto que voy a morir sin hijos? Ya que no me has dado descendientes, un criado de mi casa será mi heredero".

Pero el Señor le dijo: "Ése no será tu heredero, sino uno que saldrá de tus entrañas". Y haciéndolo salir de la casa, le dijo: "Mira el cielo y cuenta las estrellas, si puedes". Luego añadió: "Así será tu descendencia". Abram creyó lo que el Señor le decía y, por esa fe, el Señor lo tuvo por justo.

Poco tiempo después, el Señor tuvo compasión de Sara, como lo había dicho y le cumplió lo que había prometido. Ella concibió y le dio a Abraham un hijo en su vejez, en el tiempo que Dios había predicho. Abraham le puso por nombre Isaac al hijo que le había nacido de Sara.

Palabra de Dios.   ℟. **Te alabamos, Señor.**

SALMO RESPONSORIAL
Del salmo 104

J. Martínez Ramírez B.P. 1761

El Se - ñor nun-ca_ol-vi-da sus pro - me - sas.

℟.   El Señor nunca olvida sus promesas.

Aclamen al Señor y denle gracias,
relaten sus prodigios a los pueblos.
Entonen en su honor himnos y cantos,
celebren sus portentos. ℟.

Del nombre del Señor enorgullézcanse
y siéntase feliz el que lo busca.
Recurran al Señor y a su poder
y a su presencia acudan. ℟.

Recuerden los prodigios que él ha hecho,
sus portentos y oráculos,
descendientes de Abraham, su servidor,
estirpe de Jacob, su predilecto. ℟.

Ni aunque transcurran mil generaciones,
se olvidará el Señor de sus promesas,
de la alianza pactada con Abraham,
del juramento a Isaac, que un día le hiciera. ℟.

SEGUNDA LECTURA
La fe de Abraham, de Sara y de Isaac.

De la carta a los hebreos
11, 8. 11-12. 17-19

Hermanos: Por su fe, Abraham, obediente al llamado de Dios, y sin saber a dónde iba, partió hacia la tierra que habría de recibir como herencia.

Por su fe, Sara, aun siendo estéril y a pesar de su avanzada edad, pudo concebir un hijo, porque creyó que Dios habría de ser fiel a la promesa; y así, de un solo hombre, ya anciano, nació una descendencia, numerosa como las estrellas del cielo e incontable como las arenas del mar.

Por su fe, Abraham, cuando Dios le puso una prueba, se dispuso a sacrificar a Isaac, su hijo único, garantía de la promesa, porque Dios le había dicho: *De Isaac nacerá la descendencia que ha de llevar tu nombre.* Abraham pensaba, en efecto, que Dios tiene poder hasta para resucitar a los muertos; por eso le fue devuelto Isaac, que se convirtió así en un símbolo profético.

Palabra de Dios.   R. **Te alabamos, Señor.**

ACLAMACIÓN ANTES DEL EVANGELIO
Heb 1, 1-2

A-le- lu- ya, a-le- lu- ya, a-le- lu- ya.

R.   Aleluya, aleluya.
En distintas ocasiones y de muchas maneras
habló Dios en el pasado a nuestros padres, por boca de los profetas.
Ahora, en estos tiempos, nos ha hablado por medio de su Hijo.
R.   Aleluya, aleluya.

EVANGELIO
El niño iba creciendo y se llenaba de sabiduría.

✠ Del santo Evangelio según san Lucas
2, 22-40

Transcurrido el tiempo de la purificación de María, según la ley de Moisés, ella y José llevaron al niño a Jerusalén para presentarlo al Señor, de acuerdo con lo escrito en la ley: *Todo primogénito varón será consagrado al Señor,* y también para ofrecer, como dice la ley, *un par de tórtolas o dos pichones.*

Vivía en Jerusalén un hombre llamado Simeón, varón justo y temeroso de Dios, que aguardaba el consuelo de Israel; en él moraba el Espíritu Santo, el cual le había revelado que no moriría sin haber visto antes al Mesías del Señor. Movido por el Espíritu, fue al templo, y cuando José y María entraban con el niño Jesús para cumplir con lo prescrito por la ley, Simeón lo tomó en brazos y bendijo a Dios, diciendo:

"Señor, ya puedes dejar morir en paz a tu siervo,
según lo que me habías prometido,
porque mis ojos han visto a tu Salvador,
al que has preparado para bien de todos los pueblos;
luz que alumbra a las naciones
y gloria de tu pueblo, Israel".

El padre y la madre del niño estaban admirados de semejantes [...] de los pensamientos de todos los corazones. Y a ti, una espada te atravesará el alma".

Había también una profetisa, Ana, hija de Fanuel, de la tribu de Aser. Era una mujer muy anciana. De joven, había vivido siete años casada y tenía ya ochenta y cuatro años de edad. No se apartaba del templo ni de día ni de noche, sirviendo a Dios con ayunos y oraciones. Ana se acercó en aquel momento, dando gracias a Dios y hablando del niño a todos los que aguardaban la liberación de Israel.

Y cuando cumplieron todo lo que prescribía la ley del Señor, se volvieron a Galilea, a su ciudad de Nazaret. El niño iba creciendo y fortaleciéndose, se llenaba de sabiduría y la gracia de Dios estaba con él.

Palabra del Señor.   ℟. **Gloria a ti, Señor Jesús.**

ORACIÓN SOBRE LAS OFRENDAS

Acepta, Señor, este sacrificio de reconciliación y, por intercesión de la Virgen Madre de Dios y de san José, concede a nuestras familias vivir siempre en tu amistad y en tu paz. Por Jesucristo, nuestro Señor.

ANTÍFONA DE LA COMUNIÓN
Bar 3, 38

Nuestro Dios apareció en el mundo y convivió con los hombres.

ORACIÓN DESPUÉS DE LA COMUNIÓN

Padre lleno de amor, concede a los que acabamos de alimentarnos con este sacramento celestial, imitar siempre los ejemplos de la Sagrada Familia, para que, después de las pruebas de esta vida, podamos gozar eternamente con ellos en el cielo. Por Jesucristo, nuestro Señor.

TREINTA AÑOS PARA SANTIFICAR LA FAMILIA Y TRES PARA SALVAR AL MUNDO

✳ Jesucristo, el Salvador del mundo, de treinta y tres años de su vida, dedicó treinta para santificar a la familia y tres para salvar al mundo.

✳ Igualito que nosotros, nada más que al revés.

✳ Nosotros dedicamos la mayor parte de nuestro tiempo a salvar —desde la mesa de un café, por supuesto— al mundo; a salvar nuestra empresa, nuestra industria, nuestro negocio, nuestro trabajo, nuestra milpa, nuestros becerros... y lo que nos sobra de tiempo, que no es mucho, lo dedicamos a la familia...

✳ Tenemos tiempo, mucho tiempo, para conversar con el cliente, con el jefe, con nuestros subordinados, con los compañeros, con los vecinos, con los amigos; pero no disponemos de tiempo para hablar con la familia, para conversar con la esposa o el esposo, con los hijos, con nuestros padres... Pasamos horas enteras departiendo con los amigos y conocidos; apenas si nos quedan unos minutos para convivir con la familia, para divertirnos en familia, para disfrutar de la familia...

✳ Estamos haciendo muchas cosas, pero tal vez se nos está olvidando formar seres humanos... que es lo importante.

✳ Cristo empleó treinta años en santificar la familia...

SANTO ROSARIO

El que guía: Por la señal… Señor mío Jesucristo… *(Acto de contrición)*
El que guía: ¡Abre, Señor, mis labios y publicaré tu alabanza!
Todos: ¡Atiende a mí sin tardanza, dame tu auxilio y favor!

(Un Padrenuestro, diez Avemarías y Gloria. Así en todos los misterios).

Misterios Gozosos:

(Lunes y sábados)

1o. **La Anunciación.**

2o. **La Visitación.**

3o.
El Nacimiento del Niño Dios.

4o. **La Presentación.**

5o. **El hallazgo del Niño Jesús.**

Misterios Luminosos:

(Jueves)

1o.
El Bautismo de Jesús en el Jordán.

2o.
La autorrevelación del Señor en las bodas de Caná.

3o. El anuncio del Reino de Dios y la invitación a la conversión.

4o. **La Transfiguración del Señor.**

5o. **La institución de la Eucaristía.**

Misterios Dolorosos:

(Martes y viernes)

1o. La Oración en el huerto.

2o. La Flagelación.

3o. La Coronación de espinas.

4o. Jesús con la cruz a cuestas.

5o. Crucifixión y muerte de Jesús.

Misterios Gloriosos:

(Miércoles y domingos)

1o. La Resurrección.

2o. La Ascensión.

3o. La venida del Espíritu Santo.

4o. La Asunción de María.

5o. La Coronación de María.

Letanía:

Señor, ten piedad de nosotros.
Cristo, ten piedad de nosotros.
Señor, ten piedad de nosotros.
Jesucristo, óyenos.
Jesucristo, escúchanos.

Señor, ten piedad de nosotros.
Cristo, ten piedad de nosotros.
Señor, ten piedad de nosotros.
Jesucristo, óyenos.
Jesucristo, escúchanos.

Dios, Padre celestial,

Dios Hijo, Redentor del mundo,

Dios Espíritu Santo,

Santísima Trinidad, que eres un solo Dios,

ten piedad de nosotros.
ten piedad de nosotros.
ten piedad de nosotros.
ten piedad de nosotros.

Santa María,
Santa Madre de Dios,
Santa Virgen de las vírgenes,
Madre de Jesucristo,
Madre de la Iglesia,
Madre de la divina gracia,
Madre purísima,
Madre castísima,
Madre virgen,
Madre sin mancha,
Madre inmaculada,
Madre amable,
Madre admirable,
Madre del buen consejo,
Madre del Creador,
Madre del Salvador,
Virgen prudentísima,
Virgen digna de veneración,
Virgen digna de alabanza,
Virgen poderosa,
Virgen clemente,
Virgen fiel,
Espejo de justicia,
Trono de la eterna Sabiduría,
Causa de nuestra alegría,
Vaso espiritual de elección,

Vaso precioso de la gracia,
Vaso de verdadera devoción,
Rosa mística,
Torre de David,
Torre de marfil,
Casa de oro,
Arca de la alianza,
Puerta del cielo,
Estrella de la mañana,
Salud de los enfermos,
Refugio de los pecadores,
Consoladora de los afligidos,
Auxilio de los cristianos,
Reina de los ángeles,
Reina de los patriarcas,
Reina de los profetas,
Reina de los apóstoles,
Reina de los mártires,
Reina de los confesores,
Reina de las vírgenes,
Reina de todos los santos,
Reina concebida sin pecado original,
Reina llevada al cielo,
Reina del santísimo Rosario,
Reina de las familias,
Reina de la paz,

ruega por nosotros.

ruega por nosotros.

Cordero de Dios, que quitas el pecado del mundo,

Cordero de Dios, que quitas el pecado del mundo,

Cordero de Dios, que quitas el pecado del mundo,

perdónanos, Señor.
óyenos, Señor.
ten piedad de nosotros.

Bajo tu amparo nos acogemos, Santa Madre de Dios; no desprecies las súplicas que te hacemos en nuestras necesidades, antes bien líbranos de todos los peligros, ¡oh Virgen gloriosa y bendita! Ruega por nosotros, Santa Madre de Dios, para que seamos dignos de alcanzar las divinas gracias y promesas de nuestro Señor Jesucristo.

Señor, que por el anuncio del ángel nos has hecho conocer la encarnación de tu Hijo, infunde tu gracia en nosotros y concédenos, por la intercesión de la Santísima Virgen María, que podamos alcanzar, por la virtud de la pasión y de la cruz de tu Hijo Jesucristo, la gloria de su resurrección. Por el mismo Jesucristo, nuestro Señor. Amén.

En el nombre del Padre, y del Hijo, y del Espíritu Santo. Amén.

EL ÁNGELUS

El ángel del Señor
anunció a María
y concibió por obra
del Espíritu Santo.

Dios te salve María…

He aquí la esclava
del Señor.
Hágase en mí
según tu palabra.

Dios te salve María…

---

* Desde hace muchos siglos, la piedad cristiana ha querido recordar, tres veces al día, el misterio de la Encarnación del Hijo de Dios y, al mismo tiempo, alabar a nuestra Señora como Madre de Cristo y de la humanidad. La oración del Ángelus, recitada allí donde nuestra actividad lo permita, presenta a Dios, por intercesión de María, el desarrollo de nuestra vida cotidiana.

El Verbo
se hizo
Hombre
y habitó
entre
nosotros.
Dios te salve María...

Oremos.
Infunde, Señor, tu gracia
para que, habiendo cono-
cido por el anuncio del
ángel la encarnación de tu
Hijo, lleguemos, por su
pasión y su cruz, a la gloria de la resurrección. Por
Jesucristo, nuestro Señor.
Amén.

Cristo
de Gonzalo Carrasco, S.J.

VIACRUCIS

Introducción

- En el nombre del Padre y del Hijo y del Espíritu Santo.
- R. Amén.
- Señor, que esta breve meditación de tu pasión nos anime y ayude a tomar la cruz de nuestra vida y a seguirte.
- R. Amén.

1 ESTACION

- *Jesús es condenado a muerte.*
  Por la envidia de los fariseos y la debilidad de Pilato, Jesús fue juzgado injustamente y condenado a muerte. Porque yo también te he juzgado y condenado en mis hermanos o he dejado, con mi silencio, que otros lo hagan...
- R. Perdón, Señor, perdón.

2 ESTACION

- *Jesús carga con la cruz.*
  Simplemente se la echaron encima sin ninguna consideración, y él no la rechazó. Por las veces que yo he dejado caer la cruz de mis obligaciones diarias y he renegado de la de mis penas y enfermedades...
- R. Perdón, Señor, perdón.

3 ESTACION

- *Jesús cae por primera vez.*
  No es fácil llevar la cruz. Muchas veces cae uno vencido bajo su peso. Por las ocasiones en que he tardado tanto en levantarme y por todos mis hermanos que ya no se han levantado...
- R. Perdón, Señor, perdón.

4 ESTACION

- *Jesús se encuentra con su Madre.*
  Hay muchas ocasiones en que lo único que se puede hacer por otro es acompañarlo en su viacrucis. Por las veces en que he dejado a tantos enfermos y ancianos solos en ese penoso camino...
- R. Perdón, Señor, perdón.

5 ESTACION

Simón de Cirene ayuda a Jesús.
- No quería, claro que no; era como muchos de nosotros que no queremos ayudar. Por haber dejado solos con sus cruces de hambre, de desnudez, de abandono a tantos hermanos, cuando podía haberlos ayudado a llevarla...

R. Perdón, Señor, perdón.

6 ESTACION

La Verónica limpia el rostro de Jesús.
- Aquella mujer supo descubrir el rostro de Cristo bajo aquella capa de sudor, polvo y salivazos. Por no haberte descubierto en tantos rostros sudorosos de obreros y campesinos y no haberte enjugado tantas lágrimas...

R. Perdón, Señor, perdón.

7 ESTACION

Jesús cae por segunda vez.
- ¿Fue un tropezón con una piedra esta vez o un empujón? No lo sabemos. Por las veces que con nuestro ejemplo hemos hecho que los demás tropiecen y por las veces, quizás, que deliberadamente los hemos empujado...

R. Perdón, Señor, perdón.

8 ESTACION

Jesús habla a las hijas de Jerusalén.
- En medio de su propio dolor, Cristo no deja de preocuparse por la pena de aquellas mujeres. Por las veces en que mis problemas me han hecho olvidarme de los sufrimientos de los que me rodean.

R. Perdón, Señor, perdón.

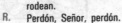

9 ESTACION

Jesús cae por tercera vez.

Y por tercra vez hace un esfuerzo supremo y se levanta. Por esas ocasiones en las que, ante las dificultades, no he perseverado en la obra emprendida en favor de los demás.

R. Perdón, Señor, perdón.

10 ESTACION

Jesús es despojado de sus vestiduras.

Antes de ponerlo en la cruz lo despojaron de sus vestiduras. Por las veces en que yo he despojado a los otros de su fama, de sus bienes, de sus derechos, de su inocencia, de sus ilusiones...

R. Perdón, Señor, perdón.

11 ESTACION

Jesús es clavado en la cruz.

Y desde la cruz pidió a su Padre que nos perdonara. Por tantos perdones que yo he negado, por tantas represalias y venganzas que he tomado...

R. Perdón, Señor, perdón.

12 ESTACION

Jesús muere en la cruz.

No hay amor mayor que dar la vida por los amigos. Por la facilidad con que me olvido de lo que me quisiste y de lo que me quieres y de lo que te costaron mis pecados...

R. Perdón, Señor, perdón.

13 ESTACION

Jesús es bajado de la cruz.

Y su cuerpo es puesto en brazos de su madre. Por ese tierno Niño que tú nos diste una Nochebuena y que una mala tarde te devolvimos muerto por nuestros pecados...

R. Perdón, Señora, perdón.

14
ESTACION •

Jesús es sepultado.
Aquel que los judíos esperaban que fuera el libertador de Israel ha sido sepultado. Por las veces en que he olvidado, como los discípulos de Emaús, que es necesario pasar por todas estas cosas para entrar en la gloria...

R.   Perdón, Señor, perdón.

15
ESTACION •

Y al tercer día resucitó.
Esta estación no está en el viacrucis tradicional, pero es la esencial. Si Cristo no resucitó, vana es nuestra fe. Por las veces en que olvido que si no muero con Cristo, no podré resucitar con él...

R.   Perdón, Señor, perdón.

ORACION FINAL

Señor mío Jesucristo, que con tu pasión y muerte diste vida al mundo, líbranos de todas nuestras culpas y de todo mal, concédenos vivir apegados a tus mandamientos y jamás permitas que nos separemos de ti, que vives y reinas por los siglos de los siglos.
R. Amén.